D1393078

LES CONFLITS DANS LE MONDE
2008

Rapport annuel sur les conflits internationaux

sous la direction de Michel Fortmann et Gérard Hervouet

La collection **Études stratégiques et militaires**, dirigée par le professeur Gérard Hervouet, est une publication de l'**Institut québécois des hautes études internationales**. Cet ouvrage sur *Les Conflits dans le monde* est publié sous la direction de Michel Fortmann et Gérard Hervouet. La publication de cet ouvrage s'inscrit aussi dans le cadre des activités de recherche du *Programme Paix et sécurité internationales* de l'Institut à l'Université Laval. Ce livre a bénéficié du soutien financier du *Forum sur la sécurité et la défense* du ministère de la Défense du Canada.

L'ouvrage s'inscrit aussi dans une collaboration entre les HEI et le Groupe d'études et de recherches sur la sécurité internationale de l'Université de Montréal.

Les opinions exprimées dans cette collection n'engagent que la seule responsabilité de leurs auteurs.

Toute reproduction ou traduction, même partielle, nécessite au préalable une autorisation écrite.

Rédaction et administration

Institut québécois des hautes études internationales
Pavillon Charles De-Koninck
1030, av. des Sciences-humaines, local 5458
Université Laval, Québec QC, Canada, G1V 0A6

Tél. : 418-656-2462
Téléc. : 418-656-3634

Courriel : rei@hei.ulaval.ca
Site Internet : www.hei.ulaval.ca

Direction éditoriale

Claude Basset

Mise en pages

Nathalie Caron

© ÉTUDES STRATÉGIQUES ET MILITAIRES
Dépôt légal (Québec) — 4ᵉ trimestre 2008
ISSN 0712-7561
ISBN 978-2920027-37-4

Les Conflits dans le monde 2008 sont diffusés et distribués
par les Presses de l'Université Laval

TABLE DES MATIÈRES

Introduction

L'ÉVOLUTION DES CONFLITS DANS LE MONDE EN **2007-2008**
UNE ANNÉE DE TRANSITION

Michel Fortmann et Audrey Reeves

    I. Le nombre de conflits en 2007 : une question
       de définition 10
    2. Diffusion et létalité des conflits en 2007 12
       A. Diffusion des conflits armés 12
       B. Létalité des conflits armés 13
    3. Démocraties, terrorisme et conflits dans le monde 14
       A. Démocratisation et conflits : inquiétante instabilité
          des régimes hybrides 15
       B. L'ombre du terrorisme islamiste : perceptions
          et réalité 16
    4. Distribution géographique des conflits 17
    5. Gestion et résolution des conflits : quel rôle
       pour la communauté internationale ? 20
       A. Pourparlers, négociations et traités 21
       B. Maintien de la paix 22
       Conclusion 23

ENTRE PUISSANCE ET DIPLOMATIE
LES ÉTATS-UNIS À LA CROISÉE DES CHEMINS

Anessa L. Kimball et Jonathan Paquin

    1. Interventions militaires et lutte au terrorisme 30
       A. L'Afghanistan 30
       B. L'Irak 33
       C. Quelques réflexions sur la guerre
          contre le terrorisme 36
    2. Diplomatie et relations avec les alliés 38
       A. L'élargissement de l'OTAN 39

     B. Vers un retour à la guerre froide ? 41

     C. La sécurité des frontières et la souveraineté

         de l'Arctique 43

  3. L'avenir de la politique étrangère américaine 45

     A. L'élection présidentielle de 2008 46

     B. Entre puissance et diplomatie 48

     C. Multilatéralisme ou unilatéralisme ? 50

     Conclusion 51

La Russie et les Balkans
L'indépendance du Kosovo et la guerre d'Ossétie du Sud

Jacques Lévesque et Pierre Jolicoeur

   I. En introduction : qui dirige la Russie

     et vers où ? 57

  2. Les sommets de Bucarest et de Sotchi 61

  3. Russie-Géorgie : Saakashvili joue son va-tout 68

     A. L'effet Kosovo et celui de l'élargissement

         continu de l'OTAN 68

     B. Épreuves de force et guerre larvée

         en Abkhazie 72

     C. De l'Abkhazie à la vraie guerre en Ossétie

         du Sud 75

     D. L'engrenage d'une épreuve de force

         aux contours encore indéterminés 80

  4. Ex-Yougoslavie : le retour de la question kosovare 84

     A. Les conséquences de l'indépendance du Kosovo

         pour les protagonistes 85

     B. Les conséquences dans les États voisins

         du Kosovo 91

Puissance normative, réalisme et sécurité européenne

Frédéric Mérand et Guillaume Ange Callonico

  1. Le retour de la guerre froide ? 100

     A. L'Europe peine à réagir 102

  2. Le dégel des conflits au Caucase 104

  3. La question des Balkans 106

    A. La crainte du précédent kosovar 107
    B. Après la division de la Serbie,
        celle du Kosovo ? 109
  4. L'énergie, nouvel enjeu sécuritaire 110
  5. Vers une fusion de la PESD et de l'OTAN ? 113
  Conclusion 117

ASIE
LA MAÎTRISE DES INSTABILITÉS

Gérard Hervouet et Hanen Khaldi

  1. L'Asie orientale dans le sillage de la puissance
      chinoise 123
    A. Une Chine centrée sur les jeux olympiques
        et sur son image 124
    B. La cause tibétaine mondialisée 126
    C. Taïwan : le retour du Guomindang 128
    D. Les rapports avec les États-Unis 131
    E. La Corée du Nord écartée de l'« axe du mal » ? 133
    F. Birmanie : la révolte des moines bouddhistes 135
    G. Les incertitudes afghanes 138
  2. L'Asie du Sud en effervescence 140
    A. Pakistan : une instabilité chronique
        et un avenir incertain 141
    B. Élections législatives : la défaite de Musharraf
        et l'établissement d'un nouveau gouvernement
        de coalition 143
    C. Le gouvernement civil : promesses
        et effritement 146
    D. Les relations entre le Pakistan et les États-Unis
        après l'échec du projet américain 148
    E. Les relations indo-pakistanaises 151

LE MOYEN-ORIENT
GUERRES LARVÉES ET IMMOBILISME POLITIQUE

Marie-Joëlle Zahar et Elena Aoun

  1. Introduction 159

2. La sécurité en Irak : entre le marteau des conflits intercommunautaires et l'enclume des voisins envahissants 160
   A. Des avancées politiques fragiles 160
   B. L'Irak est-il plus stable en 2007-2008 ? Interpréter les transformations de la violence 161
   C. Sécurité nationale et considérations régionales 165
   D. Au-delà des présidentielles américaines de novembre : quelles perspectives pour l'Irak ? 167
3. Constances et variations dans les affaires israélo-arabes : une année de faux immobilisme 168
   A. Incertaines perspectives de paix entre Israël et ses voisins du nord 169
   B. Double enlisement palestinien : consolidation de la rupture interpalestinienne et absence de progrès dans le processus de paix entre le Fatah et Israël 170
      Les impasses des pourparlers entre Israël et l'Autorité palestinienne 171
      L'enlisement d'Israël et du Fatah face au Hamas : vers une politique plus pragmatique ? 174
      Indifférence politique de la communauté internationale et pourrissement du conflit israélo-palestinien 177
4. Autres dossiers : le Liban et la Turquie sous pression 181
   A. Liban ou comment tituber au bord du précipice 182
   B. Laïcité et islamisme : l'épée de Damoclès qui menace la démocratie turque 184
5. Conclusion et dossiers à suivre 185

L'Afrique subsaharienne
Des dynamiques encourageantes malgré les crises
Mamoudou Gazibo et Béatrice Kankindi

1. Baisse de tension en Afrique de l'Ouest 194
   A. Côte d'Ivoire : vers des élections et une sortie de crise définitive ? 194

    B. Niger-Mali : vers la fin des irrédentismes
touaregs ? 197

2. La paix au forceps en Afrique centrale 199
    A. Burundi : Une paix fragile malgré le retour
historique des FNL 200
    B. La République démocratique du Congo :
accalmie relative malgré les tensions à l'Est 202

3. Guerres civiles et guerres par procuration en Afrique
de l'Est et au Tchad 205
    A. Guerre par rebelles interposés au Soudan
et au Tchad 205
    B. Somalie : les islamistes n'ont pas dit
leur dernier mot 210

LES AMÉRIQUES SOUS LA MENACE
DU NARCOTERRORISME ET DES CLIVAGES SOCIAUX

Chantal Lacasse et Gordon Mace

1. La guerre aux cartels mexicains 218
    A. Les autorités mexicaines et les cartels 219
    B. Les cartels mexicains en 2007 221
    C. L'initiative Merida 224
    D. Une menace pour la stabilité 224
    E. Conclusion 226

2. Guérilla et bon voisinage entre les pays andins ? 227
    A. La régionalisation du conflit 228
    B. Des relations andines tendues 228
    C. La lutte à la guérilla et au narcotrafic
en Colombie 229
    D. Parapolitique et paramilitaires 230
    E. Conclusion 231

3. La Bolivie déchirée 232
    A. Deux Bolivies 233
    B. La question de l'autonomie 236
    C. Le référendum révocatoire 237

4. Conclusion 239

CONTRÔLE DES ARMEMENTS ET NON-PROLIFÉRATION EN **2007-2008**

Michel Fortmann, Audrey Reeves

1. Prolifération nucléaire et désarmement :
le TNP quarante ans plus tard 246
   A. Un impératif négligé du TNP :
   le désarmement 247
   B. La marche vers l'universalité 248
   C. L'accord de coopération nucléaire entre l'Inde
   et les États-Unis : une entorse grave au régime
   de non-prolifération 249
   D. L'absence de réaction face aux frappes israéliennes
   en Syrie : conséquences pour le régime
   de non-prolifération 250
   E. Iran : le bras de fer se poursuit 251
   F. Corée du Nord : des progrès significatifs,
   mais fragiles 252
2. Les régimes d'interdiction des armes chimiques
et biologiques 253
   A. L'émergence progressive d'un régime
   sur les armes chimiques 253
   B. Bilan actuel de la convention sur les armes
   chimiques 254
   C. Le régime d'interdiction des armes
   biologiques 256
   D. Forces et faiblesses de la Convention
   sur l'interdiction des armes biologiques 257
3. Les efforts de réglementation des armes
conventionnelles 258
   A. Armes légères et de petit calibre :
   une menace méconnue 259
   B. Traités et conventions internationales :
   un pas en arrière, deux pas en avant 260
   Conclusion 261

L'évolution des conflits dans le monde en 2007-2008
Une année de transition

Michel Fortmann et Audrey Reeves *

En 2006, les chercheurs de l'Uppsala Conflict Data Program, un des centres de recherche les plus respectés dans le domaine de l'étude des conflits dans le monde, ont annoncé que le nombre de conflits armés dans le monde semblait à nouveau augmenter après une longue période de déclin amorcée dans les années 1990. Deux ans plus tard, la situation semble s'être stabilisée. Dans la publication annuelle du *Center for Defense Information*[1] sur l'état des conflits dans le monde, par exemple, le colonel Dan Smith relève ainsi 14 guerres et 21 points chauds pour 2007. Ces chiffres sont à peu près similaires à ceux qu'il rapportait l'année précédente.

* *Michel Fortmann est professeur au Département de science politique de l'Université de Montréal. Audrey Reeves est étudiante de maîtrise à l'Institut des hautes études internationales de Genève.*

Cependant, ce constat ne doit pas dissimuler le fait que des changements se sont produits au cours de l'année 2007-2008, et ce à plusieurs niveaux. C'est sur ces différents aspects de l'évolution quantitative des conflits armés que se concentrera notre analyse.

L'évolution des conflits armés dans le monde (1990-2008)

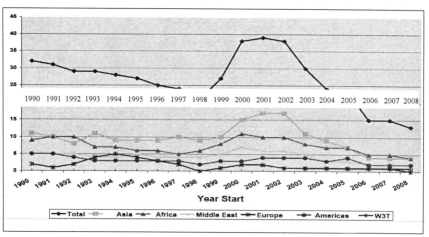

Source : Dan SMITH, « World at War », *The Defence Monitor, The Newsletter of the Center for Defense Information*, n° 37, 2008, p. 5.

1. Le nombre de conflits en 2007 : une question de définition

L'étude de l'évolution quantitative des conflits armés est un art qui doit se pratiquer avec précaution. En effet, une question aussi simple que : « Y a-t-il eu plus ou moins de conflits en 2007 ? » recevra une réponse différente selon l'organisation à qui elle est posée. Tout dépend de la façon dont on choisit de comprendre le terme conflit ou guerre. En effet, aucune définition officielle n'existe, principalement parce que les chercheurs ne s'entendent pas sur une définition commune de ce qu'est une guerre[2].

Une conceptualisation souvent citée est celle de la base de données UCDP/PRIO, créée conjointement par le Conflict Data Program de l'Université d'Uppsala (Suède) et l'International Peace Research Institute d'Oslo (Norvège). Pour ce groupe de recherche, un véritable conflit se définit comme un affrontement armé – entre deux belligérants dont l'un au moins est le gouvernement d'un État – qui provoquerait au moins 25 décès par année du fait des combats[3]. Pour parler d'une guerre, le nombre de morts résultant directement des combats doit être d'au moins 1 000 durant le conflit. Il faut cependant noter qu'en utilisant cette définition, on exclut d'emblée tous les conflits dits « non étatiques », c'est-à-dire les conflits n'impliquant pas le gouvernement d'un État. Or ceux-ci, pour la plupart localisés en Afrique subsaharienne, étaient plus nombreux que les conflits dits « étatiques » au début de la décennie[4]. On comprendra que les groupes de recherche qui les incluent dans leurs statistiques obtiendront des chiffres assez différents de ceux qui utilisent la conceptualisation de l'UCDP/PRIO.

Du fait de la diversité des définitions employées, le nombre de conflits majeurs durant l'année 2007 varie ainsi selon les centres, de 14[5] à 31[6]. Bien que la variété des méthodologies employées dans la comptabilisation des conflits puisse susciter la confusion, elle est toutefois considérée comme utile[7]. En effet, elle permet de tester la validité des conclusions avancées par les différents groupes de recherche en vérifiant si d'autres chercheurs utilisant des définitions et des méthodologies différentes arrivent aux mêmes conclusions. Par exemple, depuis la fin de la Seconde Guerre mondiale, le nombre de guerres interétatiques est resté relativement peu élevé, alors que les conflits civils (ou internes) ont augmenté jusqu'au début des années 1990, pour ensuite diminuer rapidement[8]. Ces tendances ont été relevées par plusieurs centres de recherche qui utilisent, chacun, leur propre méthodologie[9].

Sur la base des données de l'UCDP/PRIO, qui tiennent exclusivement compte des conflits étatiques, les chercheurs ont signalé une stabilisation du nombre de conflits à partir de 2003[10]. Il semble que cette stabilisation se soit poursuivie en 2007. Cependant, pour qui tient compte des conflits non étatiques, nous sommes toujours dans une phase de déclin de la violence internationale. En effet, si le nombre de conflits impliquant un gouvernement est resté stationnaire ces dernières années, les autres types de violence politique organisée, y compris les conflits communautaires, sont devenus moins fréquents[11]. Pour cette raison, l'Institut de recherche sur les conflits internationaux de l'Université d'Heidelberg (Allemagne) parle d'une « désescalade considérable » des conflits armés à l'échelle mondiale en 2007[12].

2. Diffusion et létalité des conflits en 2007

L'étude de l'évolution des conflits ne se limite toutefois pas à établir la fréquence des affrontements armés. En effet, tous les conflits ne sont pas similaires quant à leur impact économique et humain[13]. Tenir compte de certaines de leurs caractéristiques, comme leur diffusion ou la gravité de leur impact, permet ainsi d'approfondir l'analyse de la violence politique sur la scène internationale.

A. Diffusion des conflits armés

Le degré de diffusion des conflits armés réfère au nombre de pays dans le monde qui, d'une façon ou d'une autre, sont mêlés à un conflit[14]. De 1950 à 1991, la proportion d'États en guerre par rapport au nombre total d'États reconnus par la communauté internationale a augmenté, en moyenne, de 19 à 26 %. En 2005, le pourcentage d'États impliqués dans un conflit armé s'élevait à 33 %[15]. Ceci reflète le fait que de nombreux États ont participé aux forces multinationales déployées en Irak et en Afghanistan. Il s'agit, en fait, d'une légère diminution par rapport au maximum atteint au moment de la guerre du Golfe (36 %)[16].

De façon générale, la proportion de sociétés touchées par la guerre semble donc en légère augmentation depuis 60 ans. Il faut toutefois noter que cette augmentation est en partie due aux opérations multinationales sanctionnées par des organisations internationales comme l'ONU ou l'OTAN, telle la Force internationale d'assistance à la sécurité (FIAS) de l'OTAN en Afghanistan. Paradoxalement, la participation croissante des États à des conflits reflète donc, avant tout, les efforts de la communauté internationale destinés à mettre un terme à des situations jugées inacceptables, notamment au Koweït en 1991, en Somalie en 1992-1993, en Haïti en 1994, en Bosnie en 1995, au Kosovo et au Timor oriental en 1999, au Sierra Leone en 2000 et en Afghanistan en 2001[17]. Or, à l'exception de la guerre de 2003 en Irak, les opérations militaires de ce type sont reconnues comme légitimes par la communauté internationale. Il semble donc exagéré de considérer avec pessimisme cette tendance à la hausse des interventions militaires. À nouveau, ces chiffres doivent être considérés avec prudence. Le CIDCM de l'Université du Maryland était en effet arrivé à des conclusions différentes en 2001. Les chercheurs de ce centre soulignaient que la proportion d'États participant à des conflits avait augmenté, passant de 7 % à 34 % de 1945 à 1991, mais avait ensuite diminué de moitié pour atteindre 18 % à la fin des années 1990[18].

B. Létalité des conflits armés

Si la croissance du nombre d'interventions dans les conflits armés doit être évaluée avec prudence, il en est autrement de la létalité des conflits. En effet, si les États développés s'entendent aujourd'hui pour renoncer à la guerre comme moyen de régler les différends, ce n'est pas tant la guerre en tant qu'institution qui est réprouvée que ses conséquences dévastatrices sur les populations touchées[19]. Or, le calcul du nombre de morts résultant d'un conflit armé est l'un des meilleurs indicateurs dont nous disposons pour jauger la gravité d'un conflit donné.

Depuis 1946, la tendance est à la baisse pour ce qui est du nombre de décès annuels directement liés à un conflit armé où au moins l'un des belligérants est un gouvernement ou un État[20]. En 1950, le nombre moyen de morts causés par un conflit était de 38 000. En 2006, cette moyenne était passée à 500, soit une diminution de 99 %[21]. Ce déclin s'explique principalement pour deux raisons. D'abord, les conflits opposant des États, et notamment des grandes puissances, ont connu une baisse considérable depuis la fin de la Seconde Guerre mondiale[22]. Or, les conflits interétatiques (34 677 morts en moyenne, par conflit, par année depuis 1946) sont généralement beaucoup plus meurtriers que les conflits internes (2 430 morts, en moyenne, par conflit, par année)[23]. Les guerres civiles sont également devenues moins meurtrières au cours des dernières décennies, étant donné l'intervention de moins en moins fréquente des grandes puissances dans ce type de conflit. Ces changements d'attitude des grandes puissances à l'égard de la guerre s'harmonisent avec la thèse avancée par John Mueller, thèse selon laquelle la guerre serait devenue un phénomène socialement inacceptable aux yeux des États développés[24].

Les statistiques en matière de létalité des conflits ne tiennent généralement pas compte des décès survenus dans le cadre de conflits non étatiques. Cependant, même en comptabilisant ces victimes additionnelles, on ne peut remettre en question la tendance à la baisse de la létalité des conflits. En effet, entre 2002 et 2006, les conflits étatiques ont entraîné le décès direct de 17 000 personnes, par année, en moyenne. Les victimes des conflits non étatiques, quant à elles, ne représentent que 4 000 personnes, soit un plus du quart de ce dernier chiffre[25].

Il faut toutefois noter que, là encore, la façon de mesurer la létalité d'un conflit armé varie selon les chercheurs. En effet, il n'est pas toujours évident de déterminer avec certitude si la perte d'une vie humaine est liée ou non à un conflit. Les données qui précèdent ne concernent que les « morts directes », définies comme « résultant directement de la violence infligée par l'usage de la force par l'un des belligérants prenant part à un conflit armé durant le combat[26] ». Sont exclues les morts dites « indirectes », soit celles causées par la morbidité ou la malnutrition exacerbées par la guerre[27]. Or, les pertes indirectes sont souvent plus importantes. En République démocratique du Congo, par exemple, la guerre civile qui fait rage depuis 1990 a causé directement environ 350 000 décès[28], alors qu'elle a fait 5,4 millions de victimes indirectes.

Bien qu'on ne puisse en être certain, étant donné le manque de données fiables à ce sujet, il est improbable que la mortalité indirecte du fait des guerres ait augmenté au cours des dernières années. Nous savons, en effet, que, depuis 1999, l'intensité générale des conflits est en déclin, tout comme le nombre de réfugiés, alors que l'accès à l'aide humanitaire a doublé. Il est fort probable, dès lors, que la mortalité indirecte causée par les conflits ait également diminué.

Dans l'ensemble, l'évolution des conflits armés dans le monde peut nous amener à exprimer un optimisme modéré. Au cours des dernières années, le nombre de conflits dits étatiques est resté stable et le nombre de conflits non étatiques a considérablement diminué, surtout en Afrique subsaharienne. La proportion d'États impliqués dans un conflit armé est certes en légère croissance, mais, comme nous l'avons souligné, cela témoigne de l'activisme accru de la communauté internationale en faveur de la paix et non d'une augmentation de la violence internationale.

3. Démocraties, terrorisme et conflits dans le monde

Si la scène internationale paraît moins belligène en 2007, on ne peut pas manifester un tel optimisme en ce qui a trait aux progrès de la démocratie. Alors que l'organisation Freedom House avait décrit 2005 comme une année de progrès pour les droits politiques et les libertés civiles dans le monde[29], et 2006 comme une année de stagnation[30], 2007 est jugée comme une phase de recul[31]. Il s'agit de la deuxième année où un bilan négatif est enregistré en quinze ans. Comme la diffusion de la démocratie est généralement associée à la consolidation de la paix internationale, cette évolution peut paraître inquiétante pour l'avenir.

Un autre thème qu'il est difficile d'ignorer, lorsqu'on fait le portrait de la violence internationale, est celui du terrorisme. Sept ans après que les États-Unis aient déclaré la guerre au terrorisme international et cinq ans après *Iraki Freedom*, où en est-on de ce conflit asymétrique entre la superpuissance américaine et la nébuleuse terroriste ? Nous essaierons de faire le point à ce sujet.

A. Démocratisation et conflits : inquiétante instabilité des régimes hybrides

L'existence d'un lien entre le type de régime en place dans un pays et ses chances de sombrer dans la violence a été confirmée par plusieurs études[32]. Il est convenu de ranger les types de régimes en trois catégories. Les démocraties libérales établies, où les institutions répartissent le pouvoir entre différents acteurs politiques. Les autocraties, où les institutions contribuent à concentrer le pouvoir aux mains du pouvoir exécutif. Les autres régimes, appelés « anocraties », sont des régimes hybrides, où certaines institutions contribuent à répartir le pouvoir et d'autres à le concentrer. Il peut s'agir de démocraties faiblement institutionnalisées ou encore de régimes autoritaires qui ont ouvert la porte, de façon limitée, à certaines pratiques politiques démocratiques.

Depuis la fin de la guerre froide, le nombre de démocraties a augmenté et le nombre de régimes autoritaires a considérablement chuté. Nombre de ces nouvelles démocraties sont évidemment encore fragiles, ce qui peut susciter l'inquiétude. Le risque qu'elles entrent en guerre est cependant jugé très limité. En effet, les démocraties, même jeunes, se font rarement, sinon jamais la guerre ; le risque qu'elles soient entraînées dans une guerre civile est également minimal[33]. Les anocraties sont cependant plus à risque que les démocraties établies et les régimes autoritaires. Or, depuis les années 1990, le nombre d'anocraties a augmenté. Le peu de progrès, ou le recul, enregistré par ces régimes hybrides dans leur consolidation démocratique en 2007 n'est donc pas de bon augure pour leur stabilité à long terme.

Selon les auteurs du rapport annuel de l'Institut international de recherche sur la paix de Stockholm, l'année 2007 aura été marquée par une diffusion de la violence de basse intensité au sein de certains États faibles. Ce phénomène est caractérisé par la diversification des belligérants et la confusion entre différents types de violence (criminelle, politique)[34]. Les conflits en Irak, au Darfour et au Pakistan illustrent bien cette tendance. Pour réduire le niveau de violence dans ces États faibles, les auteurs recommandent que des efforts plus importants soient entrepris par la communauté internationale en matière de consolidation de l'État dans ces trois régions

B. L'ombre du terrorisme islamiste : perceptions et réalité

En août 2007, le périodique *Foreign Policy* a publié les résultats d'un sondage, mené auprès de plus d'une centaine d'experts de la politique étrangère américaine, sur la façon dont la guerre contre le terrorisme était menée par le gouvernement des États-Unis[35]. Plus de 80 % des spécialistes interrogés estimaient que la guerre au terrorisme était en train d'être perdue et que les citoyens américains risquaient à nouveau d'être la cible d'actes terroristes comme ceux du 11 septembre 2001. Cette affirmation concorde avec les statistiques fournies par le Centre national de contre-terrorisme, organisme américain officiel chargé de compiler le nombre d'attentats terroristes commis chaque année dans le monde. Selon les données fournies par ce centre et par d'autres agences analogues, le nombre d'attentats terroristes aurait subi une forte augmentation de 2003 jusqu'à aujourd'hui.

Cependant, l'affirmation selon laquelle la menace terroriste augmenterait a été récemment démentie par l'équipe du Human Security Report Project de l'Université Simon Fraser (Canada). En effet, les bases de données les plus utilisées pour surveiller l'évolution de la menace terroriste comptabilisent, à titre de victimes du terrorisme, une grande part des décès civils causés par les luttes internes en Irak. Or, bien qu'il n'existe à ce jour toujours pas de définition internationalement reconnue du terme « terrorisme », l'inclusion des décès liés à la guerre civile en Irak semble en décalage avec la réalité. Selon John Mueller, « lorsque le terrorisme devient aussi fréquent dans une région, on ne le qualifie généralement plus de terrorisme, mais plutôt de guerre ou d'insurrection[36] ». Or, si l'on ne tient pas compte des morts découlant de violence « intentionnelle » commise dans le cadre de la guerre civile en Irak, il ne reste plus trace de l'augmentation de la menace terroriste. Au contraire, on remarque plutôt un net déclin du nombre d'attentats depuis la fin des années 1990 ou le début des années 2000, selon les bases de données.

Cela dit, il est tout de même important de mentionner qu'une baisse de la fréquence du terrorisme s'est produite en 2007, et ce, même en tenant compte de l'Irak. En effet, de mars à septembre 2007, les décès résultant d'actes « terroristes » en Irak ont diminué de moitié[37]. À l'échelle mondiale, la baisse a été de 46 %.

Le terrorisme, semble-t-il, est aussi moins utilisé par les différentes organisations militantes au Moyen-Orient[38]. Une étude réalisée par des chercheurs du Centre for International Development and Conflict Management de l'Université du Maryland s'est ainsi penchée sur le type de stratégie employée par 102 organisations ethnopolitiques au Moyen-Orient de 1980 à 2004. Durant toute cette période, un tiers des organisations a eu recours au terrorisme au moins une fois. Toutefois, l'emploi de ce type de méthode a diminué pour laisser de plus en plus place à des formes non violentes d'activisme politique, soit par la voie électorale ou par des formes pacifiques de protestation. Ainsi, le nombre d'organisations utilisant la voie électorale comme stratégie politique a quadruplé entre 1980 et 2004. Cette tendance serait, entre autres, le résultat d'une ouverture des systèmes politiques des pays de la région de façon à favoriser la participation des minorités. Il faut cependant noter que, comme les données s'arrêtent pour l'instant en 2004, les violences ayant eu lieu par la suite en Irak ne sont pas comptabilisées.

4. Distribution géographique des conflits

En 2007, la distribution géographique des conflits est restée stable par rapport aux années précédentes[39]. L'Afrique continue d'être le théâtre du plus grand nombre de conflits majeurs. Toutefois, contrairement à ce que l'actualité pourrait nous laisser croire, l'étendue de la violence en Afrique subsaharienne est, en fait, plus limitée qu'il y a dix ans[40]. Le nombre de conflits étatiques y a subi un net déclin. Les conflits éclatent toujours, mais moins fréquemment (60 % du rythme des années 1990) ; de plus, ils sont résolus plus rapidement que durant la guerre froide. Les conflits non étatiques sont également moins nombreux et moins dévastateurs. La dernière année a toutefois vu l'embrasement de certains points chauds, notamment en République démocratique du Congo, où 375 000 personnes sont toujours déplacées, en Ouganda, où les pourparlers de paix progressent peu, et en Somalie, où la force de maintien de la paix de l'Union africaine n'est toujours pas complètement déployée[41]. Bien que ces conflits soient toujours une source non négligeable de souffrance humaine, l'intensité de la violence y est bien inférieure à ce qu'elle était dans les années 1990[42]. Il faut noter, toutefois, que la comptabilité des conflits en Afrique subsaharienne exclut généralement le Soudan qui est considéré comme un pays d'Afrique du Nord. Après l'Irak et l'Afghanistan, c'est cependant le conflit au Darfour, qui fait le plus grand nombre de victimes dans le monde[43].

Si l'Afrique est, en 2007, la région la plus touchée par les affrontements violents, c'est en Asie que les conflits sont plus nombreux[44]. La violence s'est intensifiée au Sri Lanka, le processus de paix au Népal demeure fragile, les manifestations menées par les moines birmans au Myanmar ont été sévèrement réprimées et on assiste à une montée de la violence politique en Asie centrale[45]. Aux Philippines, des violences ont éclaté au mois d'août 2008, à la suite de l'échec d'un accord de paix entre le gouvernement et la minorité musulmane de l'île de Mindanao, provoquant le déplacement de plus de 150 000 civils[46]. Cependant, c'est le tandem « Afghanistan-Pakistan » qui retient avant tout l'attention en Asie. Les pays de l'OTAN ont intensifié leur présence en Afghanistan en 2007, mais les conditions de sécurité y restent, à bien des égards, précaires. Les présidents Amid Karzai et Pervez Musharraf n'ont cessé de se renvoyer la balle en ce qui a trait à la responsabilité de sécurité de la frontière pakistano-afghane par laquelle transitent les armes et les talibans[47]. Au cours de l'année, la stabilité du Pakistan a été ébranlée à plusieurs reprises, notamment par l'imposition de la loi martiale et lors de l'assassinat de l'ancienne première ministre Benazir Bhutto, le 27 décembre 2007. Après dix-huit mois de crise, le président Musharraf a présenté sa démission, le 18 août 2008, ce qui laisse présager une nouvelle phase dans l'histoire politique tourmentée du Pakistan[48]. De nombreux défis attendent ses successeurs, qui devront tenter de redresser une économie en difficulté et de faire face aux « talibans pakistanais », qui vivent dans les régions tribales près de la frontière afghane[49]. Cette lutte a déjà fait plus de 1 300 morts en 2007[50].

Au Moyen-Orient et en Afrique du Nord, le niveau d'intensité des conflits est resté inchangé en 2007, mais l'année a été marquée par de nouvelles complications. La vie politique libanaise continue à être en proie à la violence politique et la situation à la frontière de la bande de Gaza demeure tendue, occasionnant toutefois moins de victimes qu'en 2006[51]. Après plusieurs initiatives de paix entreprises dans un contexte difficile, l'année 2007 s'est conclue par un nouvel effort des Américains dans le dossier du conflit israélo-palestinien. Après l'annonce du retrait du premier ministre, Ehoud Olmert, il est toutefois difficile de dire si le processus d'Annapolis, entamé en novembre 2007, se poursuivra[52]. En Irak, les conditions de sécurité se sont toutefois améliorées, notamment en raison de l'envoi par les États-Unis d'une force supplémentaire de 30 000 soldats durant l'année, entraînant une baisse dans le nombre d'attaques contre les forces de sécurité ainsi que dans le nombre de victimes, tant chez les militaires que chez les civils[53].

Dans les Amériques, la situation générale s'est détériorée, alors que le nombre de conflits ouverts est passé de 1 à 3 et que le taux de criminalité a augmenté considérablement, du fait de la situation économique tendue et incertaine en Amérique latine[54]. Tout au long de l'année 2007, la Colombie est demeurée aux prises avec une lutte opposant le gouvernement à l'Armée de libération nationale (ELN) et aux Forces armées révolutionnaires de Colombie. Cependant, l'année 2008 a été témoin d'un net recul des FARC. Cela souligne à la fois la perte de popularité des FARC et le succès de l'offensive menée par le président, Alvaro Uribe, depuis 2002, avec l'aide des États-Unis[55]. La disparition et la capture de plusieurs chefs historique du mouvement ont été suivies par la libération épique d'Ingrid Betancourt, le 2 juillet 2008, ce qui représente une victoire importante pour les forces de l'ordre. Il reste à espérer que les capacités des FARC de mener une lutte armée soient sérieusement diminuées et qu'ils soient contraints de s'astreindre au banditisme. Les deux autres points chauds de l'hémisphère, en 2007, se situent en Haïti et en Amérique centrale. La stagnation socioéconomique fragilise en effet les acquis de la MINUSTAH en Haïti[56], et le conflit opposant le gouvernement mexicain aux cartels de drogue s'est intensifié durant l'année, mobilisant plus de 30 000 membres de l'armée mexicaine[57].

En Europe, finalement, les Balkans demeurent la région la plus instable en 2007, avec quinze points chauds bien qu'aucun ne mérite le label d'affrontement majeur[58]. En fait, c'est dans le Caucase que se déroule le seul conflit « à haute intensité » entre la Russie et le mouvement rebelle tchétchène[59]. Bien que le président tchétchène pro-Russe ait affirmé que les combats avaient pris fin de façon « finale et irréversible », la communauté internationale demeure inquiète. Il n'en reste pas moins que la violence dans le Caucase du Nord a diminué de façon significative durant l'année[60]. Compte tenu des événements survenus en Géorgie en août 2008, on peut toutefois craindre que le Caucase redevienne l'un des principaux points chauds de 2008-2009. Dans un cas comme dans l'autre, la Russie aura un rôle prédominant à jouer dans la résolution ou l'exacerbation des conflits dans cette région du monde.

5. Gestion et résolution des conflits : quel rôle pour la communauté internationale ?

Comme nous l'avons souligné précédemment, les années 1990 ont été marquées par une baisse du nombre de conflits armés dans le monde. Les efforts internationaux sont-ils responsables de cette évolution ? La question mérite certainement d'être posée.

Les chercheurs s'entendent généralement pour dire que la fin de la guerre froide a favorisé un plus grand activisme de la communauté internationale en faveur de la paix[61]. L'ONU a pu ainsi assumer, pour la première fois, le rôle qui avait été envisagé pour elle en matière de promotion de la paix. Le déclin du nombre de guerres civiles serait donc le résultat d'un certain nombre de politiques, notamment l'intensification des efforts diplomatiques destinés à promouvoir la résolution des conflits et l'augmentation du nombre d'opérations de paix. Mais faut-il voir là un succès de la prévention ou de la résolution des conflits ? Pour plusieurs observateurs, la diminution du nombre d'affrontements armés au cours de la dernière décennie peut être davantage attribuée aux actions de la communauté internationale destinées à résoudre les conflits en cours qu'à une action préventive plus efficace[62]. En effet, bien que le total des conflits actifs ait diminué tout au long des années 1990 et au début des années 2000, le nombre de conflits qui voient le jour chaque année est resté stable. Prévenir les guerres semble donc encore plus difficile qu'y mettre un terme.

Certains se sont également inquiétés de la croissance récente du nombre de conflits armés. La communauté internationale serait-elle en train d'abandonner ses efforts en matière de maintien de la paix et de résolution de conflits[63]? Un bilan rapide de la dernière année permet de répondre à cette question.

A. Pourparlers, négociations et traités

Si l'on se fie aux chercheurs de l'Université d'Heidelberg, il est vrai que de 2004 à 2006, les efforts en matière de résolution de conflits ont été moins soutenus qu'au cours des années précédentes. En effet, seuls 10 % à 14 % des conflits ont fait l'objet de négociations ou de pourparlers durant cette période[64]. Il s'agit d'une baisse significative par rapport aux années passées[65]. Ces chiffres doivent toutefois être utilisés avec prudence, car ils sont issus d'une base de données dont la méthodologie diffère de celle des autres centres de recherche. De plus, comme les chercheurs d'Heidelberg sont les seuls à compiler des statistiques sur les efforts de résolution des conflits, il est difficile de corroborer leurs affirmations.

D'après eux, en 2007, sur les 328 conflits (pour la plupart non violents) comptabilisés par le *Conflict Barometer*, 52 (16 %) ont été témoins de pourparlers entre belligérants[66]. Dans 26 cas seulement (8 %), ces négociations ont débouché sur un accord. On enregistre donc un léger progrès par rapport aux années précédentes, notamment en 2006, où des efforts de rapprochement entre belligérants n'avaient eu lieu que dans 11 % des cas, sans qu'aucun traité ne soit signé pour autant, en général[67]. Au cours des dernières années, la plupart des conflits dans le cadre desquels ont été menées des négociations, étaient des conflits de faible intensité (non violents ou avec usage sporadique de la violence). Pour ce qui est des conflits de « haute intensité » (usage continu et systématique de la violence), des pourparlers ont été tenus, en 2007, dans cinq cas. Les négociations ont abouti à la signature d'un traité dans trois de ces cas – Darfour, Tchad et République centrafricaine –, sans toutefois que ces accords entraînent une désescalade du conflit.

L'échec des accords de paix est un phénomène courant. Depuis la fin de la Seconde Guerre mondiale, la moitié des conflits armés internationaux a repris à un moment donné[68]. Historiquement, les conflits internes qui se sont achevés par une victoire d'un camp sur l'autre risquent moins de reprendre que ceux qui se sont terminés par un accord de paix[69]. Or, depuis vingt ans, le nombre de conflits conclus par un accord de paix ne cesse d'augmenter. Entre 2000 et 2005, ils étaient dix fois plus nombreux que les affrontements conclus par la victoire d'un belligérant. Paradoxalement, les succès de la communauté internationale en matière de résolution des conflits pourraient donc être une source d'inquiétude. Les succès des deux dernières décennies ne devraient donc pas être considérés comme des acquis.

B. Maintien de la paix

Un total de 61 opérations de paix ont été menées en 2007, soit deux de plus qu'en 2006. Cela constitue un record depuis 1999[70]. Le nombre d'interventions est en augmentation depuis 2002, tout comme le coût des opérations, qui représente 0,5 % des dépenses militaires mondiales[71]. Le nombre de personnes déployées à travers le monde atteint aussi un sommet : 169 467 civils et militaires[72]. Il s'agit d'une augmentation de 60 % par rapport à 2003. Un nouveau record de participation a également été établi en ce qui a trait au nombre de pays contributeurs, alors que 119 États participent aux différentes interventions. Les principaux fournisseurs de Casques bleus sont le Pakistan, le Bangladesh et l'Inde, qui ensemble fournissent plus de 40 % du personnel déployé[73].

Les Nations Unies demeurent un acteur de première importance dans le domaine du maintien de la paix, avec un personnel militaire et de police civile comptant 90 305 personnes, réparties entre 22 opérations[74]. L'OTAN suit, avec 57 930 personnes déployées dans le cadre de trois opérations. Depuis la fin des années 1990, les opérations de paix ont été assez également réparties entre l'ONU et les organisations régionales[75]. La première a davantage tendance à intervenir dans les conflits interétatiques, alors que les secondes sont plus présentes dans les conflits internes.

Curieusement, avec 20 opérations en 2007, c'est en Europe que se déroule le plus grand nombre d'interventions internationales[76]. Toutefois la taille de la plupart de ces opérations est modeste et elles sont parrainées par des organisations régionales, comme l'OSCE ou l'Union européenne. L'ONU, quant à elle, intervient en Afrique subsaharienne, où 18 opérations ont été menées en 2007[77]. C'est également en Afrique qu'est déployée la majeure partie (41 %) des Casques bleus employés dans le cadre des opérations de paix.

Les efforts de la communauté internationale ne sont certes pas toujours appréciés. Les critiques des différentes interventions de l'ONU et d'autres organismes impliqués dans le maintien de la paix sont nombreuses. Les observateurs soulignent, avec raison, le manque d'enthousiasme des grandes puissances, la planification insuffisante des opérations, les mandats mal conçus et les ressources inadéquates consacrées au maintien de la paix et à la reconstruction. L'insuffisance des efforts multilatéraux en ce domaine est malheureusement indiscutable[78]. Lorsque les grandes puissances acceptent aujourd'hui de consacrer des ressources militaires significatives à la sécurité internationale, c'est généralement parce qu'elles estiment que leurs intérêts vitaux sont en jeu. Dans cette perspective, il faut souligner qu'en 2007, les efforts les plus importants de la communauté internationale ont été consacrés aux interventions directement liées à la guerre contre le terrorisme entreprise par les États-Unis[79].

Conclusion

Malgré les nombreuses crises politico-militaires qui ont marqué l'actualité internationale de la fin de 2007 à l'été 2008, l'analyse des données que nous avons effectuée ici souligne à nouveau qu'il y a lieu d'être optimiste en ce qui a trait au statut des conflits armés dans le monde. Le nombre d'affrontements violents demeure au niveau le plus bas qu'il n'ait jamais atteint depuis le début des années 1950. Le nombre de conflits subétatiques, ethniques ou communautaires, en particulier, continue de diminuer, et les interventions de la communauté internationale demeurent à la fois vigoureuses et efficaces, malgré les critiques. Un des faits les plus frappants, de ce point de vue, est que la létalité des conflits armés a baissé de façon radicale durant les dernières décennies. Le nombre d'actes terroristes semble, lui aussi, diminuer et, selon certaines sources, il apparaît que ce type de violence est moins utilisé par les mouvements militants, même au Moyen-Orient. Un optimisme prudent est donc de mise, surtout si l'on considère que nous sommes actuellement dans une période de transition importante en ce qui a trait à la politique de sécurité américaine. Il est à souhaiter que le prochain occupant de la Maison-Blanche saura bâtir sur les acquis que nous lègue l'activisme international des deux dernières décennies en matière de résolution des conflits.

---

1. Le Center for Defense Information est un institut de recherche non partisan établi à Washington, www.cdi.org.

2. HUMAN SECURITY CENTER, *Human Security Report 2005. War and Peace in the 21ˢᵗ Century*, Oxford, Oxford University Press, 2005, p. 18.

3. UPPSALA CONFLICT DATA PROGRAM, « UCDP Definitions », 2008, www.pcr.uu.se/research/UCDP/data_and_publications/definitions_all.htm, consulté le 13 août 2008. NATIONS UNIES, *Rapport 2004 sur les pays les moins avancés*, New York, United Nations Publications, 2005, p. 173.

4. Andrew MACK (dir.), « Human Security Brief 2007 », *Human Security Report Project*, 2008, www.humansecuritybrief.info/access.html, consulté le 13 août 2008.

5. Ekaterina STEPANOVA, « Trends in Armed Conflicts », dans *SIPRI Yearbook 2008. Armaments, Disarmament and International Security*, Oxford, Oxford University Press, 2008.

6. HEIDELBERG INSTITUTE FOR INTERNATIONAL CONFLICT RESEARCH, « Conflict Barometer 2007 », 2007, www.hiik.de/en/konfliktbarometer/pdf/ConflictBarometer_2007.pdf, consulté le 20 août 2008, p. 1.

7. Kristine ECK, « A Beginner's Guide to Conflict Data Finding and Using the Right Dataset », *Uppsala Conflict Data Program*, 2005, www.pcr.uu.se/publications/UCDP_pub/UCDP_paper1.pdf, consulté le 14 août 2008, p. 6.

8. HUMAN SECURITY CENTER, *Human Security Report 2005, op. cit.*, p. 23.

9. Lotta HARBOM et Peter WALLENSTEEN, « Armed Conflict, 1989-2006 », *Journal of Peace Research*, n° 44, 2007, p. 623 ; Human Security Centre, *Human Security Report 2005, op. cit.*, p. 15 ; J. Joseph HEWITT, « Trends in Global Conflict, 1946-2005 », *op. cit.*, p. 22.

10. UPPSALA UNIVERSITY, « The General Decline in Armed Conflicts Has Now Clearly Ceased », 2007, www.pcr.uu.se/information/PressEnd2007-12-21.pdf, consulté le 13 août 2008.

11. ANDREW MACK (dir.), « Human Security Brief 2007 », *op. cit.*, p. 36.

12. HEIDELBERG INSTITUTE FOR INTERNATIONAL CONFLICT RESEARCH (HIIK), « Conflict Barometer 2007 », 2008, p. 1, www.hiik.de/en/konfliktbarometer/pdf/ConflictBarometer_2007.pdf, consulté le 13 août 2008.

13. Bethany LACINA, Nils Petter GLEDITSCH et Bruce RUSSETT, « The Declining Risk of Death in Battle », *International Studies Quarterly*, vol. 50, n° 3, septembre 2006, p. 674.

14. J. Joseph HEWITT, « Unpacking Global Trends in Violent Conflict, 1946-2005 », *op. cit.*, p. 108.

15. *Loc. cit.*

16. *Loc. cit.*
17. John MUELLER, « Vers la fin de la guerre ? », *Politique étrangère*, 2006/4, p. 869.
18. Ted Robert GURR, Monty G. MARSHALL et Deepa KHOSLA, *Peace and Conflict 2001. A Global Survey of Armed Conflicts, Self-Determination Movements, and Democracy*, Maryland, CIDCM/University of Maryland, 2001, p. 9.
19. John MUELLER, *op. cit.*, p. 868.
20. J. Joseph HEWITT, « Unpacking Global Trends in Violent Conflict, 1946-2005 », *op. cit.*, p. 112.
21. ANDREW MACK (dir.), « Human Security Brief 2007 », *op. cit.*, p. 33.
22. Bethany Ann LACINA, Nils Petter GLEDITSCH et Bruce M. RUSSETT, «The Declining Risk of Death in Battle», *International Studies Quarterly*, vol. 50, n° 3, 2006, p. 679.
23. ANDREW MACK (dir.), « Human Security Brief 2007 », p. 34.
24. John Mueller, « Vers la fin de la guerre ? », *op. cit.*, pp. 863-875.
25. ANDREW MACK (dir.), « Human Security Brief 2007 », *op. cit.*, p. 37.
26. Bethany LACINA, Nils Petter GLEDITSCH et Bruce RUSSETT, « The Declining Risk of Death in Battle », *op. cit.*, 112.
27. HUMAN SECURITY CENTER, « Human Security Brief 2007 », *op. cit.*, p. 25.
28. PROJECT PLOUGHSHARES, « Armed Conflicts Report 2008. Democratic Republic of Congo », 2008, www.ploughshares.ca/libraries/ACRText/ACR-DRC.html, consulté le 18 août 2008.
29. Arch PUDDINGTON, « Freedom in the World 2006. Middle East Progress Amid Global Gains », *Freedom House*, 2006, www.freedomhouse.org/template.cfm?page=130& year=2006, consulté le 20 août 2008.
30. *Idem*, « Freedom in the World 2007. Freedom Stagnation Amid Pushback Against Democracy », *Freedom House*, 2006, www.freedomhouse.org/template.cfm?page=130& year=2007, consulté le 20 août 2008.
31. *Idem*, « Findings of *Freedom in the World 2008*. Freedom in Retreat. Is the Tide Turning ? », Freedom House, 2008, www.freedomhouse.org/template.cfm?page=130& year=2008, consulté le 20 août 2008.
32. Amy PATE, « Trends in Democratization. A Focus on Instability in Anocracies », dans J. Joseph HEWITT, Jonathan WILKENFELD et Ted Robert GURR, (dir.), *Peace and Conflict 2008*, Boulder, CO, Paradigm Publishers, 2008, p. 28.
33. HUMAN SECURITY CENTER, *Human Security Report 2005…, op. cit.*, p. 151.
34. Ekaterina STEPANOVA, « Trends in Armed Conflicts », *op. cit.*, pp. 43-44.
35. « The Terrorism Index 2007 », *Foreign Policy*, n° 162, pp. 60-67.
36. John MUELLER, « Reacting to Terrorism. Probabilities, Consequences, and the Persistence of Fear », 2007, psweb.sbs.ohio-state.edu/faculty/jmueller/ISA2007T.pdf, consulté le 20 août 2008.
37. ANDREW MACK (dir.), « Human Security Brief 2007 », p. 15.
38. Victor ASAL, Carter JOHNSON et Jonathan WILKENFELD, « Ethnopolitical Violence and Terrorism in the Middle East », dans J.J. Hewitt, J. Wilkenfeld et T.R. GURR (dir.), *Peace and Conflict 2008, op. cit.*, pp. 58-59.
39. Dan SMITH, « The World at War », *The Defense Monitor,* n° 37, 2008, p. 3.
40. ANDREW MACK (dir.), « Human Security Brief 2007 », p. 22.
41. Dan SMITH, *op. cit.*, p. 4.

42. ANDREW MACK (dir.), « Human Security Brief 2007 », p. 23.

43. Dan SMITH, *op. cit.*, p. 6.

44. HIIK, « Conflict Barometer 2007 », *op. cit.*, p. 41.

45. INTERNATIONAL CRISIS GROUP (ICG), « International Crisis Group Annual Report 2008 », 2008, www.crisisgroup.org/library/documents/miscellaneous_docs/crisis_group_2008_ annual_report_web.pdf,consulté le 20 août 2008, p. 16.

46. Jacques FOLLOROU, « L'armée philippine s'oppose aux rebelles séparatistes musulmans », *Le Monde*, 13 août 2008, p. 6.

47. Dan SMITH, « The World at War », *op. cit.*, p. 8.

48. Jacques FOLLOROU, « Le président pakistanais, Pervez Musharraf, démissionne », *Le Monde*, 19 août 2008, p. 5.

49. « Pakistan. Beyond Musharraf », *The Economist,* 2008, p. 14.

50. PROJECT PLOUGHSHARES, « Armed Conflicts Report. Pakistan», 2008, www.ploughshares.ca/ libraries/ACRText/ACR-Pakistan.html#Deaths, consulté le 19 août 2008.

51. PROJECT PLOUGHSHARES, « Armed Conflicts Report 2008. Israel-Palestine », 2008, www.ploughshares.ca/libraries/ACRText/ACR-Israel.html, consulté le 19 août 2008.

52. Benjamin BARTHE, « Israël-Palestine. Pourparlers de paix à Washington », *Le Monde*, 31 juillet 2008, p. 5.

53. Dan SMITH, « The World at War », *op. cit.*, p. 9.

54. HIIK, « Conflict Barometer 2007 », *op. cit.*, p. 35.

55. Caroline STEVAN, « Les FARC sont en pleine décomposition politique », *Le Temps*, 4 juillet 2008.

56. INTERNATIONAL CRISIS GROUP, *Annual Report 2008*, p. 29.

57. HIIK, « Conflict Barometer 2007 », *op. cit.*, p. 39.

58. *Ibid.*, p. 10.

59. Dan SMITH, *op. cit.*, p. 3.

60. PROJECT PLOUGHSHARES, « Armed Conflicts Report 2008. Russia (Chechnya) », 2008, www.ploughshares.ca/libraries/ACRText/ACR-Russia.html#Status, consulté le 19 août 2008.

61. HUMAN SECURITY CENTER, *Human Security Report 2005, op. cit.*, p. 153.

62. J. Joseph HEWITT, « Trends in Global Conflict, 1946-2005 », *op. cit.*, p. 24.

63. UPPSALA UNIVERSITY, « The General Decline in Armed Conflicts has Now Clearly Ceased », *op. cit.*

64. HIIK, « Conflict Barometer. 1997-2007 », www.hiik.de/en/konfliktbarometer/index.html, consulté le 19 août 2008.

65. Plus du tiers des conflits ont fait l'objet de pourparlers entre belligérants entre 2000 et 2003.

66. HIIK, « Conflict Barometer 2007 », *op. cit.*, p. 7.

67. *Idem*, « Conflict Barometer 2006 », pp. 6-7.

68. Virginia PAGE FORTNA, *Peace Time, Cease-fire Agreements and the Durability of Peace,* Princeton, Princeton University Press, 2004, p.1.

69. ANDREW MACK (dir.), « Human Security Brief 2007 », p. 27.

70. Sharon Wiharta, « Planning and Deploying Peace Operations », dans sipri *Yearbook 2008, Armaments, Disarmament and International Security*, Oxford, Oxford University Press, 2008.
71. hiik, « Conflict Barometer 2007 », *op. cit.*, p. 8.
72. Sharon Wiharta, *op. cit.*, 97.
73. hiik, « Conflict Barometer 2007 », *op. cit.*
74. Sharon Wiharta, *op. cit.*, p. 113.
75. Peter Wallensteen et Birger Heldt, « International Peacekeeping. The un Versus Regional Organizations », dans J.J. Hewitt, J. Wilkenfeld et T.R. Gurr (dir.), *op. cit.*, pp. 95-98.
76. Sharon Wiharta, « Planning and Deploying Peace Operations », p. 116.
77. hiik, « Conflict Barometer 2007 », *op. cit.*
78. John Mueller, « Vers la fin de la guerre ? », *op. cit.*, pp. 863-875.
79. Ekaterina Stepanova, *op. cit.*, p. 73.

Entre puissance et diplomatie
Les États-Unis à la croisée des chemins

Anessa L. Kimball et Jonathan Paquin*

La politique étrangère des États-Unis a connu une évolution rapide depuis quelques années. Le besoin de répondre à de nouveaux enjeux de sécurité et de politique étrangère, dans la foulée des attentats terroristes du 11 septembre 2001, a eu pour effet de complexifier la gestion de la politique étrangère et d'accélérer la prise de décisions[1].

L'objectif de ce chapitre est celui d'analyser les principaux enjeux de politique étrangère auxquels les États-Unis ont fait face au cours de la dernière année. Dans la première section, nous étudierons l'état des interventions militaires américaines en Afghanistan et en Irak menées au nom de la lutte contre le terrorisme. Dans la seconde section du chapitre, nous traiterons de certains dossiers de politique étrangère qui nécessitent une gestion diplomatique vigilante de la part du gouvernement américain avec ses alliés. L'élargissement de l'Organisation du traité de l'Atlantique

*   *Anessa L. Kimball et Jonathan Paquin sont professeurs adjoints au Département de science politique de l'Université Laval et chercheurs associés à l'Institut québécois des hautes études internationales (HEI). Les auteurs aimeraient remercier Samuel Murray pour l'assistance à la recherche, Alexandra Tardif-Villeneuve pour la traduction d'une partie de ce chapitre et Hugo Hardy pour la révision linguistique.*

Nord (OTAN), les relations avec la Russie, la sécurité du continent nord-américain et la souveraineté de l'océan Arctique y seront abordés. La troisième et dernière section du chapitre s'attarde sur l'avenir de la politique étrangère américaine dans le contexte de l'élection présidentielle de novembre 2008. Les positions du candidat démocrate Barack Obama et du candidat républicain John McCain dans le domaine de la politique étrangère et de la sécurité nationale y sont présentées. Nous nous questionnons également sur la façon dont les États-Unis pourront trouver un équilibre entre la puissance militaire dont ils disposent et la diplomatie qui est essentielle à la gestion harmonieuse des relations internationales.

1. Interventions militaires et lutte au terrorisme

A. L'Afghanistan

L'Administration Bush fait face aujourd'hui à une situation qui se détériore considérablement en Afghanistan. Alors que le nombre de pertes humaines en Irak tend à diminuer depuis deux ans, le taux de mortalité chez les soldats postés en Afghanistan augmente sans cesse et a atteint, en juin 2008, son plus haut niveau depuis le début de la guerre, en 2001[2]. Nous assistons, depuis 2005, à un niveau de violence qui s'apparente à celui observé en Irak au cours de la même période. Le nombre d'attaques terroristes visant des civils répertoriées en Afghanistan est passé de 491 en 2005 à 1 127 en 2007.[3] Le commandant des troupes américaines en Irak, le général David Petraeus, laissait entendre récemment qu'il était possible que les dirigeants d'Al-Qaïda en Irak soient en train de redéployer une partie de leurs ressources sur le front afghan.[4] Si tel est le cas, il est fort probable que la guerre en Afghanistan redeviendra le principal dossier de politique étrangère à Washington en 2009. L'augmentation du nombre d'attentats terroristes, surtout dans les provinces afghanes de Kandahar, d'Helmand et de Farah, a d'ailleurs forcé l'Administration Bush à accroître sa force militaire en Afghanistan. Au début de l'année 2008, le secrétaire à la Défense, Robert Gates, a déployé 3 200 soldats additionnel dans le sud de l'Afghanistan. Puis, en avril, lors du sommet de l'OTAN à Bucarest, le président Bush s'est engagé à accroître la présence militaire américaine en 2009, et ce, sans égard au résultat de l'élection présidentielle de novembre 2008[5]. Ainsi, même si les Américains fournissent un effort soutenu en

Afghanistan en maintenant sur place plus de 20 000 soldats au service de la Force internationale d'assistance à la sécurité (FIAS) dirigée par l'OTAN ainsi que 12 000 soldats évoluant sous commandement américain, l'Administration Bush et ses alliés font face aujourd'hui à un défi de taille en Afghanistan et les perspectives de succès demeurent incertaines[6].

Comment pouvons-nous expliquer une telle détérioration des conditions en Afghanistan ? Il semble que la capacité du gouvernement pakistanais à lutter contre les talibans sur son territoire ait été surestimée par l'Administration Bush, et ce, malgré l'aide militaire et économique fournie par les États-Unis au Pakistan. L'absence de contrôle militaire et politique du gouvernement pakistanais sur la totalité du territoire, et plus particulièrement sur les provinces de l'ouest du pays, fait du Pakistan un terreau fertile pour les talibans et pour leurs sympathisants[7]. Ce qui est maintenant convenu d'appeler la « talibanisation » des régions dominées par l'ethnie pachtoune au Pakistan constitue un problème de taille pour Washington. Ainsi, les attentes de l'Administration Bush à l'égard de l'allié pakistanais furent trop grandes et le Pakistan apparaît aujourd'hui comme étant l'un des maillons faibles dans la lutte contre le terrorisme. Ce problème est central puisque la coopération pleine et entière d'Islamabad est une condition nécessaire (mais non suffisante) au progrès dans la guerre contre les talibans et les cellules terroristes d'Al-Qaïda en Afghanistan.

L'instabilité afghano-pakistanaise a eu pour effet de soulever, au cours des derniers mois, un certain nombre de questions à Washington : le gouvernement pakistanais lutte-t-il avec suffisamment de ferveur contre les cellules terroristes sur son territoire ? Est-ce que les États-Unis devraient exercer plus de pression politique sur Islamabad pour que le régime en place s'engage davantage dans la lutte contre le terrorisme ? Un nombre croissant d'experts considèrent que le Pakistan fait très peu d'efforts pour stabiliser l'Afghanistan. En 2007, le président pakistanais Pervez Musharraf reconnaissait que des dirigeants talibans étaient en mesure de lancer des opérations de combat à partir du Pakistan[8]. Afin de contrer les attaques des talibans en provenance du Pakistan, les stratèges militaires américains proposent maintenant des interventions militaires musclées en sol pakistanais, avec ou sans l'appui des autorités pakistanaises. De plus, des voix s'élèvent à Washington, tant au Congrès que dans l'entourage du président Bush, en faveur d'une nouvelle politique face au Pakistan. Une politique qui serait plus agressive et coercitive, incluant un recours à des sanctions contre Islamabad afin que le gouvernement pakistanais adopte des mesures anti-terroristes plus sévères pour contrer la croissance des mouvements islamiques fondamentalistes[9].

La faiblesse de la stratégie américaine en Afghanistan réside également dans la décision d'attaquer l'Irak en 2003. Cette décision a eu pour effet d'affaiblir la position américaine en Afghanistan en divisant les ressources et l'attention des dirigeants politiques à Washington. Il est à noter que depuis l'invasion de l'Irak, la guerre que livrent les États-Unis en Afghanistan a connu plusieurs ratés et demeure sous-financée par rapport aux objectifs initiaux de la mission[10].

Néanmoins, la guerre menée en Afghanistan a plus de chance de s'inscrire dans la durée que celle livrée en Irak. En effet, la guerre menée en Afghanistan a l'appui des deux partis au Congrès. Si le soutien bipartisan à cette guerre ne garantit pas une victoire américaine contre les talibans et les cellules d'Al-Qaïda dans la région, cet appui est une condition nécessaire à la victoire. En comparaison, l'opposition d'une partie importante de l'opinion publique américaine à la guerre en Irak et l'hostilité dont fait preuve la majorité démocrate au Congrès, surtout depuis les élections de mi-mandat de 2006, représentent un obstacle de taille dans la poursuite de la guerre et dans le succès de la mission en Irak.

Dans un autre ordre d'idées, il est surprenant de constater que la stratégie de l'Administration Bush en Afghanistan soit longtemps demeurée distincte de celle adoptée en Irak. Même si les liens entre les talibans d'Afghanistan et les insurgés irakiens sunnites sont ténus, il est de plus en plus apparent que les stratégies américaines en Afghanistan et en Irak sont interdépendantes. En effet, les Américains et leurs alliés font face à une mouvance extrémiste sunnite qui perçoit ces deux guerres comme étant une seule et même lutte contre les envahisseurs occidentaux. D'ailleurs, la possibilité qu'un transfert des ressources d'Al-Qaïda en Irak soit en train de s'opérer vers l'Afghanistan est en accord avec cette perception[11]. L'Administration Bush doit donc réagir à cette réalité et tenir compte de la stratégie d'Al-Qaïda si elle veut réaliser des progrès dans la lutte contre le terrorisme. Ce possible mouvement des membres d'Al-Qaïda vers l'Afghanistan expliquerait d'ailleurs en partie l'amélioration de la situation en Irak, bien que l'Administration Bush prétende, quant à elle, que cette amélioration est le résultat des modifications récentes apportées à sa stratégie en Irak. En janvier 2007, alors que la situation en Irak était chaotique, le président américain a décidé, envers et contre tous, de grossir les troupes en Irak de 21 500 soldats. Cette décision, que l'on nomme *the surge* (l'accroissement ou la hausse) à Washington, allait à l'encontre de l'opinion de plusieurs experts qui proposaient plutôt un retrait progressif des troupes, comme James Baker et Lee Hamilton, les commissaires de l'*Iraq Study Group Report*[12].

Les stratégies américaines en Irak et en Afghanistan sont également interdépendantes car la pression pour un retrait des troupes américaines d'Irak serait réduite si les Américains, leurs alliés de l'OTAN et le gouvernement afghan d'Hamid Karzaï enregistraient des progrès en Afghanistan. Cela aurait pour effet de raviver le soutien de la population américaine en démontrant que le succès est possible dans la guerre contre le terrorisme.

Ainsi, la guerre en Afghanistan se situe toujours dans l'actualité immédiate. Sept ans après le début des opérations américaines dans le pays, la lutte contre les factions armées talibanes se poursuit et provoque des pertes humaines et matérielles croissantes. À la lumière des informations énoncées, il est fort probable que le conflit afghan redevienne le centre névralgique de la lutte américaine contre le terrorisme au cours de l'année 2009.

B. L'Irak

L'opération américaine en Irak a débuté lorsque les États-Unis et la « coalition des volontaires » ont envahi le pays en mars 2003 dans le but de renverser le dictateur Saddam Hussein. Afin de convaincre l'opinion publique du bien-fondé de cette guerre, l'Administration Bush avait alors mis l'accent sur le fait que le régime irakien détenait des armes de destruction massive (ADM) susceptibles d'être employées contre les États-Unis et leurs alliés, dont Israël[13]. Constatant l'absence d'ADM une fois le régime de Saddam Hussein renversé, l'Administration Bush a rapidement modifié son discours pour plutôt soutenir que l'invasion avait permis de libérer la population irakienne du régime de terreur de Saddam Hussein.

Depuis le début de cette guerre, l'attention des dirigeants et des médias américains s'est surtout porté sur le nombre des pertes parmi les soldats américains. En juin 2008, les États-Unis avaient perdu 4 103 soldats au combat et près de 30 000 avaient été rapportés blessés[14]. Ce type de données ne permet cependant pas de mesurer l'évolution de la situation sur le terrain. Pour obtenir une évaluation des progrès réels réalisés en Irak, l'Administration Bush doit prendre en considération les multiples facettes du conflit, soit les domaines politique, économique, sécuritaire et social.

L'opération irakienne a connu des difficultés dès sa mise en œuvre. Cela est dû en partie au nombre insuffisant d'effectifs déployés. En effet, 180 000 soldats ont participé aux opérations militaires en Irak en 2003, ce qui est bien en deçà des 275 000 soldats jugés nécessaires par le général Franks en décembre 2001. Cette estimation du général Franks n'était d'ailleurs qu'une révision à la baisse de ce que recommandait le *Contingency Operating Plan for Iraq* élaboré par le gouvernement américain en 1998. Selon ce plan, 350 000 militaires étaient nécessaires pour la réussite de l'opération[15]. En outre, la capacité opérationnelle de l'armée américaine a été entravée par la rareté des véhicules de transport de troupes et d'autres équipements essentiels[16]. De plus, l'armée américaine a fait face à de nombreuses difficultés dans le domaine des communications et de la cueillette de renseignements sur le terrain en raison du manque de personnel militaire arabophone[17]. Bien entendu, ces contraintes opérationnelles furent aggravées par le conflit religieux entre les populations chiites et sunnites irakiennes[18].

Alors que les divisions religieuses sont bien présentes en Irak, le nouveau gouvernement à Bagdad ne dispose pas des ressources financières et sécuritaires nécessaires pour assurer le contrôle politique de l'ensemble du territoire. En fait, le pouvoir du gouvernement irakien actuel repose sur une aide économique et militaire substantielle des États-Unis. Le retrait rapide des forces américaines créerait certainement un « vide de pouvoir » et pourrait même provoquer l'effondrement de l'État irakien. D'autre part, cette dépendance militaire et financière du gouvernement irakien pourrait avoir un effet néfaste sur la volonté des dirigeants irakiens d'établir des institutions autonomes et stables.

Depuis 2003, le débat sur l'intervention des États-Unis en Irak s'est bien souvent limité à des accusations concernant la légitimité et la légalité de la guerre. De telles accusations, aussi pertinentes ont-elles pu être avant l'invasion, semblent maintenant contre-productives. Indépendamment du candidat qui sera élu président en novembre 2008, il est évident que toute réflexion à propos de l'Irak devra être orientée vers la question du transfert complet des pouvoirs au gouvernement irakien. Lors des élections primaires des partis démocrate et républicain en 2007-2008, la position des candidats sur cette question allait d'un retrait des troupes et d'une passation immédiate de l'ensemble des pouvoirs au gouvernement irakien (la stratégie du *cut and run*) au maintien de la stratégie actuelle (*stay the course*). Une telle variation dans la position des candidats s'explique par le fait que certains considéraient cette guerre comme étant un conflit civil entre factions sectaires, alors que d'autres en faisaient un élément central dans la guerre contre le terrorisme.

Alors que différentes propositions ont été présentées pour un retrait lent ou rapide des troupes d'Irak[19], il semble évident que le fondement de tout plan de retrait des troupes sera remis en question si ce retrait devait être amorcé avant que l'État irakien soit en mesure d'assurer sa souveraineté et sa sécurité. Pourtant, compte tenu de la structure du système politique américain, un tel scénario de retrait est envisageable. En effet, en vertu de la Constitution des États-Unis, le Congrès assure un contrôle contraignant sur le budget fédéral et, par conséquent, a la capacité de mettre fin au financement d'opérations militaires ou de retarder la mise en œuvre des politiques de la Maison-Blanche. Jusqu'à maintenant, la conjoncture politique en Irak n'a pas favorisé le mécanisme de contrepoids (*check and balance*) du système politique américain, car l'exécutif ne rend public que peu d'informations sur le déroulement des opérations. Ainsi, les membres du Congrès qui pressaient l'Administration Bush d'établir un calendrier de retrait des troupes se sont butés au problème de l'accessibilité de l'information. S'il est normal d'établir un calendrier pour la prise de décisions et pour l'évaluation des progrès accomplis, c'est une erreur tactique en « temps de guerre » que de rendre ces informations publiques, puisque les insurgés adoptent (et adaptent) leurs stratégies en fonction de ces informations. Qui plus est, la transition démocratique et institutionnelle en Irak est un processus lent pour lequel il est mal avisé d'établir des échéances fermes de retrait. En effet, l'environnement politique irakien est en constante évolution et se prête très mal au jeu politique de Washington.

À la suite des élections de mi-mandat de novembre 2006, il était permis d'espérer que la nouvelle majorité démocrate forcerait le retrait des troupes américaines d'Irak. Cependant, les membres du Congrès, et plus particulièrement les démocrates, ont adopté des résolutions souvent contradictoires au sujet de cette guerre et ont été incapables de formuler une position commune et cohérente. À titre d'exemple, la Chambre des représentants a voté une loi au printemps 2007 demandant le retrait des troupes d'Irak ; cette loi fut bloquée par l'utilisation par le président Bush de son droit de veto, alors qu'au même moment, le Sénat américain acceptait de fournir des fonds additionnels à la Maison-Blanche pour poursuivre la guerre et ce, sans demander en retour un retrait graduel des troupes[20].

En dépit de ces décisions législatives contradictoires, nous notons qu'un changement s'est opéré depuis 2006 dans le rapport de force entre la Maison-Blanche et le Congrès, un changement qui a pris sa source dans le débat sur le financement de la guerre en Irak. À preuve, dans le budget de la défense de 2008, l'Administration Bush a reçu beaucoup moins de fonds qu'elle n'en avait initialement demandé : le Congrès a approuvé 70 milliards de dollars pour les guerres d'Irak et d'Afghanistan, alors que la Maison-Blanche souhaitait obtenir 196 milliards[21].

Pour plusieurs raisons, la guerre menée en Irak s'achemine vers un avenir incertain, pour plusieurs raisons. Les sondages indiquent tout d'abord que l'opinion publique américaine désapprouve cette guerre, et la majorité des membres du Congrès, tant républicains que démocrates, s'y oppose aussi désormais. De plus, il est fort probable, comme nous le mentionnions plus haut, que les membres d'Al-Qaïda d'Irak soient en train de transférer leurs ressources sur le front afghan pour prêter main-forte aux talibans. Si tel est le cas, cette stratégie de la part des insurgés aurait pour effet de recentrer la guerre contre le terrorisme en Afghanistan et de simplifier le retrait des troupes américaines d'Irak. Finalement, comme nous le verrons dans la dernière section de ce chapitre, le candidat démocrate à l'élection présidentielle, Barack Obama, mentionnait récemment que s'il remportait l'élection de novembre 2008, il mettrait fin à la guerre en Irak dans un délai de seize mois. Ainsi, l'ensemble de ces considérations laisse croire que la guerre en Irak a peu de chances de se maintenir à long terme.

C. Quelques réflexions sur la guerre contre le terrorisme

Le concept de guerre contre le terrorisme, qui a justifié les interventions américaines en Afghanistan et en Irak, est problématique puisqu'il ne se fonde sur aucun critère objectif. La perception de ce qu'est le terrorisme varie en effet d'un pays à un autre. Certains contestent donc l'utilité même de la politique de « lutte contre la terreur » élaborée par le président Bush. L'Administration Bush a également été accusée d'avoir utilisé l'argumentaire de la lutte contre le terrorisme pour poursuivre des objectifs politiques qui contredisent l'objectif même de cette lutte. Par exemple, les États-Unis ont ouvertement soutenu le président pakistanais, Pervez Musharraf, jusqu'à sa démission en 2008, en dépit du fait qu'il avait accédé au pouvoir à la suite d'un coup d'État militaire en 1999 et qu'il avait eu recours à la force pour maintenir son autorité. Ainsi, cette guerre au terrorisme a forcé les dirigeants américains à faire des compromis entre certains idéaux politiques, comme la promotion des droits de la personne, et des objectifs à court terme, tel que l'alliance avec des régimes autoritaires. À cet égard, la guerre contre le terrorisme ressemble étrangement à la guerre froide. Pour faire échec au communisme au nom des droits de la personne et de la démocratie libérale, les présidents américains, de Harry Truman à Ronald Reagan, avaient conclu des ententes avec des régimes autoritaires avides de ressources militaires pour asseoir leur autorité. Pensons, par exemple, aux bonnes relations qu'entretenait Washington avec le régime de Sukarno en Indonésie, celui de Pinochet au Chili et celui de Siad Barre en Somalie.

La particularité de cette guerre contre le terrorisme est que son succès ne peut se mesurer que par l'absence d'attaques. Cette absence effective d'attaques, cependant, ne signifie évidemment pas que les terroristes ont été éliminés. D'autre part, l'ironie de cette guerre réside dans ce que Frank Harvey appelle le « dilemme de la sécurité intérieure ». C'est-à-dire que plus des mesures défensives sont mises en place pour protéger les États-Unis face au terrorisme international, plus les Américains augmentent leur vulnérabilité en cas d'attaque. Comme l'explique Harvey :

> Plus les coûts financiers, les sacrifices publics et le capital politique investis dans la sécurité sont importants, plus les attentes du public et les standards de mesure du rendement correspondants sont élevés, plus le sentiment général d'insécurité augmente après chaque échec, et, paradoxalement, plus la pression sur les gouvernements et les citoyens de faire des sacrifices encore plus lourds pour parvenir à une parfaite sécurité s'intensifie[22].

Depuis quelques années, l'opinion des dirigeants américains a changé au sujet de la capacité des terroristes à mener des opérations. Le gouvernement américain sait maintenant que cette lutte sera de longue durée. En conséquence, les États-Unis et leurs alliés doivent redoubler d'efforts pour convaincre les États aux prises avec une mouvance fondamentaliste islamique que l'échange de renseignements et la coopération sont nécessaires pour neutraliser la menace terroriste.

Les États-Unis doivent également chercher à tisser des liens avec des dirigeants locaux qui évoluent au sein d'États susceptibles d'abriter des cellules terroristes (ce qu'on appelle l'approche *bottom-up*). Cette approche, cependant, ne peut s'effectuer qu'au prix d'une certaine perte d'autonomie. Or, il est loin d'être certain que les dirigeants américains soient prêts à limiter leur marge de manœuvre politique dans la lutte contre le terrorisme afin de maintenir de bons rapports avec des dirigeants locaux[23]. Quant à l'approche inverse (*top-down*), qui consiste à provoquer le changement par le recours à la force et qui est devenue la marque de commerce de l'Administration Bush, elle est peu fructueuse et cause de nombreuses difficultés, comme le démontre la guerre en Irak.

2. Diplomatie et relations avec les alliés

Le recours à la force par les États-Unis en Afghanistan et en Irak avait pour objectif de garantir la sécurité nationale et, par conséquent, de maintenir la position de prédominance des États-Unis dans le système international. Ce recours à la force, qui consacre l'échec de la diplomatie, n'est générale-ment utilisé qu'en dernier recours. En temps normal, l'Administration Bush met l'accent sur la coopération et la diplomatie dans la gestion de sa politique étrangère. Ainsi, en 2007-2008, plusieurs dossiers épineux tels que le programme nucléaire militaire de la Corée du Nord, l'ingérence de l'Iran dans le conflit irakien ou encore la résolution du conflit israélo-palestinien, ont été abordés par la voie diplomatique et de manière multilatérale. Les États-Unis se sont également appliqués à entretenir de bonnes relations avec leurs alliés sur des sujets aussi importants que le déploiement et le positionnement des troupes de l'OTAN en Afghanistan ou la gestion de la sécurité nord-américaine avec le Canada et le Mexique.

Cependant, certains dossiers de politique étrangère doivent être traités avec vigilance par la Maison-Blanche car ils présentent la possibilité d'envenimer les relations déjà tendues avec la Russie. L'élargissement de l'OTAN, la mise en place du bouclier antimissiles et la question de la souveraineté de l'Arctique sont des sujets conflictuels qui, s'ils ne sont pas traités avec prudence, pourraient provoquer des crises diplomatiques semblables à celles qui ont eu lieu à l'époque de la guerre froide.

A. L'élargissement de l'OTAN

Depuis la fin de la guerre froide, les États-Unis ont favorisé l'élargissement de l'OTAN pour sécuriser les frontières européennes et réduire la puissance relative de la Russie[24]. Du point de vue de Washington, cet élargissement a été très bénéfique. Les critères d'admission élaborés par l'alliance ont encouragé les États candidats à l'intégration à réformer leur système politique, à libéraliser leur économie, à lutter contre la corruption, à moderniser leur équipement militaire et à améliorer le sort de leurs minorités nationales[25]. En d'autres termes, l'élargissement de l'OTAN a agi comme mécanisme institutionnel permettant l'intégration et la socialisation de ces États au sein de la structure internationale postguerre froide.

L'élargissement de l'alliance a également permis d'obtenir la participation des nouveaux membres aux missions militaires de l'OTAN dans les Balkans et en Afghanistan. Certains de ces nouveaux membres ont même choisi de joindre la « coalition des volontaires » lors de l'invasion de l'Irak en 2003. Ainsi, la mission actuelle en Afghanistan, la Force internationale d'assistance à la sécurité (FIAS), compte 52 000 soldats provenant de vingt-six pays de l'OTAN et de dix pays candidats à l'intégration[26]. En date du 10 juin 2008, les membres de l'OTAN ayant joint l'alliance depuis la fin de la guerre froide contribuaient pour 6,4 % des troupes déployées en Afghanistan. Ce pourcentage peut sembler minime, mais en comparaison, les États contribuant le plus à la FIAS, soit le Canada, l'Allemagne, l'Italie, le Royaume-Uni et les États-Unis, fournissent 76 % de l'ensemble des militaires, ce qui signifie donc que plus d'un quart des 24 % restants des effectifs de la mission de la FIAS proviennent des membres qui ont joint l'OTAN récemment. On peut en déduire que les nouveaux membres de l'OTAN participent à la mission en Afghanistan à la hauteur de leurs moyens.

Selon Washington, les États en périphérie de l'alliance, comme la Russie, n'ont rien à craindre de cet élargissement car il a pour effet de réduire les risques de conflits armés en Europe et contribue à stabiliser des pays en proie aux conflits internes tels que la Bosnie, la Macédoine et l'Afghanistan. Pour ménager les susceptibilités de la Russie, l'OTAN a adopté plusieurs mesures. D'abord, elle a créé des Partenariats pour la paix (PpP), c'est-à-dire des plans d'adhésion par étape pour les États candidats à l'intégration. Ces PpP comportaient non seulement des repères, mais aussi des mécanismes permettant de mesurer le progrès accompli par les États candidats à l'intégration. L'otan a également encouragé la transparence du processus d'élargissement en créant le Conseil otan-Russie en mai 2002[27]. Enfin, on a donné à la Russie tout le temps nécessaire pour se préparer à l'élargissement. Le délai entre la demande formelle d'adhésion et l'intégration à l'alliance fut en moyenne de presque huit ans pour les dix États qui ont joint l'otan depuis la fin de la guerre froide[28].

Malgré ces dispositions, la Russie n'a jamais vu d'un très bon œil cet élargissement qui est venu consacrer sa perte d'influence en Europe. Le comportement du gouvernement russe à cet égard a oscillé entre la menace et la résignation. Au cours de la dernière année, la question de l'adhésion de l'Ukraine et de la Géorgie à l'otan a eu pour effet de raviver l'agressivité de la Russie à l'endroit de l'alliance. Contrairement aux États d'Europe de l'Est qui ont intégré l'otan depuis 1997, l'Ukraine et la Géorgie sont d'anciennes républiques de l'URSS qui partagent des frontières avec la Russie. Pour l'instant, l'adhésion de ces États à l'alliance a été repoussée à cause d'un désaccord entre les membres de l'otan sur le moment opportun de leur intégration. Si l'Administration Bush a milité en faveur d'une intégration rapide de l'Ukraine et de la Géorgie, d'autres membres, dont l'Allemagne, s'y sont opposés, jugeant ces États trop instables. Les relations actuelles entre le président ukrainien Viktor Iouchtchenko et le gouvernement russe sont au plus bas, et comme l'indique Dmitri Trenin, du Carnegie Endowment for International Peace : « Moscow is adamant that Ukraine's accession to the alliance would lead to a fundamental change in Russia's strategic posture, complete with missile retargeting[29] ».

Les relations tendues entre la Russie et la Géorgie au sujet du statut politique des provinces sécessionnistes géorgiennes d'Ossétie du Sud et d'Abkhazie furent également soulevées pour justifier le report de l'adhésion. L'intégration de la Georgie à l'otan sans la résolution préalable de ces conflits sécessionnistes aurait été, en quelque sorte, une invitation à un conflit direct entre la Russie et l'Occident. L'invasion de la Géorgie par des troupes russes en août 2008 et la décision de Moscou de reconnaître l'indépendance de l'Ossétie du Sud et de l'Abkhazie sont directement liées au fait que la Géorgie a une politique de défense résolument orientée vers l'Occident.

Outre les préoccupations que suscite la volonté d'adhésion de l'Ukraine et de la Géorgie à l'OTAN, il existe aussi des inquiétudes quant aux effets de l'élargissement lui-même. Des économistes suggèrent, par exemple, que l'élargissement pourrait sérieusement entraver l'efficacité opérationnelle et la capacité de coordination de l'OTAN[30]. L'augmentation du nombre de membres est susceptible de mener à une réduction du standard militaire défini par l'alliance. Selon Todd Sandler[31], l'expansion de l'OTAN rendra plus difficile la défense efficace des membres et conduira peut-être au problème du « maillon le plus faible ». Ce problème apparaît lorsqu'un agresseur considère la puissance militaire du membre le plus faible de l'OTAN comme étant le niveau de puissance à atteindre pour rivaliser avec, voire agresser, un membre de l'alliance. Ces préoccupations liées au problème du « maillon le plus faible » sont justifiées puisque l'article 5 de la charte de l'OTAN, fondé sur le principe de la sécurité collective, garantit la défense mutuelle entre alliés en cas d'attaque. En outre, l'élargissement de l'OTAN a pour effet de diminuer l'efficacité du processus décisionnel de l'organisation puisque les décisions du Conseil de l'alliance requièrent l'unanimité. Or, plus il y a de membres au Conseil de l'OTAN, plus il est difficile de parvenir à un consensus.

L'OTAN demeure aujourd'hui la seule alliance militaire efficace de l'Occident. Cependant, un trop grand élargissement et un manque de considération pour la Russie risqueraient de l'affaiblir en rendant plus laborieuse la recherche du consensus entre ses membres, en accroissant la vulnérabilité de l'alliance face à une éventuelle attaque et en rendant la Russie plus agressive.

B. Vers un retour à la guerre froide ?

Depuis l'effondrement de l'Union soviétique, les relations entre les États-Unis et la Russie ont oscillé entre la collaboration stratégique et les tensions diplomatiques. Toutefois, au cours des dernières années, les points de tension entre Washington et Moscou se sont multipliés jusqu'à faire ombrage à leur collaboration. L'abrogation unilatérale en juin 2002 par les États-Unis du Traité antibalistique (signé conjointement avec l'URSS en 1972) dans le but de développer un programme national de défense anti-missiles a eu pour effet d'accroître le niveau de scepticisme en Russie à l'égard des intentions réelles des États-Unis[32]. En outre, le refus de l'OTAN, parrainé par les États-Unis, de ratifier une version amendée du

Traité sur les forces conventionnelles en Europe a encouragé la Russie, en contrepartie, à suspendre sa participation au traité, créant ainsi une menace pour l'avenir de la sécurité européenne[33]. Enfin, au cours des derniers mois, des signes plus visibles de la détérioration des relations entre Américains et Russes sont apparus lorsque les deux pays ont expulsé de manière réciproque des diplomates sans donner d'explications officielles[34].

Un certain nombre d'événements politiques en Russie ont également eu pour effet d'accroître les suspicions de Washington à l'égard des intentions de Moscou. D'abord, Vladimir Poutine a considérablement centralisé les pouvoirs du gouvernement fédéral dans le but d'accroître son pouvoir personnel. Poutine fut également le principal architecte de l'élection de son dauphin, Dmitri Medvedev, au poste de président de la Fédération de Russie en 2008. En retour, Medvedev a nommé Poutine au poste de premier ministre puisque ce dernier ne pouvait être élu, en vertu de la constitution, pour un troisième mandat consécutif à la tête de l'État.

Un rapport publié en 2006 par un groupe de travail indépendant sur les relations[35] entre les États-Unis et la Russie a identifié les domaines suscitant l'inquiétude pour l'avenir des relations Washington-Moscou. Ces domaines incluent : le retour de l'autoritarisme dans le système politique russe, l'utilisation par Moscou de ses ressources énergétiques comme levier politique dans ses relations avec l'Ukraine et, finalement, le faible soutien de la Russie à la guerre contre le terrorisme.

Malgré ces préoccupations, Trenin soutient qu'il existe toujours plusieurs domaines où se chevauchent les intérêts bilatéraux entre Washington et Moscou, dont la prévention de la prolifération nucléaire en Iran et en Corée du Nord, la possibilité de déployer un système conjoint de missiles de défense et la nécessité de stabiliser le Pakistan[36]. Washington et Moscou sont également liés par des considérations plus larges concernant le terrorisme au Moyen-Orient et en Asie centrale[37].

Alors que le niveau de tension entre les États-Unis et la Russie s'est passablement accru depuis le conflit russo-géorgien de l'été 2008, la collaboration stratégique entre les États-Unis et la Russie apparaît plus que jamais essentielle au maintien de l'ordre international actuel. Pour cette raison, Washington et Moscou doivent recentrer leurs politiques étrangères sur les intérêts qu'ils partagent plutôt que sur ceux qui les divisent. L'échec de cette collaboration pourrait faire resurgir la dynamique de confrontation qui prévalait à l'époque de la guerre froide.

C. La sécurité des frontières et la souveraineté de l'Arctique

Peu de temps avant les attentats terroristes du 11 septembre 2001, le président Bush affichait une grande confiance au sujet de la protection des frontières nationales. Il déclarait : « [F]earful people build walls. Confident people tear them down[38] ». Depuis ces attentats, cependant, la position de la Maison-Blanche a radicalement changé et s'est souvent résumée par le slogan *security trumps trade* (la sécurité avant le commerce) dans la gestion de ses relations frontalières avec le Canada et le Mexique. Washington a clairement fait savoir, au cours des dernières années, que les États-Unis étaient prêts à faire des sacrifices sur le plan économique pour assurer leur sécurité nationale.[39] Ainsi, la gestion de la sécurité aux frontières est devenue plus lourde et laborieuse, et les frontières plus imperméables à l'entrée de biens et de ressortissants étrangers représentant un « risque élevé » pour la sécurité des États-Unis.

Afin de réduire les coûts économiques rattachés à la sécurisation des frontières, l'Administration Bush, en partenariat avec le Canada et le Mexique, a travaillé à établir une complémentarité entre les besoins de la sécurité nationale et ceux du commerce international. Dans cette optique, Washington et Ottawa ont adopté une entente de Coopération sur la sécurité des frontières et le contrôle de la migration régionale[40]. Cette entente a permis, entre autres, d'établir des mesures communes concernant l'émission de visas. Sur la base de cette entente, les États-Unis ont adopté avec le Canada un Plan d'action pour la création d'une frontière intelligente permettant d'accroître les échanges d'informations sur les biens et les personnes qui traversent la frontière. Il est important de préciser que la coopération entre Washington et Ottawa dans la lutte au terrorisme existait avant le 11 septembre. Depuis ces événements, les deux pays ont cependant intensifié leurs liens en renouvelant leur entente sur les mesures antiterroristes. Ainsi, en 2002, les États-Unis et le Canada ont signé un accord sur la coopération en science et technologie pour la protection des infrastructures et la surveillance des frontières. Puis, en 2004, ils ont conclu une entente pour accroître la sécurité bilatérale en renforçant leur coopération militaire terrestre et maritime. Les États-Unis ont également créé une frontière intelligente avec le Mexique pour gérer la sécurité de sa frontière sud[41]. Le renforcement des liens dans le domaine de la défense et de la sécurité avec le Canada et le Mexique a permis de lancer un processus d'intégration vers un espace de sécurité nord-américain.

Le besoin d'intégrer après le 11 septembre, la sécurité nationale au commerce nord-américain, a également amené les États-Unis à créer avec le Canada et le Mexique le Partenariat pour la sécurité et la prospérité (PSP) en 2005. Ce partenariat a mis sur pied vingt groupes de travail trilatéraux, au niveau de la fonction publique des trois États, dans le but d'harmoniser leurs relations et de favoriser la coopération sur les questions de commerce et de sécurité. Le dernier sommet annuel du PSP a eu lieu à la Nouvelle-Orléans en avril 2008. Le président Bush a alors accueilli le premier ministre canadien Stephen Harper et le président du Mexique Felipe Calderón. Ce sommet a permis d'évaluer les progrès réalisés par le partenariat, dont l'adoption d'un plan pour lutter contre les pandémies.

La mise sur pied du PSP a intensifié les rapports politiques qu'entretiennent les États-Unis avec ses deux partenaires de l'Accord de libre-échange nord-américain (ALENA) sans toutefois éradiquer les frontières nationales. Ce qui est paradoxal avec les attentats du 11 septembre, c'est qu'ils ont eu pour effet, d'une part, de rappeler l'importance de la sécurité des frontières nationales et de la souveraineté et, d'autre part, d'intensifier la coopération et l'harmonisation des politiques nord-américaines.

La question de la sécurité des frontières avec le Canada et le Mexique est demeurée un enjeu majeur en 2008 pour l'Administration Bush ainsi que pour les médias américains. Sept ans après les attentats du 11 septembre, les Américains se sentent toujours vulnérables à une nouvelle attaque terroriste et la protection des frontières demeure intimement liée à la guerre contre le terrorisme.

La question de la sécurité des frontières américaines est également liée à l'enjeu de la souveraineté de l'océan Arctique. Cet océan, qui dégèle à un rythme accéléré et qui contient d'importantes réserves de pétrole et de gaz naturel, est au cœur d'un contentieux entre le Canada, la Russie, la Norvège et le Danemark (Groënland). Ces pays revendiquent tous une part de souveraineté. Les États-Unis, cependant, sont demeurés jusqu'à maintenant en marge de ce litige[42]. L'absence remarquée des États-Unis dans ce débat s'explique en partie par le fait que le Sénat américain a refusé, depuis l'époque de la présidence de Ronald Reagan, de ratifier la convention des Nations Unies sur le droit de la mer, notamment en raison du fait que cette convention ne prévoyait aucun pouvoir spécial pour les États industrialisés. Le gouvernement américain ne reconnaissant pas la validité de cette convention internationale, ne peut participer aux discussions sur la souveraineté de l'Arctique qui sont encadrées par les termes de la convention. Ainsi, les États-Unis ne peuvent revendiquer les ressources de l'Arctique situées au nord-est de la côte de l'Alaska au-delà de sa souveraineté maritime reconnue (sa zone économique exclusive)[43]. De plus, même s'ils possèdent l'armée la plus puissante du monde, les États-Unis ne sont pas suffisamment équipés pour assurer une présence en Arctique : à l'heure actuelle, les Américains ne disposent que d'un seul brise-glace pour ses missions en Arctique, comparativement à dix-huit du côté russe[44].

De l'avis de l'Administration Bush, mais aussi de plusieurs ONG et milieux d'affaires, il est maintenant urgent que les États-Unis ratifient la convention sur le droit de la mer. Selon même le président Bush, la ratification du traité « will serve the national security interests of the United States, including the maritime mobility of our armed forces worldwide. It will secure US sovereign rights over extensive marine areas, including the valuable natural resources they contain[45] ».

De plus, un nombre croissant d'experts américains prédisent que sans l'intervention de Washington pour résoudre ce conflit géostratégique, le Canada, la Russie, la Norvège et le Danemark risquent de se diriger tout droit vers une crise internationale qui compromettrait la coopération entre États occidentaux. Chose certaine, il est fort probable que la résolution de la question de la souveraineté de l'océan Arctique se retrouve à court terme très haut dans la liste des priorités de la Maison-Blanche.

3. L'avenir de la politique étrangère américaine

D'entrée de jeu, il est important de préciser que le prochain occupant de la Maison-Blanche, qu'il soit démocrate ou républicain, aura une politique étrangère résolument interventionniste. L'époque où les tenants de l'isolationnisme politique et de l'interventionnisme se faisaient une chaude lutte au sein du Congrès et du département d'État est révolue. Le fait que les États-Unis soient au sommet du système international depuis 1945 a conduit tous les présidents depuis Franklin Delano Roosevelt à intervenir dans les affaires internationales afin de maintenir la position des

États-Unis dans ce système ainsi que d'assurer la stabilité internationale nécessaire à la pérennité de son statut.[46] La question n'est donc pas de savoir si le 44ᵉ président des États-Unis interviendra dans les affaires internationales, mais plutôt de savoir quelle forme prendront ces interventions. Pour cette raison, il est important d'identifier les prémisses sur lesquelles les candidats à la présidence de 2008 basent leurs réflexions en matière de politique étrangère.

A. L'élection présidentielle de 2008

Le prochain président des États-Unis héritera d'un ordre du jour chargé et complexe en politique étrangère. Avec plus de 150 000 soldats déployés en Afghanistan et en Irak, dans un contexte où les relations avec l'allié russe s'enveniment et où les relations avec la Corée du Nord, l'Iran et la Syrie demeurent tendues, le prochain président naviguera en eau trouble sur la scène internationale. Qui plus est, la politique étrangère américaine sera marquée par la poursuite d'intérêts qui sembleront parfois contradictoires et incohérents. Par exemple, Washington devra, d'un côté, maintenir la coopération avec la Russie dans le dossier de la non-prolifération des armes nucléaires tout en essayant de contenir, de l'autre, la politique étrangère de Moscou dans les régions du Caucase et en Crimée. Autre exemple : la prochaine administration appuiera certainement les mouvements de démocratisation à l'étranger tout en renforçant la coopération avec certains régimes autoritaires dans la lutte contre le terrorisme, comme ce fut le cas sous George W. Bush. Malgré cette apparence de contradiction, ces objectifs n'en sont pas moins cohérents : ils visent à assurer la sécurité nationale et à maintenir le statut prépondérant des États-Unis dans le monde.

Depuis le début de l'élection présidentielle, les experts formulent des prédictions quant à l'avenir de la politique étrangère américaine. Toutefois, il est important de garder à l'esprit que la nature des campagnes présidentielles rend difficile ces exercices spéculatifs. Cela s'explique, en partie, par le fait que les déclarations de campagnes ont pour but de plaire à l'électorat américain, et ce, sans égard aux facteurs internationaux de la politique étrangère. La surenchère entre les candidats démocrates, Barack Obama et Hillary Clinton, sur la nécessité de renégocier l'ALENA, lors des élections primaires en Pennsylvanie en avril 2008, illustre ce phénomène. La méprise des experts s'explique également par le fait que les candidats à la présidence font des déclarations sur la base de la conjoncture politique du moment. Toutefois, l'histoire nous enseigne que l'opinion d'un candidat et ses réalisations une fois élu président divergent considérablement. Woodrow Wilson et Franklin Delano Roosevelt, par exemple, déclaraient lors de leur campagne pour leur réélection que les États-Unis devaient rester à l'écart de la Première et de la Seconde Guerre mondiale. Pourtant, une fois réélus, Wilson et Roosevelt sont entrés en guerre respectivement en 1917 et en 1941[47]. Autre exemple, le candidat républicain à la présidentielle de 2000, le gouverneur du Texas, George W. Bush, avait une vision moins interventionniste en politique étrangère que son rival le candidat démocrate Al Gore. Bush avait également en aversion la notion de *nation-building* que plusieurs préconisaient pour la résolution de conflits à l'étranger et souhaitait une réduction de la taille de l'État fédéral. Une fois élu, le président Bush a considérablement dévié de ses promesses électorales, et ce, en bonne partie à cause des attentats terroristes du 11 septembre 2001, une donnée inconnue lors de la campagne présidentielle de 2000. En réponse à ces attentats, le président Bush a choisi d'accroître la taille de l'État dans le domaine de la défense, a mené des interventions militaires en Afghanistan et en Irak et a mis en place des programmes de *nation-building* à Kaboul et à Bagdad.

Il est donc inévitable que le prochain président américain modifie la trajectoire de sa politique étrangère en fonction des facteurs émergeant sur la scène nationale et internationale. Les relations tendues qu'entretient Washington avec la Syrie, la Corée du Nord et l'Iran, couplées à l'instabilité au Pakistan, en Afghanistan, au Liban et dans les territoires palestiniens, sont des sources d'incertitude qui risquent de modifier la politique étrangère du prochain occupant de la Maison-Blanche. Pour cette raison, notre analyse ne s'aventurera pas sur le terrain de la spéculation, car cette entreprise hasardeuse est presque inévitablement vouée à l'échec.

Malgré la difficulté de prévoir l'évolution de la politique étrangère des États-Unis, il demeure intéressant de brosser un portrait général des valeurs et des priorités de Barack Obama et de John McCain, car c'est sur cette base que l'électorat américain choisira le prochain président des États-Unis. Il est d'autant plus intéressant d'établir ce parallèle que les deux candidats ont des positions différentes sur plusieurs sujets prioritaires.

B. Entre puissance et diplomatie

De manière générale, Barack Obama apparaît comme étant un interventionniste libéral dans la tradition de Bill Clinton. Il accorde une place importante aux institutions internationales, aux accords multilatéraux et à la recherche de consensus avec les alliés traditionnels des États-Unis. Obama considère que la sécurité nationale et la puissance militaire sont les intérêts vitaux, mais contrairement aux « réalistes », il considère que ces intérêts peuvent être difficilement défendus sans une coopération internationale élargie et sans une recherche du compromis. Comme il le déclarait récemment :

> The goal of an Obama administration in foreign policy would be obviously to act on behalf of the interests and the security of the United States, but also to listen carefully enough to our allies that we understand their interests, as well, and we try to find ways that we can work together to meet common goal[48].

John McCain, pour sa part, est d'une tradition plus réaliste, dans le sillage de George Bush (père) et Brent Scowcroft, le conseiller à la sécurité nationale de ce dernier. Il met davantage l'accent sur la puissance militaire et ne considère pas que la sécurité des États-Unis soit nécessairement liée à la recherche d'une plus grande coopération internationale.

John McCain a une expérience considérable dans le domaine de la politique étrangère. Son expérience au sein de l'armée américaine lors de la guerre du Vietnam et ses vingt-six années passées au Congrès des États-Unis, d'abord comme représentant et par la suite à titre de sénateur, lui ont permis de développer une grande connaissance des questions de sécurité nationale et de politique étrangère. Cependant, l'appui rapide et indéfectible qu'il a accordé au président Bush lors de l'invasion de l'Irak en 2003 a conduit une partie de l'électorat à s'interroger sur son jugement politique en matière de sécurité.

Barack Obama possède une expérience beaucoup plus limitée en politique étrangère. Bien qu'il siège au prestigieux Comité sénatorial des Affaires étrangères, Obama n'a pas eu l'occasion ni le temps d'imprimer sa marque dans ce domaine puisqu'il ne fut élu qu'en novembre 2004. Par contre, le sénateur Obama a fait un effort considérable pour parfaire son expérience dans des dossiers de politique étrangère et de sécurité en travaillant étroitement avec le sénateur républicain de l'Indiana, Dick Lugar, sur l'enjeu de la non-prolifération des armes de destruction massive.

Notons que les deux candidats à la présidence ont des positions différentes sur plusieurs enjeux. Au sujet de l'Irak, Barack Obama s'est opposé à l'invasion avant même le déclenchement des opérations militaires[49]. Il considère que cette guerre a détourné les Américains de la véritable guerre contre le terrorisme menée en Afghanistan[50]. Obama a récemment proposé de déployer 7 000 soldats additionnels en Afghanistan pour lutter de façon plus agressive contre les talibans et Al-Qaïda, et il fait de l'Afghanistan sa priorité dans la lutte contre le terrorisme. Depuis qu'il a été élu sénateur à Washington, Obama a également proposé une mesure législative pour le retrait graduel des troupes américaines postées en Irak. Selon lui, un retrait graduel des troupes constituerait la meilleure façon d'exercer une pression en faveur d'une réconciliation nationale irakienne et d'une plus grande responsabilisation gouvernementale[51]. Il a récemment déclaré que, s'il était élu président, il retirerait les troupes américaines d'Irak dans un délai de seize mois, ce qui signifie que la retraite des troupes prendrait fin à l'été 2010[52]. Obama propose également la mise sur pied d'une convention constitutionnelle pour la réconciliation de la nation irakienne. Cette convention serait supervisée par les Nations Unies et siègerait aussi longtemps qu'un accord ne serait pas intervenu entre les parties.

John McCain, quant à lui, place l'Irak au cœur de la lutte contre le terrorisme. Il déclarait récemment dans la revue *Foreign Affairs* : « Defeating radical Islamist extremists is the national security challenge of our time. Iraq is this war's central front...[53] ». McCain considère que les États-Unis doivent demeurer en Irak tant et aussi longtemps que le gouvernement irakien ne sera pas en mesure d'assurer la souveraineté interne du pays et de protéger l'ensemble de la population irakienne. Il croit que les États-Unis doivent d'abord éliminer la mouvance d'Al-Qaïda en Irak avant d'orchestrer son retrait militaire[54]. Un retrait prématuré d'Irak serait, selon lui, irresponsable et aurait pour effet de créer un « vide de sécurité » qui pourrait déstabiliser l'ensemble du Moyen-Orient. Au sujet de l'Afghanistan, McCain reconnaît l'importance de la mission américaine mais estime que l'attention et les ressources doivent demeurer en Irak.

Le dossier iranien est une autre pomme de discorde entre Obama et McCain. Le candidat Obama met l'accent sur les rouages diplomatiques et économiques dont disposent les États-Unis pour trouver une solution aux tensions croissantes avec Téhéran au sujet de son programme nucléaire et de son ingérence dans la guerre en Irak. Obama s'est prononcé en faveur de négociations directes et sans conditions avec le régime de Téhéran afin d'apaiser les tensions. Même si l'Iran appuie des combattants terroristes en Irak, qu'il nie l'existence de l'État d'Israël et qu'il est soupçonné de développer un programme nucléaire militaire, Obama considère que la Maison-Blanche doit offrir un choix clair au gouvernement iranien : cesser d'appuyer les mouvements chiites extrémistes en Irak et mettre de côté le programme nucléaire, en échange de quoi les Américains normaliseront leurs relations avec Téhéran et favoriseront les investissements économiques en Iran ; ou bien, faire face à des sanctions économiques plus sévères, à un isolement accru sur la scène internationale et à un possible recours à la force militaire des États-Unis.

McCain adopte un ton plus dur qu'Obama au sujet de l'Iran. Il s'oppose à la diplomatie directe, car selon lui cela aurait pour effet de légitimer et d'accroître le prestige du régime de Téhéran sur la scène internationale. Malgré le fait qu'il n'ait jamais cautionné pleinement l'idéologie néoconservatrice qui a animé l'Administration Bush, John McCain adopte face à l'Iran une approche identique à celle défendue, jusqu'à tout récemment, par George W. Bush. Cette approche se résume par le mantra suivant : *We don't talk to evil.*

C. Multilatéralisme ou unilatéralisme ?

La question du multilatéralisme et de l'unilatéralisme est directement liée à la définition des intérêts et objectifs du prochain occupant de la Maison-Blanche. Par exemple, l'influence des milieux néoconservateurs sur l'Administration Bush, surtout lors du premier mandat (2001-2005), a souvent conduit le président à adopter une approche plus unilatérale que multilatérale dans la conduite de sa politique étrangère. Depuis son élection, le président Bush a graduellement changé le cours de la politique étrangère américaine en rompant avec certaines initiatives multilatérales telles que la Cour pénale internationale, le protocole de Kyoto et le Traité sur les missiles antibalistiques[55]. L'invasion américaine en Irak, menée sans l'accord du Conseil de sécurité des Nations Unies, demeure, à ce jour, l'exemple le plus marquant de l'unilatéralisme de l'Administration Bush.

Il serait erroné, toutefois, de conclure que l'Administration Bush a une vision purement unilatérale de la politique étrangère. Tel qu'indiqué précédemment, l'approche multilatérale fut employée par son administration, surtout lors du second mandat (2005-2009), dans plusieurs dossiers chauds tels que les négociations avec la Corée du Nord et, depuis peu, avec l'Iran.[56]

Le prochain occupant de la Maison-Blanche adoptera-t-il une approche plus multilatérale que celle de George W. Bush ? Les discours prononcés par John McCain et Barack Obama au cours de la campagne présidentielle de 2008 laissent croire que ce sera le cas. McCain déclarait récemment : « When we believe international action is necessary, whether military, economic, or diplomatic, we will try to persuade our friends that we are right. But we, in return, must be willing to be persuaded by them[57] ». Barack Obama quant à lui déclarait lors d'une visite à Paris en juillet 2008 : « An effective US foreign policy will be based on our ability not only to project power, but also to listen and to build consensus[58] ». Cependant, ces déclarations répondent au besoin qu'ont les candidats en lice de se démarquer de l'administration précédente et ne signifient pas que le prochain président adoptera une approche multilatérale pour tous les dossiers de politique étrangère. En effet, il est très peu probable, comme le note David T. Jones, que le prochain président des États-Unis milite en faveur du traité sur les mines antipersonnelles ou pour l'intégration des États-Unis à la Cour pénale internationale, deux régimes internationaux qui se veulent pourtant le reflet du multilatéralisme au 21e siècle[59].

Conclusion

Cette analyse a permis de tracer un portrait général des enjeux et des priorités de la politique étrangère et de sécurité des États-Unis pour l'année 2008. Elle a également permis de constater que les États-Unis sont à la croisée des chemins. En effet, les engagements et les aspirations des candidats Barack Obama et John McCain, qui diffèrent à plusieurs égards, laissent présager une évolution marquée de la politique étrangère. Les transformations de la situation en Afghanistan et en Irak ainsi que les tensions croissantes avec la Russie forceront les dirigeants américains à prendre des décisions importantes, et ce, à très court terme. La prochaine année sera, sans doute, structurante et elle tracera les contours de la politique étrangère américaine pour les années à venir.

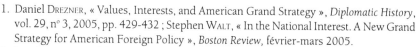

1. Daniel Drezner, « Values, Interests, and American Grand Strategy », *Diplomatic History*, vol. 29, nᵒ 3, 2005, pp. 429-432 ; Stephen Walt, « In the National Interest. A New Grand Strategy for American Foreign Policy », *Boston Review,* février-mars 2005.

2. Luis Martinez, « Afghanistan May Trump Iraq in War Debate », *ABC News,* 7 juillet 2008.

3. Anthony H. Cordesman, « The Afghan-Pakistan War. A Status Report », *Center for Strategic and International Studies,* 3 juillet 2008, p. 24, www.csis.org/media/csis/pubs/080512_afghanstatus_trend.pdf.

4. Robert Burns, « Gen. David Petraeus sees Al Qaeda turning to 'other war' in Afghanistan », *Daily News,* 19 juillet 2008, www.nydailynews.com/news/politics/2008/07/19/2008-07-19_gen_david_petraeus_sees_al_qaeda_turning.html.

5. Kenneth Katzman, « Afghanistan. Post-War Governance, Security, and US Policy », *CRS Report for Congress,* Congressional Research Service, 6 juin 2008, pp. 24-25.

6. Anthony H. Cordesman, « Winning in Afghanistan. Challenges and Response. Testimony to the House Committee on Foreign Affairs », *Center for Strategic and International Studies,* 15 février 2007, p. 4.

7. Plusieurs talibans afghans ont pour base-arrière la ville pakistanaise de Quetta et les régions environnantes ; Thomas H. Johnson et M. Chris Mason, « No Sign until the Burst of Fire », *International Security,* vol. 32, nᵒ 4, 2008, pp. 41-77.

8. Kenneth Katzman, *op. cit.,* p. 40.

9. Daniel Markey, « A False Choice in Pakistan », *Foreign Affairs,* juillet-août 2007. La faiblesse du gouvernement pakistanais fait également apparaître l'enjeu de la prolifération des armes nucléaires, un problème potentiellement plus grand pour les États-Unis que la lutte contre les talibans en Afghanistan ; Stephen P. Cohen, « The US-Pakistan Strategic Relationship and Nuclear Safety/Security », *Senate Committee on Homeland Security and Government Affairs,* 12 juin 2008, hsgac.senate.gov/public/_files/CohenTestimony.pdf.

10. Stephen Van Evera, « Assessing US Strategy in the War on Terror », *The Annals of the American Academy,* septembre 2006, p. 12.

11. Robert Burns, *op. cit.*

12. *Iraq Study Group Report,* www.usip.org/isg/iraq_study_group_report/report/1206/iraq_study_group_report.pdf.

13. John J. Mearsheimer et Stephen Walt, « An Unnecessary War », *Foreign Policy,* janvier-février 2003.

14. Pour les statistiques sur les effectifs, *Iraq Coalition Casualty Count,* icasualties.org/oif. Pour une vision différente des événements, Joshua Goldstein, *The Real Price of War. How You Pay for the War on Terror.* New York, New York University Press, 2004.

15. Ce décalage entre les moyens et les fins de l'opération en Irak est abordé en détail dans Michael R. Gordon et General Bernard E. Trainor, *Cobra II. The Inside Story of the Invasion and Occupation of Iraq.* New York, Pantheon Books, 2006 ; The National Security Archive, www.gwu.edu/~nsarchiv/NSAEBB/NSAEBB214/index.htm.

16. De plus amples renseignements sont consignés dans le rapport nᵒ D-2007-049 produit par l'inspecteur général du bureau du Département de la Défense ; Department of Defense

OFFICE OF INSPECTOR GENERAL, *Equipment Status of Deployed Forces Within us Central Command*, www.dodig.osd.mil/IGInforma tion/archives/D-2007-049.pdf.

17. Le rapport final de la RAND corporation sur les insurgés souligne certaines de ces faiblesses et fait quelques recommandations qui, selon les auteurs du présent chapitre, augmenteraient la capacité gouvernementale à combattre les insurgés ; David C. GOMPERT et John GORDON IV avec Adam GRISSOM, David R. FRELINGER, Seth G. JONES, Martin C. LIBICKI, Edward O'CONNELL, Brooke K. STEARS et Robert E. HUNTER, *War by Other Means. Building Complete and Balanced Capabilities for Counterinsurgency*, Santa Monica, CA, RAND Corporation, 2008.

18. Peter GALBRAITH, *The End of Iraq. How American Incompetence Created a War Without End*, New York, Simon and Schuster, 2006.

19. Amy BELASCO « The Costs of Iraq, Afghanistan, and Other Global War on Terror Operations since 9/11 », *CRS Report for Congress*, n° 89927, 2007.

20. William G. HOWELL et Jon C. PEVEHOUSE, « When Congress Stops Wars », *Foreign Affairs*, septembre-octobre 2007.

21. Robert MCMAHON, « The Impact of the 110th Congress on us Foreign Policy », *Council on Foreign Relations*, 21 décembre 2007, www.cfr.org/publication/14031/impact_of_the_110th_congress_on_us_foreign_policy.html.

22. Frank HARVEY, « The Homeland Security Dilemma. Imagination, Failure and the Escalating Costs of Perfecting Security », *Revue canadienne de science politique*, vol. 40, n° 2, pp. 283-316.

23. Ces propos font écho aux raisonnements initialement proposés dans la littérature sur la coopération internationale ; Michael ALTFELD, « The Decision to Ally. A Theory and Test », *Political Research Quarterly*, vol. 37, n° 4, 1984, pp. 523-544.

24. Ronald D. ASMUS, *Opening NATO's Door. How the Alliance Remade Itself for a New Era*, New York, NY, Columbia University Press, 2002.

25. Consulter à ce sujet l'extrait du témoignage de l'expert de l'OTAN, Philip H. Gordon, devant le Comité des Affaires étrangères du Sénat, 11 mars 2008, www.brookings.edu/testimony/2008/0311_nato_gordon.aspx.

26. Les candidats à l'intégration ont tous signé des Partenariats pour la paix (PPP), c'est-à-dire des traités militaires de coopération avec l'OTAN. La mission en Afghanistan compte également quatre pays ne faisant pas partie de l'OTAN et n'ayant pas signé de PPP, www.nato.int/isaf/docu/epub/pdf/isaf_placemat.pdf.

27. Ce conseil est une continuité de l'Acte fondateur OTAN–Russie du 27 mai 1997. Précisons cependant que le Conseil Russie–OTAN n'est qu'un organe de délibération et de consultation et qu'il n'a aucun pouvoir formel sur les décisions du Conseil de l'Atlantique Nord, l'organe de prise de décision de l'OTAN.

28. Ces données ont été calculées en utilisant les informations de l'OTAN, www.nato.int/pfp/sig-cntr.htm. Il est prévu que l'Albanie et la Croatie joignent officiellement l'OTAN à l'occasion du 60ᵉ anniversaire du sommet de Strasbourg–Kehl en avril 2009, ce qui portera le nombre de membres à 28.

29. Dmitri TRENIN, « Where us and Russian Interests Overlap », *Current History*, mai 2008, www.carnegie.ru/en/pubs/media/78215.htm.

30. Keith HARTLEY, « The Future of NATO. A Defense Economics Perspective », *Institute of Economic Affairs*, décembre 1999, pp. 37-40 ; Todd SANDLER et Keith HARTLEY, « NATO

Burden-Sharing. Past and Future », *Journal of Peace Research*, vol. 36, n° 6, 1999, pp. 665-680.

31. Todd SANDLER, *Global Collective Action*, Cambridge, Cambridge University Press, 2004.

32. Notons que ces deux pays ont, parallèlement à l'abrogation du Traité antimissiles balistiques, signé un traité sur la limitation des armes stratégiques offensives en mai 2002. Ce traité visait la réduction de l'entreposage d'ogives nucléaires, ce qui indique que la coopération dans le domaine de la réduction des armes se poursuit malgré quelques désaccords.

33. Le traité sur les forces conventionnelles avait pour but d'établir un équilibre des forces terrestres en Europe à la fin de la guerre froide. Les négociations menant à ce traité ont débuté en 1989 entre l'OTAN et les membres du Pacte de Varsovie. Le traité est entré en vigueur en 1992.

34. Les États-Unis ont nié tout lien entre la récente expulsion d'un diplomate américain par la Russie et l'expulsion d'officiers militaires russes par les États-Unis le 6 novembre 2007 et le 22 avril 2008.

35. John EDWARDS et Jack KEMP avec Stephen Sestanovich, « Russia's Wrong Direction. What the United States Can and Should Do », *Council on Foreign Relations*, Task Force Report n° 57, mars 2006.

36. Dmitri TRENIN, *op. cit.*

37. Témoignage sur les relations internationales devant le sous-comité pour l'Europe et les menaces émergentes de la Chambre des représentants des États-Unis ; Celeste WALLANDER, « Russia-US. Relations and Emerging Threats to National Security », 9 mars 2005, www.csis.org/media/csis/congress/ts050309wallander.pdf.

38. Christina GABRIEL et Laura MACDONALD, « From the 49th Parallel to the Rio Grande. US Homeland Security and North American Borders », dans Y. ABU-LABAN, R. JHAPPAN et F. ROCHER (dir.), *Politics in North America. Redefining Continental Relations*, Peterborough, ON, Broadview Press, 2008, p. 355.

39. Stephen CLARKSON, « Smart Borders and the Rise of Bilateralism. The Constrained Hegemonification of North America after September 11 », *International Journal*, vol. 61, n° 3, p. 603.

40. Pour plus d'informations, consulter Stéphane ROUSSEL, « Le Canada et le périmètre de sécurité nord-américain. Sécurité, souveraineté ou prospérité », *Options politiques*, avril 2002, pp. 15-22.

41. Christina GABRIEL et Laura MACDONALD, *op. cit.*, p. 367.

42. Scott G. BORGERSON, « Arctic Meltdown. The Economic and Security Implications of Global Warming », *Foreign Affairs*, vol. 87, n° 2, 2008.

43. *Loc. cit.*

44. *Loc. cit.*

45. Don KRAUS, « Time to Ratify the Law of the Sea », *Foreign Policy in Focus*, 6 juin 2007, p. 3.

46. Plusieurs ont traité de cette question auparavant en ayant recours au paradigme réaliste du « positionnement défensif » ; Jonathan PAQUIN, « Managing Controversy. US Stability-Seeking and the Birth of the Macedonian State », *Foreign Policy Analysis*, vol. 4, n° 4, octobre 2008, pp. 441-462 ; Joseph M. GRIECO, « Anarchy and the Limits of Cooperation. A Realist Critique of the Newest Liberal Institutionalism », *International Organization*, vol. 42, n° 3, 1988, pp. 485-507.

47. Leon HADAR, « The Pitfalls of Forecasting Foreign Policy », *Political Research Associates*, 13 mars 2008, rightweb.irc-online.org/rw/4898.html.

48. *The Washington Post*, « Sen. Obama Holds News Conference with French President Nicolas Sarkozy in Paris », 25 juillet 2008.

49. Toutefois, il est important de préciser qu'Obama ne siégeait pas au Congrès lors des délibérations précédent l'invasion de l'Irak. En 2002-2003, Barack Obama siégeait au Sénat de l'État de l'Illinois.

50. Barack OBAMA, « Renewing American Leadership », *Foreign Affairs*, juillet-août 2007, www.foreignaffairs.org/20070701faessay86401/barack-obama/renewing-american-leadership.html?mode=print.

51. Anthony H. CORDESMAN, « The Presidential Campaign, the Irak and Afghan-Pakistan Wars, and the Coming Year of Uncertainty », *Center for Strategic and International Studies*, 21 mai 2008, p. 18.

52. Barack OBAMA, « A New Strategy for a New World. Remarks as Prepared for Delivery », *The Boston Globe*, 15 juillet 2008.

53. John MCCAIN, « An Enduring Peace Built on Freedom. Securing America's Future », *Foreign Affairs*, novembre-décembre 2007, www.foreignaffairs.org/20071101faessay 86602/john-mccain/an-enduring-peace-built-on-freedom.html.

54. Anthony H. CORDESMAN, *op. cit.*, p. 15.

55. Ivo H. DAALDER et James M. LINDSAY, *America Unbound. The Bush Revolution in Foreign Policy*, Washington, DC, Brookings Institution Press, 2003.

56. Les négociations multilatérales menées par les Américains avec le gouvernement de la Corée du Nord au sujet du programme nucléaire nord-coréen ont également regroupé la Chine, la Corée du Sud, le Japon et la Russie. En ce qui a trait aux négociations avec l'Iran sur le même sujet, le gouvernement de George W. Bush a récemment joint les pourparlers menés par les cinq membres permanents du Conseil de sécurité des Nations Unies et l'Allemagne.

57. Robert MCMAHON, « Foreign Policy Brain Trusts. McCain Advisers », *Council on Foreign Relations*, 9 juin 2008, www.cfr.org/publication/16194/foreign_policy_brain_trusts.html.

58. *The Washington Post, op. cit.*

59. David T. JONES, « Change and Continuity in US Foreign Policy », *Options politiques*, mars 2008, p. 40.

La Russie et les Balkans
L'indépendance du Kosovo
et la guerre d'Ossétie du Sud

Jacques Lévesque et Pierre Jolicoeur[*]

I. En introduction : qui dirige la Russie et vers où ?

Le début de l'année 2008 aura vu la fin du suspense et des conjectures qui duraient depuis deux ans concernant la succession de Vladimir Poutine à la tête de la Fédération de Russie et qui alimentaient la presse internationale. Encore en janvier, on se demandait si contrairement à ce qu'il avait annoncé, Poutine n'allait pas comme dans plusieurs autres anciennes républiques soviétiques, faire amender la Constitution pour pouvoir s'engager dans un troisième mandat présidentiel consécutif. Finalement, de tous les scénarios et acteurs supputés, ce furent ceux qui

[*] *Jacques Lévesque est professeur de science politique à l'Université du Québec à Montréal et en 2008, Public Policy Fellow du Woodrow Wilson International Center for Scholars de Washington. Pierre Jolicoeur est professeur-adjoint au Collège militaire royal du Canada à Kingston. Il a rédigé la section 4 de ce chapitre.*

avaient été les premiers et les plus fréquemment évoqués qui l'emportè-
rent. Après avoir désigné Dmitri Medvedev l'ancien chef de l'administration présidentielle comme candidat à sa succession, Poutine accepta avec
grâce…, la proposition de celui-ci de devenir premier ministre. Rien
n'annonce quelque amendement à la constitution pour transférer les
pouvoirs considérables et massivement prépondérants de la présidence
vers les responsabilités du Premier ministre et pour l'instant l'harmonie
semble régner entre les deux dirigeants.

Ceci ne veut pas dire pour autant qu'aucun changement notable ne
soit intervenu depuis l'entrée en fonction du nouveau président, le 5 mai
2008. Si, en politique extérieure, on a observé. Jusqu'au mois d'août un
ton moins cinglant que celui de Poutine à l'endroit de la politique des
États-Unis, les changements annoncés ou discernables sont plus
nombreux et plus significatifs en politique intérieure. Selon toute
vraisemblance, ils se manifestent cependant avec l'accord, sinon à
l'initiative de Poutine avec l'intention de signaler de nouveaux départs.

Depuis longtemps jugé plus libéral en matière économique que Igor
Ivanov, l'ancien ministre de la Défense devenu vice-premier ministre est
lui aussi également pressenti et préparé par Poutine pour sa succession.
Le nouveau président, Medvedev, a déclaré à plusieurs reprises qu'il fallait
limiter les interventions et le rôle de l'État dans l'économie; ce qui avait été
l'image de marque du dernier mandat de son prédécesseur. Poutine
semble lui-même d'accord pour un certain correctif à cet égard dans la
mesure où dans le nouveau gouvernement qu'il a formé, la balance
penche maintenant davantage en faveur des partisans d'une telle
approche. Il faudra surveiller l'importance du rectificatif.

À quelques reprises dans le passé, Poutine avait dénoncé la
corruption régnant dans les différents appareils de l'État. Reconnaissant
au moins implicitement l'absence de résultats tangibles à cet égard,
Medvedev a mis sur pied une Commission qu'il préside lui-même dont le
mandat est de s'attaquer au problème. Là aussi, on pourra voir assez
rapidement si l'entreprise remportera quelques succès.

Au début de juillet 2008, l'Institut du développement contemporain
créé en mars et présidé par le nouveau président, a reçu un rapport qu'il
avait commandé dont les conclusions rendues publiques, sont d'une
remarquable franchise. Il souligne l'état lamentable des partis politiques
et les restrictions faites à leur libre compétition, avec comme résultat un
parlement « faible et servile[1] ». Comme pour excuser ce qui s'est passé

jusqu'à maintenant, le rapport explique que dans une première phase de modernisation un régime autoritaire peut être indispensable en citant comme exemple le cas de la Corée du Sud et de Taïwan pour mieux souligner la ligne d'évolution nécessaire vers une démocratisation. Il précise même que passé un certain stade de développement, un régime autoritaire épuise toujours ses virtualités.

Quelques autres indicateurs de cette nature alimentent chez un certain nombre d'observateurs russes et étrangers[2] le pronostic d'un nouveau départ politique en Russie. On devrait être assez rapidement fixés là-dessus. Pour l'instant l'harmonie semble régner entre le Président et le Premier ministre. Mais même si les deux dirigeants souhaitaient prolonger cet état de grâce, leur entourage respectif, chacun à leur niveau de pouvoir auront quant à eux, autant sinon davantage de raisons d'entrer en conflit sur un large éventail de questions.

Dans le domaine extérieur, tout semble s'inscrire très bien dans la continuité sur la plupart des grands enjeux internationaux autour desquels se sont dessinées les politiques de la Russie ces dernières années. Lorsqu'on sait comment les symboles et signaux politiques sont soigneusement choisis à Moscou, le premier déplacement à l'étranger du nouveau président est assez révélateur. Le 7 mai, Medvedev s'est envolé vers la Chine, avec un arrêt au Kazakhstan. Il est intéressant de noter qu'au début de son premier mandat présidentiel en 2000, Poutine s'était d'abord rendu en Europe de l'Ouest avec un arrêt au Bélarus. À chaque fois, l'arrêt est significatif. Il s'agit de marquer la primauté des intérêts internationaux de la Russie dans l'ancien espace soviétique, « le proche étranger ». La destination finale souligne bien le renforcement du « partenariat stratégique » avec la Chine qui s'est développé au cours du règne de Poutine. À cet égard, en 2003, le premier voyage à l'étranger de Hu Jin Tao comme président de la Chine avait été effectué à Moscou. Cette année, Moscou a fortement soutenu Beijing lors des campagnes de protestations internationales qui ont suivi la répression des émeutes du Tibet. Dans la déclaration commune publiée à l'issue de la visite de Medvedev, les deux parties soulignaient leur opposition au programme américain de défense antimissile, aux menaces des États-Unis à l'endroit de l'Iran, la militarisation de l'espace et réaffirmaient avec force, le principe de la défense de l'intégrité territoriale.

Le « partenariat stratégique » avec la Chine dont un des objectifs premiers est de limiter l'unilatéralisme des États-Unis dans le monde et de contrebalancer leur puissance autant que possible mais prudemment, continue à souffrir du manque d'une base économique très solide. À titre d'indicateur éloquent, le volume du commerce extérieur de la Chine avec la Corée du Sud est quatre fois supérieur à celui des échanges sino-russes. Mais ce qui est loin d'être négligeable surtout dans une perspective stratégique, la Chine demeure le premier client des industries d'armements de la Russie et compte pour 40 % de ses exportations. Moscou fournit 90 % des importations d'armes de la Chine. Mais avec le rattrapage technologique de la Chine pour plusieurs types d'armements, ce commerce est appelé à stagner. À moins que la Russie ne lève des restrictions dont se plaint la Chine et qui concernent notamment, des bombardiers à long rayon d'action et des sous-marins à propulsion nucléaire. Même dans le domaine prometteur des exportations de pétrole russe les projets en cours sont retardés par de difficiles négociations sur les prix. Néanmoins, la visite de Medvedev a donné lieu à des contrats de 1,5 milliard de dollars dans le domaine de l'énergie nucléaire. Moscou voit dans l'énergie nucléaire un important secteur d'avenir qui serait le prolongement de sa puissance dans le domaine énergétique qui a été la locomotive de son redressement économique. De plus, l'énergie nucléaire est un domaine de haute technologie, un des rares avec celui des armements qui contribue quelque peu à faire de la Russie autre chose qu'un exportateur de matières premières énergétiques et autres; ce qui la caractérise jusqu'ici et pourrait durer encore longtemps.

Sans doute pour signaler l'importance des liens et considérations économiques dans la politique extérieure de la Russie, le second voyage à l'étranger de Medvedev fut en Allemagne, de loin son plus important partenaire économique et commercial, porteur de dividendes politiques non négligeables.

Mais comme en témoigne un des principaux fondements du « partenariat stratégique » avec la Chine, c'est néanmoins et à vrai dire forcément les États-Unis qui demeurent au centre des préoccupations politiques internationales de Moscou. D'ailleurs au cours de l'année 2008, dans trois grands dossiers qui ont occupé une place centrale dans l'activité diplomatique de la Russie, ce sont les politiques de Washington qui ont été au cœur des batailles menées par Moscou. Il s'est agi d'abord de celui de l'indépendance du Kosovo dans lequel l'opposition irréductible de la Russie a fait en sorte que sa reconnaissance par les États-Unis et plusieurs de leurs alliés s'est faite, non seulement en dehors du cadre des Nations Unies, mais en violation flagrante de résolutions antérieures du Conseil de sécurité. Comme Poutine n'avait cessé de l'annoncer depuis plus de deux ans et comme on le verra ici, la reconnaissance de l'indépendance du Kosovo a eu des conséquences importantes sur les « conflits gelés » de l'ancien espace soviétique, avec au premier chef ceux de Géorgie. S'est greffé directement là-dessus le dossier d'un nouvel élargissement de l'OTAN dans l'ancien espace soviétique avec les promesses faites par Bush à cet égard à la Géorgie et à l'Ukraine. Enfin, le dossier de la défense antimissiles qui doit être basée en Pologne et en République tchèque, tout en étant moins au premier plan que l'an dernier, a continué en 2008 à envenimer les relations entre Moscou et Washington alors qu'une fort importante amélioration semblait pouvoir se dessiner.

2. Les sommets de Bucarest et de Sotchi

Plusieurs semaines avant le sommet des chefs d'État de l'OTAN tenu à Bucarest du 2 au 4 avril, il était devenu certain que, contrairement à la volonté de l'Administration Bush, la Géorgie et l'Ukraine ne seraient pas admises au Membership Action Plan (MAP), l'étape ultime qui conduit généralement à l'adhésion à l'Alliance. Comme ces décisions de l'OTAN requièrent l'unanimité de ses membres, on savait déjà que l'Allemagne y était opposée et elle l'avait fait savoir on ne peut plus nettement. Elle n'était d'ailleurs pas la seule, mais c'était elle qui se trouvait sur la première ligne d'opposition. Plusieurs raisons importantes pouvaient être avancées pour justifier cette opposition. On savait fort bien qu'une forte majorité d'Ukrainiens étaient opposés à l'adhésion de leur pays à l'OTAN. À cet égard, la situation était bien différente en Géorgie où 77 % de la population s'y était déclarée favorable lors d'un référendum tenu en même temps que l'élection présidentielle de janvier 2008. Mais en incluant éventuellement la Géorgie, l'OTAN se serait trouvée à prendre le fardeau risqué du recouvrement, fort contentieux de son intégrité territoriale. Mais c'est surtout pour éviter une nouvelle et sérieuse dégradation des relations de l'OTAN avec la Russie que l'Allemagne s'opposait à l'entrée au MAP aux deux anciennes républiques soviétiques. Elle était suivie en cela par la France, l'Italie et l'Espagne. Phénomène tout nouveau, un des États de la « nouvelle Europe », la Hongrie était aussi opposée à la proposition de Washington. Pour expliquer le fait, les observateurs soulignent d'une part un certain alignement de la Hongrie sur l'Allemagne pour des raisons économiques et politiques et autre part, en février 2008, peu avant son élection à la présidence, Medvedev en sa qualité de président de Gazprom s'était rendu à Budapest pour finaliser un très important accord faisant de la Hongrie un chaînon majeur du grand projet de gazoduc Southstream qui doit acheminer le gaz russe vers l'Europe du Sud et du sud-ouest. En plus d'alimenter la Hongrie, le projet doit en faire un important centre de redistribution de gaz (un *hub*) en Europe avec la construction d'un énorme dépôt de réserve d'une capacité de 10 milliards de mètres cubes. L'accord entre Gazprom et la Hongrie, en plus d'assurer des revenus considérables à cette dernière, vient compromettre davantage les chances de réalisation du projet concurrent « Nabuco » soutenu par Washington et plusieurs capitales européennes. Ce projet envisage d'acheminer du gaz de la région de la Caspienne en contournant la Russie, réduisant ainsi la prépondérance de cette dernière sur le marché européen.

L'hésitation manifeste de la Hollande et de la Belgique à endosser le MAP pour la Géorgie et l'Ukraine, témoigne aussi de l'influence politique croissante de l'Allemagne en Europe. Même l'Angleterre, toujours si proche de Washington était très réservée et était considérée comme *fence sitter* par les partisans de Kiev et Tbilisi. À la veille du sommet le premier ministre Brown déclarait qu'une décision de l'OTAN en leur faveur était « prématurée ».

C'est en raison des assurances qui lui avaient été données par Angela Merkel qu'une telle décision ne serait pas prise, que Poutine a accepté de se rendre à Bucarest pour une réunion au sommet du Conseil OTAN-Russie tenue en marge de celui de l'OTAN.

Dans ces conditions on s'attendait à une très nette amélioration des relations de la Russie, non seulement avec l'OTAN, mais aussi avec les États-Unis. Évidemment, on savait que Bush soutiendrait la candidature de la Géorgie et de l'Ukraine au MAP dans un *baroud* d'honneur. On pensait qu'il ferait « contre mauvaise fortune bon cœur » en profitant de la situation pour renforcer les relations russo-américaines sur plusieurs dossiers où il le jugeait d'ailleurs souhaitable, notamment celui de la défense antimissile, où il cherchait activement un accommodement avec Moscou[3]. C'est la raison pour laquelle il fut décidé que les sommets de Bucarest seraient immédiatement suivis d'un autre sommet entre les présidents russe et américain, à Sotchi, sur la côte russe de la mer Noire.

Peu avant ces rencontres, un accord sur la défense antimissile semblait imminent[4]. On faisait savoir à Washington qu'on y envisageait une entente à l'effet que les systèmes de défense antimissile (radars et lanceurs) seraient construits mais ne seraient activés avec vérification et accord de Moscou, que lorsque l'Iran disposerait effectivement d'un armement nucléaire lançable. Mais les attentes étaient beaucoup plus larges.

À Moscou, des sources proches du Kremlin laissaient entendre que des accords de coopération et de concertation étaient en vue autour de la guerre d'Afghanistan devenue une des principales préoccupations de l'OTAN et des États-Unis. On sait que la Russie ne souhaite pas du tout une défaite de Washington et de ses alliés en Afghanistan pour les mêmes raisons invoquées lorsque cette dernière lui avait prêté son concours après le 11 septembre 2001. On se souvient que la Russie avait dénoncé, combattu le régime des talibans bien avant les États-Unis en fournissant notamment des armements à l'Alliance du nord du commandant Massoud. Pour des raisons bien tangibles, puisque l'Afghanistan des talibans, seul État au monde à avoir reconnu l'indépendance de la Tchétchénie, entraînait et armait des combattants tchétchènes et autre groupes terroristes opérant en Asie centrale postsoviétique.

Dans les tractations diplomatiques visant à établir un « cadre stratégique » pour les relations entre les États-Unis et la Russie, Moscou espérait parvenir à un accord de coopération sur la guerre d'Afghanistan à des conditions avantageuses rendues possibles par les difficultés de Washington et de ses alliés notamment dans la répartition du fardeau de la guerre. En échange d'un soutien militaire multiforme qui aurait pu inclure un contingent sans doute assez limité de forces armées de la Russie et peut-être même de quelques-uns de ses alliés, c'est à un accord entre l'OTAN et l'Organisation du traité de sécurité collective (OTSC) de la Communauté des États indépendants (CEI) vers lequel on souhaitait à Moscou pouvoir parvenir. (Faut-il rappeler que l'OTSC est l'Alliance militaire de la Russie avec le Kazhakstan, la Kirghizie, le Tadjikistan, l'Ouzbékistan, l'Arménie et le Bélarus). Un tel accord aurait renforcé et légitimé davantage l'existence de l'OTSC par une reconnaissance formelle par l'OTAN et Washington. Il aurait établi une symétrie bien relative, mais tout de même certaine entre les deux alliances.

On voit bien là que Poutine comme le soutiennent quelques analystes, n'avait pas renoncé à son rêve de l'après septembre 2001, soit d'arriver à une relation politique et stratégique privilégiée avec les États-Unis, sur une base de quasi égalité, dans une prise en compte par Washington des intérêts géopolitiques de la Russie.

On se souvient qu'immédiatement après le 11 septembre 2001, Poutine avait cru voir une possible ouverture pour une telle relation sur la base d'un nouvel intérêt commun fondamental axé sur la lutte contre le terrorisme et ses ramifications internationales. On se trouvait alors en pleine guerre de Tchétchénie et Poutine partageait comme Bush l'obsession du terrorisme. Contre toute attente, Poutine favorisa l'ouverture de bases militaires pour les États-Unis en Asie centrale, considérée jusque-là comme chasse gardée de la Russie. Des militaires russes étaient partis à Washington pour partager les dossiers de renseignements de toute nature sur l'Afghanistan, accumulés par l'URSS de 1979 à 1989. Pour que les signaux soient clairs, Poutine avait en même temps fait fermer les dernières installations soviétiques de nature militaire (d'ailleurs peu importantes) à Cuba et au Vietnam. De nombreux articles s'écrivirent alors, d'un côté comme de l'autre, sur l'émergence d'une nouvelle « alliance » entre les États-Unis et la Russie, qui pour Washington serait pratiquement aussi importante que l'OTAN, négligée d'ailleurs par l'Administration Bush au début de la guerre d'Afghanistan. Mais la réciprocité ou la prise en compte des intérêts russes, attendues par Poutine, ne vinrent pas. Dans les semaines qui suivirent le début de la guerre d'Afghanistan, l'Administration Bush retira unilatéralement les États-Unis du Traité ABM, ce dont la Russie considérait comme un enjeu international majeur et donna officiellement son appui final et décisif à l'entrée de la Lithuanie, de la Lettonie et de l'Estonie dans l'OTAN. Il fallut néanmoins plus d'un an avant que la dégradation des relations entre les deux pays ne devienne manifeste.

Ayant apparemment tiré les leçons de cette expérience, Poutine demandait cette fois-ci, pour sa coopération dans le dossier de l'Afghanistan comme dans d'autres, des contreparties ou concessions dûment consignées et plus immédiates. Mais finalement, fort peu de choses allaient être accomplies à cet égard.

Comme prévu, le sommet de l'OTAN à Bucarest refusa d'accorder l'entrée au MAP à la Géorgie et à l'Ukraine comme le voulait Bush. C'était la première fois que l'OTAN refusait de façon aussi ostentatoire de se plier à une demande des États-Unis sur un enjeu que le Président américain estimait important. Poutine pouvait y voir un succès politique considérable pour la Russie et l'attribuer à sa résurgence sur la scène internationale. Ce succès fut cependant assombri par une mauvaise surprise. Loin de faire « contre mauvaise fortune bon cœur » Bush mena une bataille acharnée en faveur de la Géorgie et de l'Ukraine avec le concours tout aussi résolu de « la nouvelle Europe », à l'exception de la Hongrie, et avec celui de Stephen Harper. Au nom du principe du maintien de l'ouverture de l'OTAN et de la préservation de l'unité de l'Alliance, Bush put mettre les opposants et réticents sur la défensive et à défaut du MAP, il réussit à faire inclure dans la déclaration commune des participants au sommet de Bucarest, un passage qui, après avoir souligné que « l'OTAN se réjouit de l'aspiration de l'Ukraine et de la Géorgie à devenir membres de l'OTAN, stipule que « nous nous sommes mis d'accord aujourd'hui pour que ces pays deviennent membres de l'OTAN ».

Bien sûr, il ne s'agit pas là d'une décision formelle de l'OTAN et la déclaration n'a pas valeur juridique contraignante et ne précise aucun délai ou échéance. Nous reviendrons plus loin sur les interprétations qui ont pu en être faites et sur leur portée. Bush réussit aussi à faire stipuler dans la déclaration commune, que les ministres des Affaires étrangères des États membres auront autorité pour décider de leur demande d'acceptation au MAP lors de leur réunion de décembre 2008. Nous verrons alors les scénarios et hypothèses proposés.

Quoi qu'il en soit, l'affaire fit sortir Poutine de ses gonds lors du sommet du Conseil OTAN-Russie qui suivit immédiatement. Selon des fuites non confirmées, mais rapportées dans la presse russe, un témoin aurait entendu Poutine dire à Bush : « Ne comprends-tu pas George, que l'Ukraine n'est même pas un État[5] ? ». Parlant de la Crimée à majorité russe qui a déjà manifesté des volontés sécessionnistes et de l'Ukraine de l'Est elle aussi massivement opposée à l'OTAN, Poutine lui aurait dit que l'adhésion de l'Ukraine à l'Alliance conduirait à son éclatement en laissant entendre que la Russie favoriserait une telle issue. Propos réellement tenus ? Ils sont en tout cas bien vraisemblables.

Sans que c'en soit là cause, le sommet du Conseil Russie-OTAN ne produisit rien de spectaculaire sur la coopération autour de l'Afghanistan. Les deux parties signèrent un accord qui permet aux membres de l'OTAN de faire transiter par le territoire russe des livraisons d'équipements et fournitures pour leurs forces basées en Afghanistan, à l'exception d'armements de combat. L'accord ne couvre pas le transport de troupes et l'ouverture de l'espace aérien russe comme l'aurait souhaité l'OTAN. Les contreparties souhaitées par Moscou pour cela n'étaient visiblement pas au rendez-vous.

Le sommet Bush-Poutine qui eut lieu deux jours plus tard à Sotchi ne donna pas davantage de résultats très significatifs. Ce sommet fut la dernière rencontre entre les deux présidents et il convient peut-être de souligner ici un paradoxe quelque peu étonnant. Il s'agissait de la vingt-huitième rencontre des deux hommes d'État et de la septième visite de Bush en Russie, alors que de son côté, Poutine a visité les États-Unis quatre fois. Au cours des deux mandats du président américain, Poutine aura été l'homme d'État que Bush aura le plus fréquemment rencontré, à l'exception de Tony Blair... On ne peut donc pas dire que Bush ait porté peu d'attention à la Russie ou en tout cas à Poutine. Tous les témoins s'entendent pour dire que la relation personnelle entre les deux hommes a toujours été fort bonne et les propos très positifs de Bush sur son homologue russe lui ont été souvent reprochés. Sauf pour la période qui a suivi septembre 2001, ces bons rapports personnels auront eu bien peu de conséquences concrètes équivalentes sur les relations entre les deux États ; ce qui témoigne sans doute de la rigidité politique d'au moins un des deux présidents...

Peu de temps avant le sommet de Sotchi, Constantin Kosatchev, le président du Comité des affaires étrangères de la Douma, déclarait à propos d'une entente sur le projet américain de défense antimissile, que la Russie avait deux objectifs, l'un maximal, l'autre minimal. L'objectif maximal était d'arriver à la mise en place d'un système de défense commun ; ce qui signifie « un contrôle conjoint égal ». On comprend qu'en plus de problèmes techniques, la réalisation d'un tel projet nécessite un niveau de confiance réciproque fort élevé sur lequel Kosachev ne semblait pas se faire beaucoup d'illusions. C'est pourquoi, il parlait d'un objectif minimal qui était de faire en sorte que les radars qui doivent être installés en République tchèque soient verrouillés de façon à ne pouvoir couvrir la Russie et que les missiles destinés à la Pologne ne soient mis en silo que lorsque l'Iran aurait la capacité de lancer un missile nucléaire. Même si de telles hypothèses avaient été évoquées du côté américain, aucun des objectifs russes fut l'objet d'un accord spécifique à Sotchi. On demandait sans doute du côté russe que la concrétisation de la menace iranienne soit admise et reconnue par les deux parties ; ce qui fut jugé trop contraignant du côté américain. Le sommet de Sotchi ne produisit aucun accord là-dessus

Dans un paradoxe plus apparent que réel, le long document de neuf pages publié à l'issue du sommet fit plutôt référence à l'objectif russe maximum. Il stipulait que « les deux parties expriment leur intérêt pour la création d'un système de réponse aux menaces potentielles de missiles dans lequel la Russie, les États-Unis et l'Europe participeront comme partenaires égaux ». Compte tenu des difficultés que pose un accord sur l'objectif minimum, on voit bien mal comment on pourra passer là-dessus d'un « intérêt » à des accords spécifiques. Sur l'objectif minimum, Poutine, tout en affirmant qu'il espérait encore en venir à une entente, réitéra, dans la conférence de presse qui suivit le sommet, sa proposition de l'an dernier de partager avec Washington la base de Gabala, en Azerbaïdjan, à proximité de l'Iran, comme alternative au projet polono-tchèque.

Le document publié à l'issue du sommet et intitulé « Déclaration du cadre stratégique États-Unis–Russie » est à l'avenant de ce qu'il contient sur la défense antimissile. Il rappelle la volonté des deux parties de passer d'une « relation de compétition stratégique à une de partenariat stratégique », mais il demeure au niveau des intentions. Il met en relief les vues et actions communes sur tout un ensemble de questions dont celle sur la non-prolifération de l'arme nucléaire. Il souligne leur volonté de réanimer le Traité sur les forces conventionnelles et Europe et de négocier un traité de réduction des armements stratégiques pour succéder au START qui doit expirer en 2009. Dans l'état actuel des choses, d'importantes difficultés sont à prévoir avant qu'on en arrive à un nouveau traité.

En marge du sommet, Bush rencontra Medvedev qui devait prendre officiellement ses nouvelles fonctions un mois plus tard et se déclara « impressionné » par son « tempérament direct ». Ses éloges les plus élaborés furent cependant pour Poutine…

3. Russie-Géorgie : Saakashvili joue son va-tout

> *I supported Kosovo independance as did others. But one need not to be*
> *Clausewitz to understand that in doing so we were putting a country*
> *like Georgia at risk for Russian retaliation. In spite of this, the West*
> *never had a plan to shield Georgia from the possible fall out from*
> *Kosovo. And today, the West is caught flat-footed as we watch*
> *Russia use many of our own arguments for Western intervention*
> *on Kosovo to justify Moscow's invasion of Georgia.*
>
> Ronald D. Asmus, assistant sous-secrétaire
> d'État de l'Administration Clinton[6]

A. L'effet Kosovo et celui de l'élargissement continu de l'OTAN

Dès le printemps 2007 et le dépôt au Conseil de sécurité du plan de règlement du médiateur de l'ONU, l'ex-président finnois Martii Ahtissari qui prévoyait à toutes fins utiles l'indépendance du Kosovo, cette question était devenue un contentieux majeur entre la Russie et les États-Unis[7]. Devant la quasi certitude d'un veto de la Russie, le dossier avait été retiré du Conseil de sécurité pour permettre d'ultimes négociations qui apparaissaient déjà sans issue. Washington ayant fait savoir que quoi qu'il en advienne les États-Unis reconnaîtraient une indépendance unilatérale du Kosovo, le ministre des Affaires étrangères, Lavrov, et les autres diplomates russes ne cessaient de souligner qu'une telle position ne pouvait que renforcer l'intransigeance du Kosovo et rendait impossible tout compromis entre celui-ci et la Serbie. En maintenant sa menace de veto en l'absence d'un accord entre les deux parties, Moscou tenait à ce qu'une reconnaissance américaine se fasse en violation du droit international. Depuis 2006 déjà, Poutine affirmait qu'en toute circonstance une reconnaissance de l'indépendance du Kosovo sans l'accord de la Serbie constituerait un précédent lourd de conséquences et citait comme exemple, avec menace implicite, ce qu'on appelle « les conflits gelés » de l'ancien espace soviétique, soit les situations d'indépendance de facto et non reconnue des « États » autoproclamés en Géorgie, en Moldova et en Azerbaïdjan. Le précédent créé par la reconnaissance par Washington de l'indépendance du Kosovo, le lendemain même de son autoproclamation le 17 février, était d'autant plus fâcheux et lourd de conséquences qu'il se faisait sans la sanction de l'onu. C'est précisément la raison pour laquelle la décision des États-Unis ne put faire l'unanimité de ses alliés de l'otan. L'Espagne, la Grèce, la Roumanie et la Slovaquie refusèrent de céder à l'incitation des États-Unis ; ce qui apparut comme un succès au moins indirect de la diplomatie russe.

On attendait donc ce que serait la réaction russe à la situation crée après la reconnaissance du Kosovo et elle ne fut pas longue à venir. Si Poutine avait déclaré qu'une telle situation pourrait ouvrir la porte à une action similaire de la Russie en ciblant spécifiquement la Géorgie et ses deux républiques autoproclamées, l'Abkhazie et l'Ossétie du Sud, il n'avait jamais dit qu'une telle réaction viendrait automatiquement ou immédiatement. La réponse de la Russie se voulut « asymétrique » aux dires mêmes des diplomates russes et graduelle, ou comme on dit en anglais, *open ended*. Dès le 6 mars, la Russie annonçait qu'elle se retirait officiellement des sanctions économiques, commerciales et en matière de transport que le Conseil des chefs d'État de la cei avait décidées à Moscou en 1996 à l'encontre de l'Abkhazie pour la contraindre de négocier un accord de type fédéral indéterminé avec la Géorgie. En même temps, Moscou invitait les autres pays membres de la cei à suivre son initiative. Même si plusieurs de ces sanctions n'étaient plus appliquées dans la pratique par la Russie, son geste était nettement significatif et fut immédiatement dénoncé à Tbilisi comme un soutien illégal au séparatisme abkhaze. Avec l'octroi, depuis maintenant plusieurs années, de passeports russes à la majorité des Abkhazes et des Ossètes du Sud, la Russie se trouvait dans les faits à poursuivre une politique d'annexion rampante.

Ce n'est évidemment pas par hasard que des quatre républiques autoproclamées de l'ancien espace soviétique, seule celle de la Géorgie a fait l'objet d'une application partielle du précédent du Kosovo par la Russie. C'est la demande d'adhésion à l'otan de la Géorgie qui lui vaut ce « traitement de faveur ». L'Azerbaïdjan et la Moldova l'ont bien compris et ces deux pays qui ont déjà flirté avec l'idée d'une candidature à l'otan s'en gardent maintenant et leurs relations difficiles avec la Russie se sont améliorées ; ce qui en est à la fois une cause et un effet. Pour que le signal du lien entre le traitement fait à la Géorgie et sa candidature au map soit on ne peut plus clair, c'est pendant le sommet de l'otan où Bush plaidait pour Tbilisi, que de Bucarest, Poutine envoya une lettre, rendue publique, aux dirigeants de l'Abkhazie et de l'Ossétie du Sud leur annonçant que la Russie avait l'intention « d'élargir et d'approfondir » ses relations avec les peuples de ces régions pour y assurer la sécurité et le développement économique. C'était la première fois qu'il s'adressait directement et personnellement à eux. Moins de deux semaines plus tard, le 17 avril, il ordonnait au gouvernement russe d'établir par ses ministères pertinents, des relations directes avec les organismes responsables de l'économie, des affaires sociales, de la culture et de l'éducation dans les deux républiques sécessionnistes.

Plusieurs raisons expliquent le caractère « asymétrique » de la réaction russe à la reconnaissance de l'indépendance du Kosovo. Tout d'abord, même si Poutine s'était réservé le droit d'en faire autant de son côté, la dénonciation constante, préalable et post-facto, de cette reconnaissance sans l'accord de la Serbie, rendrait tout de même un peu inconvenant un comportement identique. De plus la défense de l'intégrité territoriale des États se veut un repère majeur de la politique extérieure de la Russie et on retrouve continuellement son rappel dans tous les communiqués communs qui fondent ses relations privilégiées avec la Chine et l'Inde notamment. Enfin, et c'est là assez révélateur, un membre très haut placé de l'Administration présidentielle russe déclarait sous le couvert de l'anonymat : « Reconnaître l'indépendance de ces régions équivaudrait à perdre la Géorgie pour toujours. Il doit y avoir une sorte de statut différé. Au moins jusqu'au moment où d'autres arriveront au pouvoir à Tbilisi[8] ». Il ressort assez clairement de ces propos que la Géorgie serait considérée comme perdue pour toujours advenant son adhésion à l'OTAN. C'est d'ailleurs la raison pour laquelle le ministre des Affaires étrangères de l'Abkhazie déclarait souhaiter que la Géorgie adhère à l'OTAN, escomptant que cela entraînerait pour de bon la reconnaissance formelle de son pays par la Russie.

Même si Moscou a laissé ostensiblement planer cette menace avec ce *timing* particulier qui se veut dissuasif autant pour la Géorgie que pour l'OTAN, aucun automatisme n'a été formellement affirmé le cas échéant ; la Russie préservant ainsi sa liberté de manœuvre. Face à cet élément d'incertitude, le président abkhaze, Sergeï Bagasph, affirmait que l'Abkhazie évoluait vers un statut international semblable à celui de Taïwan, en soulignant que celle-ci entretenait des relations interétatiques avec de nombreux pays dont les États-Unis qui ne la reconnaissent pas formellement comme État indépendant. Un peu plus tard, continuant sur cette lancée, Bagasph déclarait que l'Abkhazie allait proposer à la Russie la signature d'un traité d'assistance militaire pour garantir sa sécurité. Il précisait encore que « ce traité pourrait être analogue au traité entre les États-Unis et Taïwan[9] ». De son côté, la Russie n'a donné aucune suite à cette suggestion jusqu'aux événements imprévus d'août 2008.

Comme l'indique clairement les propos cités du haut-fonctionnaire de l'administration présidentielle, on y sait fort bien que la menace de reconnaissance de l'indépendance de l'Abkhazie et de l'Ossétie du Sud a complètement échoué à dissuader Saakashvili dans sa volonté de joindre l'OTAN. Ce dernier a fait le pari exactement inverse en considérant que l'adhésion à l'OTAN était la garantie la plus sûre de récupérer l'intégrité territoriale de la Géorgie grâce au soutien de l'ensemble de ses membres sur ce dossier.

Peu après le sommet de l'OTAN à Bucarest, Saakashvili choisit devant l'échec de Bush à obtenir l'adhésion au MAP pour la Géorgie, d'accorder davantage d'importance au succès compensatoire que celui-ci avait obtenu par la déclaration des dirigeants de l'OTAN à l'effet qu'elle en deviendrait un jour membre. Il affirmait en effet de façon triomphale, le 9 avril, que « la Géorgie a obtenu lors du sommet, plus que ce qu'elle attendait ». Contre toute évidence, il déclarait : « Le sommet de l'OTAN de Bucarest a donné à la Géorgie et l'Ukraine des garanties politiques et légales quant à leur admission à l'OTAN. Nous avons reçu de l'OTAN une déclaration qui va beaucoup plus loin que le MAP. » Poussant les choses encore plus loin, Saakashvili déclarait que le sommet de Bucarest était « une percée géopolitique pour notre pays et pour toute la région ». On aura noté que ce dernier propos va, on ne peut plus clairement, à l'encontre des déclarations officielles de Washington, d'Ottawa et des capitales ouest-européennes qui depuis le début de l'élargissement de l'OTAN, ne cessent d'affirmer que celui-ci n'est aucunement dirigé contre la Russie. On allait bientôt voir que Saakashvili surestimait largement ce qu'il pouvait attendre de l'OTAN.

En mai 2008, l'ambassadeur américain William Hill, chef de la mission de l'OSCE en Moldova de 2003 à 2006 et qui a participé aux négociations concernant le statut de la Transnistrie, prononçait un discours informel au Woodrow Wilson Center de Washington à la veille de l'ouverture d'un colloque sur « les conflits gelés » de l'ancien espace soviétique, dans lequel il faisait part de ses inquiétudes quant aux conséquences possibles de la reconnaissance de l'indépendance du Kosovo susceptibles de poser problème aux États-Unis. De façon intéressante, plus que le danger, déjà alors provisoirement écarté, d'une reconnaissance rapide par la Russie, il évoquait celui d'une tentative de reconquête armée d'une république sécessionniste par l'État détenteur de la souveraineté nominale universellement reconnue, avant qu'une quelconque reconnaissance internationale n'intervienne. Il faut souligner que la seule hypothèse du genre envisagée par l'ambassadeur américain était celle d'une reconquête du Nagorno-Karabach par l'Azerbaïdjan, beaucoup moins directement exposé que la Géorgie à un affrontement militaire immédiat avec la Russie. D'ailleurs, une telle entreprise n'était sans doute pas alors à l'agenda politique de Saakashvili.

Cependant, depuis longtemps, celui-ci refusait ostensiblement d'écarter l'option d'une reconquête militaire. À diverses reprises il avait refusé de conclure avec la Russie ou avec les intéressés un accord de non-recours à la force en Abkhazie et en Ossétie du Sud. Ce refus se comprend d'ailleurs aisément. Même si un tel accord aurait pu faciliter des négociations, il aurait permis aux républiques sécessionnistes de camper indéfiniment sur leurs positions et de refuser comme elles l'avaient toujours fait, les propositions géorgiennes de compromis. Pour renforcer la crédibilité de cette option, Saakashvili avait considérablement augmenté le potentiel militaire de la Géorgie depuis son arrivée au pouvoir. Il avait constitué une armée de 30 000 soldats bien équipés de matériel occidental dont plusieurs détachements avaient été entraînés par quelques centaines de militaires américains basés en Géorgie à cet effet. Témoignant du caractère pathétique de la relation politique forte qu'il voulait entretenir avec Bush et les États-Unis, la Géorgie avec moins de cinq millions d'habitants maintenait en Irak le troisième contingent étranger le plus important après les forces américaines et britanniques. Il consacrait près de 10 % du PNB du pays aux dépenses militaires. Depuis plus de deux ans, Saakashvili cherchait à obtenir le départ des forces russes de maintien de la paix dans les deux républiques sécessionnistes et leur remplacement par des forces mandatées par l'Union européenne ou l'OSCE.

B. Épreuves de force et guerre larvée en Abkhazie

Avec l'approche et le volontarisme qui le caractérisent, Saakashvili n'était pas homme à laisser passer sans réagir la modification tangible d'un statu quo (qui lui était déjà inacceptable) que représentait l'intensification ostentatoire des liens officiels de la Russie avec l'Abkhazie et l'Ossétie du Sud. Certes, il n'envisageait pas initialement un déclenchement des hostilités, mais des gestes concrets pour souligner leur appartenance à la Géorgie et pour mobiliser l'attention et le soutien international occidental, et empêcher que ne s'installe un *statu quo* dégradé. Pendant près trois mois, de la mi-avril au début d'août, on assista à une « guerre de nerfs » entre Russes et Abkhazes d'une part, et la Géorgie d'autre part.

Dès la mi-avril, la Géorgie renforçait ses effectifs militaires dans la gorge de Kodori, le seul petit territoire de l'Abkhazie qu'elle contrôle et où elle a installé un contre gouvernement abkhaze en exil. Elle accrut les vols de reconnaissance militaire au-dessus de l'Abkhazie pour bien souligner qu'il s'agit de son espace aérien. Le 20 avril un « drone » géorgien (un avion espion sans pilote) y fut abattu pas un avion de chasse. Malgré les dénégations de Moscou, une enquête de la Mission d'observation de l'ONU demandée par la Géorgie, détermina qu'il s'agissait d'un avion russe. Tout en notant que les survols géorgiens étaient en violation des accords de cessez-le-feu du 14 mai 1994, entre la Géorgie et l'Abkhazie alors sous patronage russe, la Mission de l'ONU soulignait que l'action de la Russie était plus grave encore.

De son côté, invoquant l'accroissement des tensions, à la veille d'une réunion du Conseil Russie-OTAN, Moscou annonçait le 29 avril le renforcement de ses forces de maintien de la paix en Abkhazie en faisant valoir à l'encontre des objections géorgiennes que les accords de mai 1994 prévoyaient un contingent de 3 000 soldats et que les effectifs en place n'étaient que de 2 000. L'augmentation de ses effectifs de 500 à 1 000, selon les estimations, ne fit évidemment qu'accroître la tension. Peu après, le ministre abkhaze de la Défense affirmait que Tbilisi avait massé près de 7 000 soldats près des frontières sud de l'Abkhazie. Des incidents de toute nature se multiplièrent, certains n'impliquant qu'Abkhazes et Géorgiens. Ainsi, le 6 juillet, l'explosion d'une bombe lancée dans la ville de Gali, du côté abkhaze de la frontière entre la Géorgie et l'Abkhazie, fit quatre morts dont le chef local des « Services de sécurité de l'Abkhazie » qui blâmèrent évidemment Tbilisi qui nia toute responsabilité.

Face au danger que recelait l'évolution de la situation, l'attention des États-Unis, de l'OTAN et de l'Union européenne fut effectivement mobilisée dans une certaine mesure… Plusieurs déclarations et mises en garde furent faites par des dirigeants ou responsables, généralement de niveau secondaire. Le comportement de la Russie y était toujours critiqué, mais toujours aussi, les deux parties étaient invitées à la retenue et à la prudence. Tout à fait typique de ces déclarations fut celle de Matthew Bryza, le sous-secrétaire d'État assistant pour les affaires européennes et eurasiennes des États-Unis, un habitué de Tbilisi, qui y commentait publiquement le 30 avril l'annonce de l'augmentation de ses forces de maintien de la paix en Abkhazie. Il affirmait que l'action de la Russie « peut être légale, mais en fait, causera la discorde et sera suivie de tensions politiques et militaires » et il ajoutait : « toutefois, la principale chose à faire pour la Géorgie est de maintenir sa réserve et de demeurer un État démocratique fort ».

Le 12 mai, une délégation de l'Union europénne, comprenant les ministres des Affaires étrangères de la Slovénie, de la Suède, de la Pologne, de la Lituanie et de la Lettonie (les États les plus sympathiques à la Géorgie) se rendit à Tbilissi pour soutenir un plan de paix de Saakashvili prévoyant l'ouverture de négociations avec l'Abkhazie en vue du retour des réfugiés et de l'octroi d'une large autonomie à la république sécessionniste. Il envisageait aussi la création d'un poste de vice-président de la Géorgie devant être occupé par un Abkhaze. En même temps, Saakashvili voulait un soutien de l'Union européenne aussi bien que des États-Unis ou de l'OSCE pour obtenir le départ des forces russes de maintien de la paix qu'il accusait avec raison d'être devenues partie au conflit. Cet enjeu crucial posait plusieurs problèmes. Tout d'abord, la Russie refusait de retirer son contingent en arguant que sa présence en Abkhazie avait fait l'objet d'un accord multipartite qui ne pouvait être modifié unilatéralement par la seule Géorgie. Seul le Conseil de sécurité de l'ONU pourrait ordonner son retrait, mais la Russie y dispose comme on le sait d'un droit de veto. De plus la présence d'un contingent de maintien de la paix demande l'accord des parties en cause et l'Abkhazie refuserait sans doute toutes autres forces d'interposition que celles de la Russie. Enfin, et peut-être surtout, jusqu'à la guerre d'Ossétie du mois d'août, l'Union européenne était hésitante et refusait de s'engager à éventuellement mettre sur pied une force d'interposition; ce qui ne pouvait que conforter la position de la Russie. C'est pourquoi Saakashvili fut déçu du peu de résultats de la mission de l'Union européenne et il s'en plaignit ouvertement.

Ayant pour cause, perdu depuis longtemps confiance dans le rôle de médiateur de la Russie, Saakashvili aurait souhaité voir les États-Unis eux-mêmes, s'impliquer directement dans un rôle de médiateur entre l'Abkhazie et la Géorgie. En mai, un pas sembla avoir été franchi dans cette direction lorsque, bien sûr avec l'accord de Saakashvili, Matthew Bryza, le sous-secrétaire d'État assistant pour les affaires européennes et eurasiennes se rendit à Soukhoumi, la capitale de l'Abkhazie et y rencontra les dirigeants de la république sécessionniste. Une visite de Condoleeza Rice à Tbilissi était prévue pour le 9 juillet et on y espérait qu'elle pourrait alors se rendre à son tour à Soukhoumi pour y rencontrer le Président abkhaze, Sergei Bagapsh. Mais ce volet éventuel de la visite n'eut pas lieu. Lors de son bref séjour à Tbilissi, Condoleeza Rice se contenta, comme l'avait fait Bryza, d'inciter Saakashvili à des négociations directes avec son homologue abkhaze. Or ce dernier continuait à exiger comme préalable à toute négociation directe, un engagement, dûment consigné par la Géorgie à une renonciation à tout usage de la force. Comme second préalable, il demandait le retrait des forces géorgiennes de la gorge de Kodori.

L'approche proposée plus ou moins formellement par Washington à Saakashvili, était de continuer à renforcer la démocratie dans son pays, de miser sur sa relance économique bien engagée, de lever le boycottage économique de l'Abkhazie et de l'Ossétie du Sud et d'ouvrir les frontières, de telle sorte que sa force d'attraction puisse donner aux Abkhazes une incitation forte et croissante à rejoindre la Géorgie.

Dans ces conditions, avec l'ensemble de celles de juillet 2008, les perspectives d'une récupération de son intégrité territoriale par la Géorgie paraissaient donc bien éloignées et bien hypothétiques…

C. De l'Abkhazie à la vraie guerre en Ossétie du Sud

Alors que l'attention des observateurs et les craintes d'un dérapage plus ou moins incontrôlé étaient fixés sur l'Abkhazie avec les tensions qui s'y accumulaient, c'est en Ossétie du Sud que la guerre survint de façon largement inattendue. En nettement moins grand nombre il y avait eu, bien sûr, des incidents et provocations de part et d'autre. Mais la plus grande surprise fut le fait que ce soit la Géorgie et Saakashvili qui prirent l'initiative d'une offensive générale sur la région. L'Abkhazie étant beaucoup plus importante comme territoire tant par sa dimension que par sa valeur stratégique, du fait qu'elle représente la moitié du littoral géorgien de la mer Noire, elle constituait l'enjeu principal du contentieux russo-géorgien. C'est sans doute une des raisons pour lesquelles Saakashvili crut pouvoir s'en tirer à meilleur compte en Ossétie du Sud.

Le 7 août, après un mouvement de plusieurs heures des forces géorgiennes vers la frontière de l'Ossétie du Sud, Saakashvili ordonnait un peu avant minuit leur entrée sur le territoire, précédée de bombardements intensifs et fort peu précis sur Tskhinvali la capitale, et plusieurs autres positions tenues par les Ossètes ou les forces russes « de maintien de la paix ». La riposte russe mit plus de 12 heures à s'organiser de façon efficace. Pendant ce temps les forces géorgiennes prirent le contrôle de la capitale et de la presque totalité du territoire et bombardaient la sortie du tunnel de Roki, la seule voie de passage terrestre entre la Russie et l'Ossétie du Sud. Triomphalement, Saakashvili demandait un cessez-le-feu.

Si elle fut lente à donner ses premiers résultats, la riposte russe fut massive et foudroyante. À la fin la journée, du 8 août, essentiellement par des bombardements aériens la Russie avait forcé un retrait final des 1 500 soldats géorgiens de Tskhinvali et avec l'arrivée de 15 à 20 000 soldats russes, le commandement géorgien ordonnait le 10 août le retrait complet de ses 9 000 soldats engagés en Ossétie. Mais l'offensive russe se poursuivit bien au-delà de la région et allait détruire l'essentiel des installations militaires géorgiennes en divers points du territoire de la Géorgie et de Poti, son principal port en mer Noire, avant qu'un cessez-le-feu accepté par Moscou le 12 août à l'issue d'une mission d'urgence de Nicolas Sarkozy, en tant que président de l'Union européenne, ne soit effectivement conclu le 15 août. Quelques villes, dont Gori, la ville natale de Staline où étaient basées les forces géorgiennes envoyées en Ossétie fut prise et désertée par sa population et l'on craignit même pour Tbilissi. De leur côté, les Abkhazes en profitèrent (sans aucun doute avec l'accord de Moscou) pour s'emparer de la gorge de Kodori. Les destructions économiques furent considérables même si les forces russes évitèrent soigneusement de cibler le fameux oléoduc Bakou-Tbilissi-Ceyhan, pour ne pas internationaliser le conflit. Le bilan des pertes humaines est encore à faire. Le nombre des personnes déplacées ou réfugiées se chiffrerait dans les 150 000. Au 23 août, les pertes de vie *déclarées* de part et d'autre pour les militaires auraient été de 400 du côté géorgien, dont 200 militaires et de 64 militaires du côté russe et de 133 Ossètes. Selon des observateurs les pertes de vie pourraient être minimisées pour des raisons de politique intérieure du côté géorgien et de politique extérieure du côté russe.

On peut rationnellement postuler que Saakashvili ne s'attendait pas à un résultat aussi désastreux pour son pays et pour son avenir politique personnel. Pourquoi alors s'est-il lancé dans cette aventure alors qu'il était forcément conscient de l'énorme disproportion du rapport de force militaire entre la Géorgie et la Russie ? La réponse est finalement assez simple. Il misait sur les rapports de force internationaux et leur mobilisation en sa faveur. Il misait surtout sur le soutien apparemment sans réserve que lui avait constamment manifesté George Bush dans ses épreuves de force politiques avec la Russie sur divers tableaux. On touche ici au nœud gordien des relations de la Géorgie autant avec la Russie qu'avec les États-Unis et l'OTAN.

Encore une fois, des signes assez nets avaient été donnés au Président géorgien qui auraient dû lui permettre de ne pas surestimer le soutien concret qu'il pourrait recevoir des États-Unis. Quelques heures avant le déclenchement des hostilités, il appelait Washington et plusieurs capitales européennes pour sonner l'alarme. Il leur disait qu'une colonne russe s'apprêtait à franchir le tunnel de Roki pour pénétrer en Ossétie du Sud. À Washington dit Matthew Bryza : « Notre réponse était : Ne vous laissez pas entraîner dans un piège. Ne confrontez pas les forces russes »[10]. Bryza précise que Saakashvili ne leur avait pas alors dit que les forces géorgiennes étaient déjà en mouvement vers l'Ossétie.

Tout indique que Saakashvili crut qu'en mettant les États-Unis et l'OTAN devant le fait accompli d'une situation de guerre, ceux-ci *devraient* faire quelque chose pour forcer un cessez-le-feu sur les positions initialement favorables de la Géorgie et forcer une négociation internationale sur le rétablissement de son intégrité territoriale. C'était évidemment un pari risqué, un quitte ou double. Mais les coups d'audace lui avaient jusque-là toujours réussi. La « révolution des roses » à la fin de 2003 en avait été un. Un peu plus tard la menace d'un recours à la force déjà amorcé lui avait permis de reprendre le contrôle de l'Adjarie où son président Abchidzé espérait un soutien russe qui ne s'est pas alors manifesté, malgré la présence (maintenant révolue) d'une base militaire russe sur son territoire. Avec l'appui diplomatique des États-Unis et des pays européens il avait pu obtenir de la Russie pourtant récalcitrante, la fermeture des bases et le retrait des forces militaires russes sur le territoire de la Géorgie (ce qui ne concernait pas, bien sûr, les forces dites de maintien de la paix dans les deux républiques sécessionnistes).

Saakashvili surestimait l'importance de son pays pour l'Administration Bush et en conséquence la vigueur des réactions qu'il en attendait. Depuis son arrivée au pouvoir en janvier 2004 (à l'âge de 36 ans) il s'était présenté comme le champion de la lutte pour la démocratie dans l'ancien espace soviétique et déployait une intense activité à cet effet, davantage encore que l'Ukraine de Youshtchenko ou les républiques baltes, avec la bénédiction publique de Bush. Contrairement à celui-ci, il insistait ouvertement et lourdement sur le caractère géopolitique de son combat contre l'influence de la Russie dans toute la région. Il en faisait même une surenchère considérable lorsqu'il affirmait dans une entrevue donnée un peu plus de deux mois avant la guerre d'Ossétie, alors que la tension était très forte en Abkhazie : « Nous sommes le terrain de bataille pour une nouvelle guerre mondiale[11] » !

Au début de l'année, Saakashvili avait promis solennellement de rétablir l'intégrité territoriale de la Géorgie au cours de son présent mandat présidentiel. Il savait que George W. Bush était, quant à lui, en fin de mandat et rien ne garantissait pour l'avenir un soutien aussi résolu que celui que ce dernier lui avait toujours manifesté. Il crut donc le moment venu de tirer sur la corde du lien privilégié qu'il avait avec ce dernier. Tout ceci ne veut pas dire pour autant que son « quitte ou double » d'Ossétie ait été longuement ou soigneusement prémédité.

Il allait être éminemment déçu du comportement de son allié. Même pour des observateurs indépendants, les premières réactions de George Bush furent fort modérées et prudentes, au regard de ce qu'on aurait pu attendre du personnage. Ce n'est que le 9 août, 24 heures après le début de la contre-offensive russe qui frappait déjà le territoire de la Géorgie, bien au-delà de l'Ossétie et de l'Abkhazie, que Bush fit une première et fort brève intervention publique de Pékin. Elle ne contenait aucune condamnation claire de la Russie. Bush affirmait simplement que « les attaques qui ont lieu dans des régions de la Géorgie, loin de la zone de conflit en Ossétie du Sud, constituent une escalade dangereuse de la crise ». Le terme même d'escalade se trouvait à reconnaître implicitement une responsabilité de la Géorgie dans les hostilités. Bush demandait une cessation immédiate des hostilités et « un retour par les parties au statu quo du 6 août ». On était fort loin de la crise internationale majeure que Saakashvili pouvait attendre comme conséquence d'une guerre de la Russie contre son pays. Il n'était pas homme à dissimuler sa frustration et quelques jours plus tard sur les ondes mêmes de CNN, il déclarait, directement en anglais en parlant des réactions de Bush : « Frankly, some of the first statements were seen as a green light for Russia[12]. » Malgré sa frustration, il continuait néanmoins à chercher à tirer sur le lien de sa relation avec Bush. Après que ce dernier eut commencé prudemment à hausser le ton et qu'il eut annoncé le 14 août l'envoi d'une aide humanitaire à la Géorgie acheminée par navires militaires, Saakashvili annonça publiquement à Tbilissi que les forces américaines prendraient le contrôle des ports et aéroports géorgiens. L'information fut immédiatement démentie par le Pentagone.

Si les États-Unis furent blâmés, par Saakashvili, l'Europe le fut davantage encore. Dans un article envoyé au *Wall Street Journal*, il l'accusait d'avoir gardé ses distances à l'égard des conflits gelés d'Abkazie et d'Ossétie et d'avoir ainsi favorisé l'escalade des provocations russes[13]. Il en voulut initialement aussi à Nicolas Sarkozy que le États-Unis avaient laissé se mettre en avant pour la mission difficile d'obtenir un accord de cessez-le-feu de la part de Moscou et pour lequel il allait être blâmé par la suite, même à Washington.

Devant l'urgence que présentait alors, le 12 août, la situation désastreuse de la Géorgie, Sarkozy n'eut guère d'autre choix que de consigner l'essentiel des exigences de Moscou. Le document qu'il signa avec Medvedev ne parlait pas de l'intégrité territoriale de la Géorgie ; ce qui causa une commotion à Tbilissi, mais aussi à Washington. Pire encore, le point 6 dans lequel Moscou acceptait « des discussions internationales » stipulait que celles-ci porteraient sur « le statut, la sécurité et les arrangements de stabilité pour l'Abkhazie et l'Ossétie du Sud ». Mais ce fut plus tard, la seconde phrase du point 5 et son interprétation qui allait contribuer à faire monter la tension entre Washington et Moscou. Celui-ci stipulait : « Les forces russes doivent retourner aux positions qu'elles tenaient avant le début des hostilités. En attendant la mise en place d'un mécanisme international de surveillance de la paix, les forces russes de maintien de la paix prendront *des mesures additionnelles* de sécurité[14]. » Comme la mise en place d'un tel mécanisme international auquel la Russie doit donner son aval peut mettre bien du temps, le point 5 lui laissait une grande liberté de manœuvre pour maintenir une présence en différents points stratégiques du pays. Devant le refus de Saakashvili de signer le document et son objection à une négociation sur le statut des deux républiques autoproclamées sans mention préalable de l'intégrité territoriale de la Géorgie, Moscou accepta que soit biffé le mot « statut », considérant sans doute que le reste pourrait équivaloir au même. Pour le point 5, Washington décida de s'en mêler et deux jours plus tard Condoleeza Rice passa par Paris en se rendant à Tbilissi pour demander à Sarkozy d'envoyer une lettre d'interprétation du point 5 aux deux parties intéressées. La lettre de Sarkozy mentionnait que « les mesures supplémentaires de sécurité » ne pouvaient s'exercer qu'à proximité immédiate de l'Ossétie du Sud et à l'exclusion de tout autre territoire et de tout centre urbain majeur. C'est sur la base de cette lettre d'interprétation que Condoleeza Rice convainquit Saaksahvili de signer le cessez-le-feu, le 15 août. Moscou pour sa part ne s'estima aucunement liée par une lettre d'interprétation à laquelle elle n'avait pas souscrit. Après avoir retiré la majeure partie de ses forces, la Russie maintint des positions près de Gori et du port de Poti et près de voies importantes de communication. C'est là-dessus que Washington accusa par la suite, de façon constante, la Russie de « violation flagrante » du cessez-le-feu. Les États-Unis et leurs alliés européens exigeaient le retour intégral au statu quo du 6 août. C'était trop attendre.

D. L'engrenage d'une épreuve de force aux contours encore indéterminés

Une Administration américaine faible qui doit montrer sa force, quoi qu'il arrive et des autorités russes débordant d'une confiance croissante dans leurs capacités, est la pire des combinaisons possibles

Fedor Loukianov, Gazeta.ru, 14 août 2008.

Les réactions initiales de Bush qui avaient été plus modérées que celles non seulement de John McCain, mais même de Barack Obama tenaient sans doute au fait qu'il savait que les États-Unis ne pouvaient concrètement faire grand chose pour changer la situation sur le terrain, à moins de s'engager rapidement dans une confrontation directe avec la Russie. Pour un enjeu comme celui en cause, c'était évidemment une option exclue par tous, surtout dans le contexte des difficultés des guerres en cours en Irak et en Afghanistan et celui l'épreuve de force avec l'Iran. Mais la grande modération initiale de Bush ne put se maintenir bien longtemps et pour plusieurs raisons.

Tout d'abord, comme l'ont noté plusieurs commentateurs russes, si la Russie a gagné la guerre sur le terrain, Saakashvili a gagné la bataille médiatique aux États-Unis. Les accusations russes de génocide commis par la Géorgie en Ossétie étaient ridicules et visaient simplement à paraphraser les arguments invoqués par Washington et l'OTAN en 1999 pour justifier la guerre contre la Serbie qui allait conduire à l'indépendance du Kosovo. S'exprimant parfaitement en anglais avec une combativité exceptionnelle, Saakashvili avait un accès direct et fréquent aux médias américains. Ses propos affirmant que son pays était un avant-poste de la démocratie dans le monde et ses mises en garde à l'effet que « si la Géorgie tombe, ce sera la chute de l'Occident dans toute l'ancienne Union soviétique et au-delà », rencontraient un écho favorable dans plusieurs milieux américains et en particulier dans l'entourage néoconservateur de John McCain qui avait auparavant inspiré Bush. Si le pari de Saakashvili échoua lamentablement en Géorgie, il pourra croire qu'il a réussi au moins, à forcer une réaction plus musclée que celle du début, de la part de l'Administration Bush. Mais Bush lui-même, s'il ne le réalisait pas déjà, dut se rendre compte qu'il avait largement contribué à gonfler l'ego et les attentes de son protégé et qu'il devait nécessairement faire davantage. Même si la Géorgie ne bénéficiait pas formellement de la couverture de l'OTAN, la déclaration qu'il avait fait endosser par le sommet de Bucarest avait été voulue comme un puissant signal politique. Ne rien faire ou faire trop peu ne pouvait que miner la crédibilité des États-Unis et celle de l'OTAN.

Pour forcer la Russie à revenir au *statu quo ante*, Washington commença par laisser planer de façon assez vague la menace d'une révision de l'ensemble de ses relations et de celles du monde occidental avec elle. Tant chez les républicains que chez les démocrates et au sein de l'administration, on évoquait l'exclusion de la Russie du G-8, la suspension du Conseil OTAN-Russie ou le renvoi aux calendes grecques de son admission à l'OMC. Parlant précisément de ces trois menaces, le principal acteur de la fin de la guerre froide, Mikhaïl Gorbatchev écrivait au *New York Times* : « Ce sont des menaces creuses... Si nos opinions ne comptent pour rien dans ces institutions, en avons-nous vraiment besoin ? » Si on voulait repenser les relations avec la Russie, affirmait-il, la première chose à faire était de prendre en considération ses intérêts[15].

Pour se montrer peu impressionnée, la Russie prit elle-même l'initiative de suspendre sa participation à plusieurs programmes de coopération OTAN-Russie. Elle manifestait ainsi son irritation à la première représaille concrète de Washington. Celle-ci ne concernait pas directement la Géorgie. Le 14 août Washington finalisa l'accord bilatéral avec la Pologne pour l'installation du système de défense antimissile contesté par Moscou. Sa finalisation retardait en raison d'une surenchère d'exigences polonaises pour obtenir des garanties supplémentaires de sécurité face à la Russie, que les États-Unis ne voulaient pas donner jusque-là, pour ne pas envenimer ses relations avec Moscou. Des systèmes de défense anti-aérienne non reliés au projet, que Washington avait refusé de livrer ont été promis. Des missiles Patriot seront non seulement livrés, mais opérés par une centaine de militaires américains, qui (outre la couverture de l'OTAN) seront en première ligne en cas conflit entre la Pologne et la Russie.

Mais le cœur du problème pour la Russie, soit l'adhésion de la Géorgie à l'OTAN allait rapidement resurgir. Le 19 août, à la demande de Washington, une réunion spéciale des ministres des affaires étrangères des pays membres de l'OTAN se tint à Bruxelles pour arrêter des positions communes sur le conflit qui venait d'avoir lieu. Un mécontentement évident s'était manifesté à l'endroit de Saakashvili dans plusieurs capitales européennes à la suite du déclenchement des hostilités qui confirmait la méfiance à son endroit et les réticences à accorder le MAP à la Géorgie. La déclaration publiée à l'issue de la rencontre exigeait à son tour le *statu quo ante*, en même temps qu'elle annonçait la création d'une Commission Géorgie-OTAN pour superviser l'aide économique et militaire des pays membres et « le processus mis en marche à Bucarest. Là-dessus, évidemment à la demande de Washington, la déclaration « réaffirmait l'engagement » des membres « à l'endroit des décisions du sommet » spécifiquement en ce qui concerne celle de considérer en décembre « les questions relatives au Membership Action Plan » demandé par la Géorgie. Ne pas le rappeler, aurait paru comme une capitulation devant l'action de la Russie et une renonciation au *statu quo ante*.

Mais des voix se faisaient entendre aux États-Unis en faveur d'une accélération du processus d'intégration de la Géorgie à l'OTAN. Sans aller jusque-là, mais dans un reproche implicite aux opposants du MAP à Bucarest, le principal homme de contact entre les États-Unis et la Géorgie, le même Matthew Bryza, pourtant bien prudent précédemment déclarait, qui plus est, à la radio russe Ekho Moskvy : « La Russie a montré exactement pourquoi la Géorgie a besoin d'être à l'OTAN. La Russie n'a pas levé un doigt contre les États baltes une fois qu'ils sont entrés à l'OTAN. Elle ne lèverait pas un doigt contre l'Ukraine et la Géorgie si elles étaient dans l'OTAN[16]. »

Dans les conditions actuelles, l'affirmation devient un peu présomptueuse. Les dirigeants russes ont bien compris que la Géorgie était le maillon faible du processus d'élargissement de l'OTAN et ils estiment probablement en avoir fait la démonstration. Blâmant les Européens plusieurs commentateurs et politiciens, aux États-Unis comme en Europe, affirment que si la Géorgie avait obtenu le MAP au sommet de Bucarest, les choses en seraient allées bien différemment par la suite. Il paraît plutôt certain qu'une telle éventualité aurait amené immédiatement la reconnaissance par Moscou de l'indépendance de l'Abkhazie et de l'Ossétie, sans que les Occidentaux puissent faire bien davantage que ce qui a été fait pendant et après la guerre.

Dix-sept jours après le début des hostilités, le 26 août, la Russie reconnaissait officiellement et violation patente du droit international, l'indépendance des deux républiques. Cette fois, le défi ne s'adressait plus à la Géorgie, mais directement au monde occidental. Jusque-là, les États-Unis et l'Europe s'étaient à peu près accommodés du *statu quo* sur cet enjeu. Encore au début d'août, ils semblaient même s'accommoder de la réponse « asymétrique » de la Russie à la reconnaissance de l'indépendance du Kosovo. C'est pourquoi, la reconnaissance formelle de l'indépendance des deux républiques sécessionnistes marque une escalade délibérée du conflit. Après avoir annoncé la décision, Medvedev affirmait publiquement : « Nous n'avons peur de rien, y compris d'une guerre froide, même si nous ne la voulons pas. »

On peut se demander ce qui a motivé la décision russe. Eu égard à son comportement antérieur on aurait pu croire que la Russie attendrait les résultats de la réunion ministérielle de l'OTAN prévue pour décembre avant de franchir ce pas. A-t-elle conclu que la Géorgie était déjà « définitivement perdue » et que l'amplification des réactions occidentales rendait inéluctable son obtention du MAP lors de la réunion de l'OTAN de décembre ? A-t-elle voulu en conséquence faire passer l'affaire dans les profits et pertes de la crise actuelle plutôt que de créer une nouvelle crise de décembre ?

Quoi qu'il en soit, l'été 2008 aura sans doute été un point tournant dans la définition des relations entre la Russie, les États-Unis et l'Europe. À l'heure où ces lignes sont écrites (7 septembre 2008) il est encore trop tôt pour en établir les contours futurs et l'évolution de l'épreuve de force en cours.

Si elle devait s'aggraver, l'Ukraine serait selon toute vraisemblance le terrain d'une nouvelle et plus sérieuse épreuve de force. Les événements du mois d'août y ont d'ores et déjà provoqué une crise gouvernementale. Depuis le milieu des années 1990, sans en être évidemment la seule cause, l'élargissement de l'OTAN a été le principal facteur *constant* de dégradation des relations entre la Russie et les États-Unis qui en ont été le principal promoteur. La réunion ministérielle de l'OTAN de décembre 2008 marquera un jalon important pour l'avenir des événements à ce chapitre. Les positions de Washington sont déjà bien connues. Mais l'Administration Bush sera alors en toute fin de mandat. Les décisions cruciales appartiendront à l'Europe. Pour l'instant les positions prises par le sommet de l'Union européenne du premier septembre ont été nettement plus prudentes que ne l'aurait voulu l'Angleterre et plusieurs de ses nouveaux membres.

Le proche avenir devrait démontrer assez rapidement si la Russie a surestimé ses forces partiellement retrouvées et ses marges de manœuvre, de même que la fluidité du système international.

4. Ex-Yougoslavie : le retour de la question kosovare

Dans les Balkans, l'année 2008 fut marquée par deux événements majeurs : l'indépendance du Kosovo et l'arrestation par les autorités serbes de Radovan Karadzic, accusé de crimes de guerre, après une poursuite de plus de dix ans. Ces deux événements, qui sont des conséquences de long terme de la décomposition de la Yougoslavie, permettent pour certains de tourner la page sur les épisodes les plus sombres de l'histoire de la région. L'arrestation de Karadzic indique en effet une normalisation des rapports de la Serbie avec les pays occidentaux, voire même un pas vers l'intégration européenne de la Serbie et donc vers une stabilisation régionale accrue. La déclaration unilatérale du Kosovo et sa reconnaissance par une partie de la communauté internationale vont cependant plutôt dans le sens d'une déstabilisation régionale, qui va au-delà des deux États directement concernés, le Kosovo et la Serbie. Tous les États voisins ont été, à différents degrés, affectés par cette transformation des frontières non conforme au droit international.

Après une certaine période de léthargie, la question du Kosovo est ainsi revenue au premier plan de la scène internationale au cours de l'année 2008. Après l'indépendance du Monténégro en 2006, le statut du Kosovo a souvent été présenté comme la dernière question frontalière non réglée des Balkans. Il serait cependant faux de prétendre que l'indépendance du Kosovo aurait mené à une stabilisation définitive des frontières régionales. La Bosnie-Herzégovine post-Dayton est une fédération à peine fonctionnelle, où la *Republika Srpska* est souvent taxée d'entretenir des volontés sécessionnistes. Pour sa part, la Macédoine est toujours aux prises avec des tensions entre la minorité albano-macédonienne et la majorité slavo-macédonienne, malgré les Accords d'Ohrid de 2001. De même, des tendances sécessionnistes s'observent dans la poche serbe de Mitrovica, au nord du Kosovo, et de la minorité albanaise de Serbie dans la vallée du Presevo. Bref, il reste de nombreuses contestations possibles, certaines constituant des risques d'explosion plus sévères que d'autres. Une reconnaissance généralisée de l'indépendance kosovare aurait certes pu aider à diffuser les tensions, mais la communauté internationale se montre hésitante à cet égard – à ce jour seuls 46 États l'ont officiellement reconnu, principalement des États occidentaux. Le conflit russo-géorgien à propos de l'Ossétie du Sud, analysé plus tôt dans ce chapitre, risque de ralentir le processus de reconnaissance étatique du Kosovo, en amenant les États toujours indécis à hésiter encore davantage. De plus, le conflit en Ossétie du Sud pourrait influencer la position de l'Assemblée générale de l'ONU, qui doit examiner la demande serbe d'un avis de la Cour internationale de justice (CIJ) sur l'indépendance unilatérale du Kosovo[17].

On pouvait s'attendre à ce que la déclaration unilatérale d'indépendance du Kosovo soit le plus durement ressentie sur la scène régionale. En effet, plusieurs États de la région n'ont pas reconnu cette indépendance en raison de considérations de politique intérieure. La crainte d'une déstabilisation régionale explique également les tergiversations et les hésitations occidentales à soutenir la voie de l'indépendance du Kosovo au cours des dernières années. Malgré tout, si l'avenir du Kosovo et celui de la région semblent étroitement liés, les événements de l'année ont montré qu'ils ne vont pas toujours de pair.

A. Les conséquences de l'indépendance du Kosovo pour les protagonistes

Dans l'immédiat, après la déclaration unilatérale d'indépendance kosovare, c'est surtout dans les deux États directement touchés par la transformation des frontières qu'on anticipait des tensions, voire des violences. Dans ce qui suit, nous verrons que ces craintes se sont avérées non fondées.

Au Kosovo même, la quasi unanimité affichée par la population albanaise pour l'indépendance contraste avec le rejet de la même option par la minorité serbe. Cette opposition très vive constitue le principal risque de débordement des suites de la déclaration unilatérale d'indépendance par le Parlement du Kosovo, notamment dans la portion nord du Kosovo, comme en témoignent les violences du 14 au 19 mars 2008 à Mitrovica[18]. En dépit de ces émeutes, somme toute limitées et contenues, les forces de l'ordre ont su prévenir une détérioration de la situation. Ainsi, les craintes initiales d'exode de la population serbe à partir des enclaves[19], de boycott économique, voire d'une action militaire de la Serbie, se sont avérées non fondées. La question qui se pose maintenant est celle de savoir si les velléités partitionnistes de la population serbe locale se poursuivront, forçant l'ancrage des troupes de maintien de la paix dans la région de la rivière Ibar et renforçant la séparation de fait des deux communautés. Le risque, en fait, est de voir apparaître un nouveau conflit gelé. Des rapports établissent clairement le renforcement de la fracture entre les deux communautés ainsi que la perte de contrôle des autorités kosovares sur la région de Mitrovica.

Le gouvernement du Kosovo a certes posé quelques gestes positifs à l'endroit de la minorité serbe et s'est engagé à protéger les droits de ses minorités, notamment par des mesures de décentralisation et à préserver l'héritage culturel et religieux présent sur son territoire. Ces garanties offertes par Pristina, suivant en cela de près les recommandations de l'émissaire onusien, Martti Ahtisaari, ne réussissent toutefois pas à atténuer la colère de la minorité serbe, encouragée par les autorités de Belgrade[20].

Étant directement touchée par l'indépendance kosovare, la Serbie était susceptible d'être l'État le plus déstabilisé par ces événements. La position de Belgrade n'a d'ailleurs jamais changé à propos du Kosovo considéré comme étant une partie de son territoire inaliénable : la déclaration d'indépendance du Kosovo est un acte illégal et illégitime. Dans son opposition, les tactiques de la Serbie se sont toutefois raffinées par rapport à l'époque de Slobodan Milosevic. Plutôt que d'envoyer ses forces de sécurité, une partie qui aurait été perdue d'avance, la Serbie a surtout joué la carte diplomatique. Belgrade conteste le geste dans tous les *fora* imaginables, de l'ONU à la Cour internationale de justice. Sur le terrain, toutefois, la Serbie tente de sauver une partie des meubles en jouant la carte de la partition de Mitrovica.

Dans un discours prononcé le 25 février, le premier ministre de Serbie, Vojislav Koštunica, a annoncé que la Serbie continuerait de gérer des parcelles du Kosovo, « là où les citoyens loyaux résident » et pour ceux qui continuent de voir les autorités de Belgrade comme étant leur gouvernement. Pour se donner du poids, Koštunica a fait cette déclaration accompagné de Dmitri Medvedev, alors premier vice-premier ministre de Russie, et de Sergei Lavrov, ministre russe des Affaires étrangères. Ce dernier a d'ailleurs renforcé la déclaration de Koštunica en lançant un avertissement imprécis aux pays de l'OTAN, à savoir qu'une utilisation de la force contre les Serbes kosovars déstabiliserait l'ensemble de la région[21]. Fait intéressant, le trio était accompagné de Milorad Dodik, le dirigeant de la Republika Srpska de Bosnie-Herzégovine, ce qui a alimenté les spéculations entourant la volonté de cette dernière de faire sécession à son tour.

En Serbie, le premier mois d'indépendance kosovare a été marqué par une triple stratégie : Dans un premier temps, Belgrade évite tout geste qui pourrait suggérer le début d'une acceptation de l'indépendance kosovare. Cette stratégie se reflète notamment dans l'appel à la désobéissance civile de la population serbe du Kosovo et dans le refus de Belgrade de collaborer avec les autorités de Pristina, mais également dans le rappel du corps diplomatique serbe des États ayant reconnu le Kosovo et dans le retrait de tout représentant de l'État serbe des *fora* où étaient présents des représentants du Kosovo. Dans un deuxième temps, Belgrade cherche à maintenir l'apparence de sa souveraineté au Kosovo. Étant pratiquement absente du terrain kosovar, cela se traduit par la mise en place d'institutions parallèles où la Serbie réussit à s'introduire – essentiellement dans la région de Mitrovica, où la moitié de la minorité serbe du Kosovo est concentrée, mais également dans les poches de population serbe qui se sont maintenues au sud de la rivière Ibar. La Serbie finance ainsi écoles et dispensaires serbes au Kosovo. Sur ce plan, Belgrade réussit assez bien, puisque les institutions financées par Pristina parviennent difficilement à se faire accepter sur place. Ainsi, de façon symbolique, les représentants de Belgrade sont régulièrement en visite dans la région de Mitrovica, alors que ceux de Pristina ne parviennent même pas à obtenir de rencontre officielle avec les élus des districts locaux. Un geste significatif que celui de l'établissement, de façon épisodique, d'une liaison ferroviaire entre la Serbie et Mitrovica sans le consentement de Pristina et sans que la MINUK ne puisse l'empêcher[22]. La troisième stratégie, non officielle celle-là, fut de déstabiliser la région. C'est ainsi que des émeutes de Serbes locaux refusant l'établissement du nouvel État ont été encouragées depuis Belgrade. Des attaques assez bien organisées, impliquant locations d'autocars en Serbie, ont été perpétrées sur des postes frontières entre Mitrovica et la Serbie à la mi-mars. Ces attaques ont fort probablement impliqué des forces de l'intérieur de Serbie.

S'il faut admettre qu'il y a eu des cas de violence, force est de souligner la faible ampleur que ceux-ci ont pris. Pristina a certainement joué un rôle de modérateur de la crise en minimisant la portée des émeutes, mais la modération caractérise également la réaction de la Serbie. Loin d'alimenter la crise en cherchant à y dépêcher des troupes ou à établir un embargo contre la région, comme plusieurs le craignaient, Belgrade a plutôt privilégié le maintien des liens et l'accroissement des échanges avec la région – du moins avec Mitrovica – dans le but de montrer qu'elle y exerce toujours sa souveraineté. Il s'agissait en fait de contredire Martti Ahtisaari, l'émissaire de l'ONU qui a recommandé l'indépendance pour le Kosovo. Ce dernier écrivait dans son rapport de 2007 que cette indépendance serait justifiée pour deux raisons : l'hostilité entre les protagonistes qui ont vécu un sévère conflit minant leur capacité de cohabiter de nouveau et la perte effective de la souveraineté de la Serbie sur cette parcelle de son territoire depuis maintenant huit ans.

La combinaison de ces stratégies fait en sorte que la Serbie se cherche un prix de consolation en favorisant la partition du Kosovo et l'éventuelle annexion de la portion serbe de Mitrovica. À défaut de pouvoir préserver l'intégrité territoriale de la Serbie, le gouvernement de Belgrade cherche à faire en sorte que le Kosovo ne puisse pas préserver la sienne non plus. Qui plus est, Mitrovica est relativement riche par rapport au reste du Kosovo, les mines de la région constituant pratiquement la seule source de revenus du jeune État en dehors de l'aide étrangère, ce qui assènerait un coup très dur à l'économie kosovare déjà chancelante.

Les Albanais de Serbie, pour leur part, ont réagi sans tarder à ce jeu de révision de frontières. Le lendemain même de la Déclaration d'indépendance kosovare, les maires de trois municipalités albanaises au Sud de la Serbie, dans la région du Presovo, ont déclaré leur volonté de se rattacher au Kosovo[23]. Toutefois, cette initiative semble avoir été tuée dans l'œuf en l'absence d'un soutien extérieur, même Pristina refusant de s'immiscer dans ce débat intérieur serbe.

La crise du Kosovo a également provoqué la dissolution du gouvernement serbe et la tenue d'élections anticipées. Ce n'est pas tant la coalition au pouvoir qui s'est étiolée, mais plutôt le premier ministre qui a démissionné le 8 mars 2008, dans un geste tactique. Malgré son annonce officielle selon laquelle le pays ne pouvait plus être gouverné en raison du Kosovo, Koštunica, politicien opportuniste détenant la balance du pouvoir, semble avoir fait le choix d'un rapprochement avec le Parti radical serbe (SRS), alors dans l'opposition. Son calcul était que le contexte de l'après indépendance kosovare favoriserait un vote pour la frange radicale de l'élite politique serbe. Or les élections du 11 mai ont été remportées par une coalition pro-occidentale et ont porté au pouvoir, le 8 juillet, Mirko Cvetvokic, un ancien économiste de la Banque mondiale. Peut-être le fruit du hasard, mais symbolisant néanmoins la volonté de coopération avec ses partenaires internationaux, la nouvelle autorité de Belgrade a procédé dès le 21 juillet 2008, soit moins de deux semaines après son intronisation, à l'arrestation de Radovan Karadzic, qui faisait l'objet d'un mandat d'arrêt émis par le Tribunal pénal international depuis plus de dix ans. Autre signe d'apaisement, les ambassadeurs serbes sont retournés dans leur mission respective et ont recommencé à vaquer à leurs tâches diplomatiques dans les États qui avaient reconnu l'indépendance du Kosovo.

Ceci étant, la Serbie n'est pas encore prête à tourner la page sur le Kosovo. La défaite électorale du SRS, et plus encore de Koštunica et de son Parti démocratique de Serbie (DSS), qui avaient basé leur campagne sur une rhétorique enflammée, peut laisser croire que le Kosovo n'est plus aussi prioritaire dans l'opinion publique serbe. Une autre élection, présidentielle celle-là, tend toutefois à démontrer le contraire. Boris Tadic, le président de Serbie pro-européen, a failli ne pas être réélu lors du scrutin de février 2008, puisqu'il s'était fait devancer au premier tour par le candidat ultranationaliste Tomislav Nicolic. Pour l'emporter au second tour, Tadic s'est vu obligé de changer son discours concernant le Kosovo et d'adopter un ton plus ferme à l'endroit des chancelleries occidentales. Cet épisode a certainement amené Koštunica à déclencher les élections législatives le mois suivant.

La résistance d'une majorité de Serbes à l'acceptation de l'indépendance du Kosovo est conditionnée par deux facteurs. D'une part, ils voient cette indépendance comme une partition de leur territoire national sacré – le Kosovo fait l'objet d'un attachement sentimental particulier puisqu'il est considéré comme le berceau de l'orthodoxie, de la nation et de l'identité serbes. D'autre part, l'indépendance du Kosovo en 2008 est vue comme une punition pour des crimes commis par un ancien régime, celui de Milosevic au cours des années 1990, elle paraît donc à leurs yeux comme une inqualifiable injustice. La Serbie d'aujourd'hui, qui a fait de réelles avancées démocratiques ces dernières années, n'est pourtant plus la même que celle de l'époque de Milosevic. Les Serbes s'expliquent mal cet acharnement sur la Serbie, alors que les crimes perpétrés du côté albanais semblent rester impunis.

Il est vrai que l'indépendance octroyée aux dirigeants de Pristina, qui ne dirigeaient en fait que des institutions provisoires, donne l'impression de cautionner un État de non-droit. Non seulement la déclaration d'indépendance constitue un acte illégal – du point de vue de sa non-conformité avec la Constitution serbe, des Accords d'Helsinki ou de la Résolution 1244 du Conseil de sécurité de l'ONU, la même qui mettait sur pied la MINUK –, mais reconnaître cette indépendance revient à cautionner un régime criminel. Il est en effet de notoriété publique que les mafias locales développent de nombreux trafics au Kosovo, devenu la plaque tournante de l'esclavage sexuel et du trafic de drogue en Europe. 80 % de l'héroïne venant d'Asie à destination de l'Europe occidentale y transiterait. Qui plus est, les trois derniers Premiers ministres de l'autorité provisoire sont soupçonnés par la communauté internationale d'avoir commis des crimes de guerre. Enfin, sur les 18 000 plaintes enregistrées par des Serbes dont les maisons ont été confisquées ou détruites depuis 1999, seules quelques dizaines ont été traitées, tant le travail des juges est entravé par la pression des mafias locales[24]. Le bilan humain n'est guère plus reluisant. Depuis la mise en place de l'autorité provisoire, la MINUK, très peu a été fait pour restaurer l'équilibre démographique. Sur les 235 000 Serbes, Tsiganes, Goranis et Turcs chassés du Kosovo après les Accords de Kumanovo, seuls 12 000 ont pu réintégrer leur demeure entre 1999 et 2004. Dans le même temps, 1 197 non Albanais ont été assassinés et 2 300 kidnappés. Plus de 150 églises et monastères orthodoxes et 40 000 maisons serbes ont été détruits ou brûlés. Le résultat étant assez probant : alors que 53 % du territoire du Kosovo était exclusivement habité par des Albanais en 1991, ce taux est passé à 80 % aujourd'hui[25]. Sur le plan culturel, on assiste également à une forme d'éradication de toute trace non albanaise, dont témoignent par exemple « l'albanisation » des noms des villes et villages et le retrait des cours en serbe, en rom et en turc à l'Université de Pristina. Bref, la région est en processus d'albanisation accéléré, alors qu'elle était toujours administrée par les institutions mises en place par la MINUK. Il est difficile de croire qu'une fois le Kosovo indépendant, le multiculturalisme et le respect des droits de l'homme promis par les autorités de Pristina seront entièrement honorés.

Pour toutes ces raisons, la Serbie n'est pas prête à se départir facilement du Kosovo. Si le gouvernement de Belgrade issu des élections législatives de mai est plus coopératif avec certaines institutions internationales, il poursuit néanmoins la lutte pour préserver sa souveraineté sur le Kosovo en adoptant la stratégie de non-reconnaissance des institutions de Pristina, de boycott de ses représentants et de construction d'institutions parallèles initiée par le gouvernement précédent. C'est dans ce contexte que les Serbes de Mitrovica ont annoncé le 28 juin 2008 la création du parlement serbe qui aura sous sa juridiction tous les Serbes de la région. Il s'agit d'un nouveau geste de défiance à l'endroit de la MINUK et de la République du Kosovo, qui se sont employées depuis à condamner le geste, tout en cherchant à en minimiser l'impact réel. Dans cette guerre d'usure, il reste à voir si les autorités de Belgrade finiront à terme par abdiquer devant l'intransigeance albanaise ou si elles réussiront à prouver au monde entier que Pristina ne parvient pas à exercer sa pleine souveraineté sur l'ensemble du territoire du Kosovo. Ainsi, à défaut de pouvoir récupérer le Kosovo, la Serbie nourrit l'espoir de voir la nouvelle entité soumise aux mêmes critères d'exception au droit international ayant justifié la partition de son propre territoire.

B. Les conséquences dans les États voisins du Kosovo

Parmi les États voisins du Kosovo et de la Serbie, c'étaient la Macédoine, le Monténégro et la Bosnie-Herzégovine qui risquaient le plus de subir les contrecoups de cette transformation de la carte politique de la région. Pour l'instant, on peut dire que c'est la Bosnie Herzégovine qui a vécu les tensions les plus fortes.

c'est en République de Macédoine que les tensions appréhendées se sont le moins réalisées. La question du Kosovo a certes provoqué une crise interne, mais davantage politique que sécuritaire. Après la déclaration d'indépendance du Kosovo, les partis albanais locaux – dont le Parti démocratique des Albanais (PDA), présent au gouvernement – ont tous demandé la reconnaissance de l'indépendance du nouvel État. Or, avant de procéder à quelque reconnaissance que ce soit, Skopje exige comme condition la démarcation définitive de la frontière commune. Le petit contentieux territorial remonte à 2001, alors que la Serbie avait accepté le transfert à la Macédoine de 2 500 hectares de terres sises au Kosovo. Bien que le Kosovo conteste ce don, affirmant que Belgrade avait procédé sans le consentement de Pristina, le plan Ahtisaari prévoyait la mise en œuvre de l'entente. Étant donné le côté dérisoire de l'enjeu, il est clair que le gouvernement macédonien use de ce prétexte pour retarder la reconnaissance officielle de son voisin[26]. Le peu d'empressement du gouvernement à se prononcer, a provoqué le départ du PDA de la coalition gouvernementale et forcé la tenue d'élections anticipées le 1er juin 2008. Au cours du scrutin, on a pu observer quelques violences et de l'intimidation, forçant la reprise du vote dans deux douzaines de bureaux de scrutin le 15 juin. Si cette crise semble plus sérieuse que les précédentes – le PDA s'était déjà retiré du gouvernement à quelques reprises ces dernières années, mais sans réelle conséquence, puisqu'il avait toujours fini par réintégrer le gouvernement une fois la crise passée – ce n'est toutefois pas uniquement en raison du Kosovo. Ce dernier ne représente en fait qu'un élément parmi d'autres qui ont fait apparaître le gouvernement comme étant faible et montrant peu d'initiative. Deux autres dossiers, désormais liés, sur la scène internationale sont celui de l'OTAN et le contentieux entre la Grèce et la Macédoine concernant l'utilisation de ce nom de pays. En dépit du fait que l'amendement 2 de la constitution macédonienne interdit à l'État macédonien d'envahir d'autres territoires, la Grèce craint que l'utilisation du nom « République de Macédoine » nourrisse des prétentions territoriales de la Macédoine vis-à-vis de la province grecque de Macédoine.

En effet, lors du sommet de l'OTAN à Bucarest en avril 2008, alors que l'Albanie et la Croatie ont été officiellement invitées à adhérer à l'organisation, la candidature de la Macédoine n'a pas été acceptée à la suite du veto de la Grèce. Le Secrétaire général de l'OTAN a alors déclaré que le pays sera le bienvenu lorsqu'il aura réglé le problème de son nom officiel que la Grèce refuse toujours de reconnaître. Ce scénario risque de se répéter au cours de l'automne 2008, lors de l'étude de l'admission de la Macédoine au sein de l'UE, car la Grèce a menacé d'utiliser à nouveau son droit de veto. Pourtant un État candidat depuis 2005 et pressenti depuis pour être le prochain pays des Balkans après la Croatie à adhérer à l'UE, la Macédoine se voit coupée de l'essentiel de ses priorités en matière de politique étrangère pour une querelle de nom avec son voisin.

Cette querelle toponymique vieille de plus de quinze ans pourrait prendre fin si la proposition américaine de rebaptiser la « République de Macédoine » en « République de Macédoine du Nord » rencontre un accueil favorable à Skopje. Il reste à voir si les Macédoniens, toujours à la recherche d'une identité nationale depuis leur indépendance en 1991, accepteront ce compromis lourd de conséquences. Le cas échéant, ils pourraient immédiatement intégrer l'OTAN. Cette dernière est toujours vue comme l'organisation qui a mis fin au conflit de 2001 et qui a permis la signature des Accords d'Ohrid. Une majorité de Macédoniens voient ainsi l'Alliance atlantique comme le garant d'une certaine stabilité intérieure. Par contre, le sentiment anti-OTAN s'est accru rapidement au cours de l'année 2008, à mesure que l'opposition critiquait le gouvernement. La Macédoine doit donc décider quelle voie choisir, entre celle de la radicalisation comme la Serbie ou celle de la coopération avec les pays occidentaux comme la Croatie. La difficulté particulière de la Macédoine va pourtant au-delà de l'option coopération/radicalisation, mais comporte une parcelle de problèmes identitaires non résolus[27].

Pays frontalier du Kosovo, le Monténégro est également profondément divisé sur la question du Kosovo et poursuit ses tergiversations. Malgré la présence d'une minorité albanaise au Monténégro, Podgorica hésite à établir des relations diplomatiques avec Pristina. Le gouvernement monténégrin cherche avant tout à préserver les bonnes relations qu'il entretient avec la Serbie, en dépit de sa toute récente indépendance en 2006 qui a précisément consacré son divorce d'avec celle-ci. La reconnaissance du Kosovo comporte également un enjeu intérieur, le Monténégro détenant une large population serbophone, plus de 30% de la population, contre à peine 5 % d'albanophones. Podgorica est ainsi pris entre l'arbre et l'écorce, sa minorité albanaise réclamant la reconnaissance rapide du nouvel État et sa minorité serbe exigeant le contraire. Pris entre ces deux exigences, sans oublier les fortes pressions internationales, les dirigeants monténégrins préfèrent pour l'instant le statu quo de la neutralité et déclarent ne pas être prêts à reconnaître l'indépendance du Kosovo dans l'immédiat[28]. Ce faisant, le Monténégro évite d'attiser davantage la fracture intercommunautaire, déjà vive en raison de dualité linguistique et ethnique depuis l'adoption d'une législation le 24 janvier 2008 reconnaissant le « monténégrin » comme langue officielle et non plus le serbo-croate. La question linguistique, en plus de vifs débats portant sur le statut de l'Église orthodoxe et les symboles de l'État, avait profondément divisé la population de ce petit pays d'à peine 620 000 habitants et retardé l'adoption d'une constitution jusqu'en octobre 2007, soit près d'un an et demi après l'indépendance formelle du pays[29]. Le temps des décisions n'est toutefois que partie remise ; Podgorica sera bien obligée de trancher car elle se voit forcer la main par Bruxelles, qui cherche à lier une éventuelle admission du Monténégro à l'UE à la reconnaissance du nouvel État. Le gouvernement monténégrin doit donc décider ce qu'il désire le plus : une participation aux institutions européennes avec les bénéfices économiques qui en découlent ou la paix sociale avec son importante minorité serbe et le maintien de bonnes relations avec la Serbie[30].

Plus importantes qu'au Monténégro, les tensions ethniques se sont également approfondies en Bosnie. Si certains ont pu considérer comme trop marginale la place des Croates dans les institutions alambiquées créés par les Accords de Dayton[31], les Croates qui se considèrent marginalisés réclamant la création d'une entité distincte en Bosnie-Herzégovine[32], c'est surtout la remise en cause du statut de la Republika Srpska qui pose problème. Plusieurs citoyens et politiciens de la région entretiennent des liens étroits avec la Serbie et se sont fermement opposés à l'indépendance du Kosovo portant atteinte à la souveraineté de la Serbie. À la veille de la déclaration d'indépendance kosovare, plusieurs ont réclamé que la Republika Srpska suive l'exemple du Kosovo. Des dirigeants locaux se sont sentis encouragés par les politiciens de Serbie qui cherchaient à établir un lien entre les deux régions. La logique étant que si le Kosovo déclare son indépendance, la Serbie pourrait essayer de compenser sa perte en soutenant la sécession de la Republika Srpska de la Bosnie, une sécession qui pourrait être suivie par son annexion par la Serbie.

Le 19 février 2008, soit deux jours après la déclaration kosovare, le parlement de la Republika Srpska a adopté une résolution affirmant son refus de reconnaître cette indépendance. La particularité de cette résolution est qu'elle affirme également qu'une reconnaissance de la déclaration unilatérale d'indépendance du Kosovo par la majorité des États de l'Union européenne (UE) et des membres des Nations Unies serait interprétée par le parlement serbe de Bosnie comme « une nouvelle norme et pratique internationale [d'un] droit prioritaire à l'autodétermination ». Plus loin, la résolution affirme que l'Assemblée nationale de la Republika Srpska se réserve alors « le droit de décider de son statut légal après une consultation directe des citoyens lors d'un référendum[33] ». De plus, dans une déclaration conjointe faite le 17 février 2008, soit le jour même de la déclaration d'indépendance kosovare, le président, le premier ministre et le président du parlement serbe de Bosnie ont souligné qu'ils ne permettraient pas que la Bosnie-Herzégovine reconnaisse l'indépendance du Kosovo et ont averti qu'une telle action aurait des conséquences imprévisibles pour toute la région.

Malgré toute cette agitation initiale, le gouvernement régional n'a encore entrepris aucun geste d'indépendance, malgré le fait que la majorité des États de l'UE ont rapidement reconnu l'indépendance du Kosovo. Il est donc possible de croire, comme Tanja Topic, que la menace de sécession n'est qu'une tactique de négociation servant des fins politiques. L'élite politique serbe de la région n'aurait jamais réellement recherché à faire sécession, mais bien à se positionner vis-à-vis de l'autre entité de Bosnie. Cette menace viserait ainsi à protéger l'autonomie de la région, appelée à rétrocéder certaines de ses prérogatives au gouvernement central comme condition de l'admission de la Bosnie à l'UE. Par ailleurs, il ne faut pas sous-estimer les tensions bien réelles provoquées par la reconfiguration de la carte politique des Balkans, alors que les Accords de Dayton, somme toute récents et toujours contestés, représentaient la consécration de l'intangibilité des frontières. Certains dirigeants serbes – dont Dane Cankovic, président du *Choix est le nôtre*, une association serbe radicale de la Republika Srpska – restent profondément convaincus que la partition de la Bosnie-Herzégovine améliorerait la situation dans l'ensemble de la région sur les plans sécuritaire et économique[34]. Les citoyens de la Republika Srpska restent pour leur part divisés sur la question de l'indépendance du Kosovo voisin.

En conclusion, si la déclaration unilatérale du Kosovo a eu des conséquences graves dans des régions plus lointaines, notamment en Géorgie, il faut dire que, dans l'ensemble, ses répercussions dans la région des Balkans se sont avérés, à tout le moins pour le moment, plus modérées que ce à quoi on aurait pu s'attendre. Même dans les pays directement concernés, la Serbie et le Kosovo, les débordements de violence appréhendés ne se sont pas réalisés.

La question de la légitimité de l'indépendance kosovare demeure néanmoins loin d'être résolue. Malgré l'orientation moins radicale du nouveau gouvernement à Belgrade, on ne peut présumer que la Serbie pliera dans ce dossier dans un avenir prévisible. Les derniers gestes d'ouverture vis-à-vis des chancelleries occidentales – notamment l'arrestation de Karadzic, témoignent d'une tentative de la Serbie de rompre avec son passé afin d'accroître sa crédibilité sur la scène internationale. La Serbie a en effet grandement besoin de renforcer sa position internationale de la perte de son plus grand allié, la Russie, qui appuyait jadis inconditionnellement la position serbe dans le dossier du Kosovo. Poursuivant désormais son propre agenda, Moscou semble avoir en effet laissé tomber la Serbie au profit de ses intérêts dans son étranger proche, par sa reconnaissance de l'indépendance des deux provinces sécessionnistes de Géorgie. La Serbie se sent plus isolée que jamais.

Dans les États voisins de la Serbie et du Kosovo, les répercussions étaient de l'ordre d'un changement de gouvernement (Macédoine) et d'une légère montée des tensions entre groupes ethniques (notamment au Monténégro et en Bosnie-Herzégovine), mais restaient somme toute mineurs. Or rien n'empêche que ces tensions s'aggravent. À terme, il faudra surtout surveiller de nouveaux mouvements sécessionnistes ou partitionnistes dans les Balkans, susceptibles de s'inspirer de l'exemple du Kosovo.

1. *Vedomosti*, 2 juillet 2008.
2. Gordon Hanh, « Medvedev Gradually Ushers in a New Era of Political Leadership », *Russia Profile*, 1er juillet 2008.
3. Jim Hogland, , « nato's Middling Agenda », *The Washington Post*, 28 mars 2008.
4. La Russie continue de soutenir que le projet est le début d'un programme dirigé autant contre elle que contre l'Iran. Sur l'ensemble des fondements l'opposition de la Russie au projet américain de défense antimissile, voir Jacques Lévesque et Ekaterina Piskunova, « Les Griefs et défis d'une Russie qui jauge ses forces », dans G. Hervouet, M. Fortmann et A. Legault, *Les Conflits dans le monde 2007. Rapport annuel sur les conflits internationaux*, Québec, qc, Institut québécois des hautes études internationales/Les Presses de l'Université Laval, pp. 68-79.

5. *Kommersant*, 7 avril 2007.

6. *The New Republic*, 12 août 2008

7. Sur l'ensemble des raisons de l'opposition de la Russie à l'indépendance du Kosovo, voir Jacques LÉVESQUE et Ekaterina PISKUNOVA, « Les Griefs et défis d'une Russie qui jauge ses forces », *op. cit.*, pp. 91-98.

8. *Kommersant*, 16 avril 2008.

9. *Interfax*, 14 mai 2008.

10. « A Two-Sided Descent Into Full-Scale War, *The Washington Post*, 17 août 2008

11. *The Independant*, 20 mai 2008.

12. « Georgian President's Accusations Grow », *The New York Times*, 14 août 2008.

13. « The War in Georgia is a War for the West », *The Wall Street Journal*, 11 août 2008.

14. C'est nous qui soulignons.

15. *The New York Times*, 20 août 2008.

16. *Reuters*, Moscow, 23 août 2008. Texte dans Johnson's Research List, n° 156, 28 août 2008.

17. Jelena TASIĆ, « Ossétie du Sud/Kosovo. Effets domino et conséquences imprévisibles », 11 août 2008, trad. Jasha Andjelić, Courrier des Balkans, balkans.courriers.info/article11011.html.

18. La portion nord du Kosovo est peuplée d'environ 50 000 habitants, majoritairement des Serbes, et est composée des municipalités de Zvecan, Zubin Potok et Leposavić. La ville de Mitrovica, traversée par la rivière Ibar, symbolise à elle seule la division de la Serbie, la portion nord de la ville étant peuplée d'environ 13 000 Serbes, et la portion sud par près de 60 000 Albanais. Pour simplifier le texte, nous désignons la « région nord du Kosovo » par *Mitrovica*.

19. INTERNATIONAL CRISIS GROUP, « Kosovo's First Month », *Policy Briefing*, Europe Briefing, n° 47, 18 mars 2008, pp. 12-13, *www.crisisgroup.org*.

20. « Serbia Proposes Ethnic Division in Kosovo », *VOA News*, 22 mars 2008, www.voanews.com.

21. « Serbia. Creating a Balkan Powder Keg ? », *Stratfor*, 25 février 2008, www.stratfor.com.

22. International Crisis Group, « Kosovo's First Month », *op. cit.*, p. 6.

23. Alexis TROUDE, « Le Kosovo. Un quasi État dans la nouvelle guerre froide », *Diplomatie*, n° 32, juin/juillet 2008, p. 61.

24. *Ibid.*, p. 60.

25. *Loc. cit.*

26. INTERNATIONAL CRISIS GROUP, « Kosovo's First Month », *op. cit.*, p. 3.

27. « Macedonia. Fear of Radicalization Amid the Chaos », *Stratfor*, 10 avril 2008, www.stratfor.com.

28. « Reconnaissance du Kosovo. Le Monténégro entre l'enclume et le marteau », *BIRN*, 3 juillet 2008, trad. Jacqueline DERENS, Courrier des Balkans, 8 juillet 2008, balkans.courriers.info/article10849.html.

29. Sur ces controverses, voir Daniela HEIMERL, « Monténégro. Les défis de l'indépendance », *Europe centrale et orientale 2006-2007*, coll. *Le Courrier des pays* de l'Est, n° 1062, Paris, La Documentation française, juillet-août 2007.

30. « Montenegro Official Admits EU & Kosovo Link », *Balkan Insight*, 21 juillet 2008, balkaninsight.com/en/main/news/11937/?tpid=150.

31. Les Accords de Dayton ont divisé la Bosnie-Herzégovine en deux unités : la Fédération croato-musulmane, devenue en 2001 Fédération de Bosnie et Herzégovine, et la Republika Srpska ou la République serbe de Bosnie.

32. « Indépendance du Kosovo. Un exemple pour les Croates de Bosnie ? », BIRN, 26 février 2008, trad. Stéphane SURPRENANT, *Courrier des Balkans*, 7 mars 2008, balkans.courriers. info/article9920.html.

33. « Kosovo. Un 'précédent' que les Serbes de Bosnie veulent utiliser », BIRN, trad. Mariama COTTRANT, *Courrier des Balkans*, 22 février 2008, balkans.courriers.info/article9839.html.

34. Miroslav AJDER, « Bosnia. To Be or Not to Be a Nation », *Transition Online*, 6 mai 2008, www.tol.org.

Puissance normative, réalisme
et sécurité européenne

*Frédéric Mérand et Guillaume Ange Callonico**

Dans un essai remarqué, Robert Kagan écrivait : « La Russie et l'Union européenne [...] vivent dans des siècles différents. Lancée dans le 21ᵉ siècle, l'UE, dont la noble ambition est de transcender la puissance et bâtir un ordre mondial fondé sur le droit et les institutions, fait face à une Russie qui se comporte comme une puissance du 19ᵉ siècle[1] ». Après les années 1990, marquées par la constitution d'une communauté euroatlantique aussi pacifiée qu'inégalitaire, et un après-11 septembre consacré à la menace terroriste en Asie, le retour des crises européennes s'effectue sous le signe de Moscou. Comme nous le verrons, la résurgence de la Russie, après 15 ans de soumission relative à la « puissance douce » occidentale, est au cœur de la plupart des défis sécuritaires auxquels l'Europe fait face aujourd'hui.

S'intéressant autant à l'UE qu'à l'Organisation du traité de l'Atlantique Nord (OTAN) et aux capitales nationales, ce chapitre porte sur les enjeux de

---

* Respectivement professeur au Département de science politique de l'Université de Montréal et doctorant au même département.

sécurité européenne qui ont dominé l'emploi du temps des diplomates en 2007-2008. Pour des raisons d'espace, nous nous limiterons aux questions qui touchent à la sécurité du *continent*, notamment le régime de maîtrise des armements; les conflits « dégelés » de l'Ossétie du Sud et de l'Abkhazie; les effets du conflit géorgien sur les relations entre l'UE et la Russie; les réactions à l'indépendance du Kosovo et l'impact de celle-ci dans les Balkans ; la montée de l'insécurité énergétique; et les relations entre l'UE et l'OTAN. Mais il est entendu que l'UE comme l'OTAN, la France comme le Royaume-Uni, l'Allemagne ou la Pologne, ont des intérêts sécuritaires qui débordent largement ceux de l'Europe.

1. Le retour de la guerre froide ?

Entre 2007 et 2008, l'Europe se retrouve au centre des provocations verbales de la Russie qui, forte du prix des hydrocarbures, ne cache plus son ambition retrouvée de grande puissance. En brandissant la menace de définir de nouvelles cibles européennes pour les missiles russes, en se retirant du traité sur les forces conventionnelles en Europe (FCE) et en s'opposant vertement aux alliés des États-Unis sur la plupart de leurs positions stratégiques – notamment celle d'instaurer un système de bouclier antimissile en Pologne et en République tchèque –, la Russie du président Vladimir Poutine puis de son successeur Dmitri Medvedev force l'UE et l'OTAN à une remise en question de leur coopération bilatérale. Alors que les années 1990 avaient laissé entrevoir la possibilité de créer une communauté de sécurité autour du Conseil de partenariat euroatlantique (CPEA) pour les questions politiques, du Partenariat pour la paix (PpP) pour les questions militaires et de l'Organisation pour la sécurité et la coopération en Europe (OSCE) au-delà[2], les relations entre l'Europe et la Russie sont désormais marquées par le sceau du réalisme politique. Cherchant à recouvrir le prestige dont elle estime avoir été spoliée après 1989, la Russie s'impose comme un acteur incontournable dans le système international, le pivot central entre un Occident perçu comme trop arrogant et un Orient en ébullition. « Russia is back », constatait ainsi Javier Solana, le chef de la diplomatie européenne, lors de la conférence de Munich en février 2008[3].

En effet, l'ours sort de son hibernation. Il n'est pas sûr que, encore meurtris du souvenir de la guerre froide pour les uns et de l'occupation soviétique pour les autres, les Européens s'en félicitent. Teintées au mieux de méfiance, au pire d'hostilité, les relations entre, d'une part, l'UE et l'OTAN et, d'autre part, la Russie sont actuellement dans une phase difficile qui s'explique par le durcissement des positions russes sur les questions de sécurité européenne. Depuis une dizaine d'années, l'ancien glacis soviétique d'Europe centrale et orientale s'insère progressivement dans les différentes institutions de ce qu'était autrefois le monde occidental. L'UE et l'OTAN voient grossir leurs rangs par l'adhésion des nouveaux États de cette région. Entre 1999 et 2007, dix pays de l'ancien bloc soviétique se sont joints à l'UE et à l'Alliance atlantique[4]. Ces élargissements successifs irritent Moscou qui voit son pré carré se réduire comme peau de chagrin. Trois sujets ont particulièrement froissé la Russie en 2007-2008 : la question du statut final du Kosovo, l'intégration possible des anciennes républiques soviétiques d'Ukraine et de Géorgie dans l'OTAN et enfin l'installation d'un système de défense antimissile américain en sol européen, plus particulièrement en Pologne et République tchèque (anciens satellites de l'URSS devenus les opposants les plus virulents à la politique de Moscou).

Face à ces irritations, qui contribuent à créer chez elle un sentiment d'encerclement, la Russie fait planer le spectre d'une nouvelle guerre froide[5]. Sur le plan stratégique, elle annonce le 14 juillet 2007 la suspension de la mise en œuvre du traité FCE, qui limite le nombre et la distribution géographique des armes conventionnelles sur le continent depuis 1992. En partie justifiée par l'évolution de la donne stratégique après les élargissements de l'OTAN, cette décision est surtout prise en réaction aux initiatives américaines en matière de défense antimissile. Moscou estime que le « bouclier » américain, dont l'objectif affiché est de protéger l'Europe et l'Amérique du Nord d'une attaque iranienne, mine en fait le régime de maîtrise des armements constitué depuis les années 1970 et, partant, déstabilise l'équilibre des forces en Europe au détriment de la Russie. La décision de Vladimir Poutine de geler la participation russe au traité FCE, dont l'objectif premier fut de réduire les forces de l'ancienne Union soviétique au sortir de la guerre froide, vise à rétablir cet équilibre en permettant aux Russes de déployer leurs capacités comme ils l'entendent. Lors du dernier sommet OTAN-Russie à Bucarest, en avril 2008, Vladimir Poutine n'a pas mâché ses mots à l'égard des « partenaires » occidentaux dont les politiques, officiellement conçues pour lutter contre le terrorisme et les « États voyous », semblent aussi orientées vers la Russie. La signature entre Washington et Varsovie, le 14 août 2008, d'un accord définitif sur l'installation d'éléments du système antimissile en sol polonais a attisé la colère du Kremlin, au point de menacer la Pologne, par l'entremise du chef d'état-major adjoint des forces russes, d'une attaque nucléaire[6].

Au niveau politique, Moscou a exécuté, le 26 août 2008, sa menace de reconnaître les régions séparatistes géorgiennes d'Ossétie du Sud et d'Abkhazie, invoquant comme justification l'indépendance du Kosovo, soutenue par Washington, Paris et Londres, mais que Moscou juge toujours illégale. La reconnaissance du Kosovo par la plupart des pays occidentaux – qui sera abordée dans la quatrième partie de ce chapitre – a non seulement divisé la communauté internationale, et encore aggravé les relations entre l'UE et la Russie sur un dossier jugé fondamental par cette dernière, mais elle a aussi renforcé les nationalismes de la région. La Russie affiche finalement de plus en plus clairement son mépris pour l'Organisation pour la sécurité et la coopération en Europe (OSCE), le lieu de dialogue est-ouest fondé à Helsinki en 1975, passé, pour sa défense de la démocratie et des minorités en Russie, de héraut du nouvel ordre mondial à un désagréable donneur de leçons. En définitive, les relations entre l'Europe et la Russie subissent les contrecoups du double élargissement de l'UE et de l'OTAN, qui s'est fait au détriment de la Russie et de sa zone d'influence. Animé comme Vladimir Poutine d'une logique de jeu à somme nulle, le président Medvedev a d'ailleurs répété en mai 2008 qu'un élargissement supplémentaire de l'OTAN à l'est (désignant sans le dire l'Ukraine et la Géorgie) saperait les relations de Moscou avec les autres pays européens de « manière radicale et pour longtemps[7] ».

A. L'Europe peine à réagir

L'Europe a du mal à s'ajuster à cette donne plus offensive que celle de la dernière décennie. Alors que l'UE tente de se constituer en *soft power*, en « puissance normative » soucieuse de promouvoir des normes et des règles internationales, la Russie lui oppose une logique de puissance traditionnelle que d'aucuns estimaient pourtant désuète depuis la fin de la guerre froide. Alors que le budget de la défense russe s'est accru de 155 %[8] de 2000 à 2007, il n'augmentait que de 8 % pour la France, 20 % pour le Royaume-Uni[9] et diminuait même de 14 % en Allemagne.

L'Europe centrale et orientale semble plutôt pencher dans le sens de la Russie. Toujours sur la même période, le budget de la défense de la Pologne augmentait de 70 %, celui de l'Ukraine de 100 %, de la Lettonie de 400 % et celui de la Géorgie de 2 200 % (le budget géorgien de la défense en 2007 représente le budget total du pays en 2003). Malgré l'explosion des dépenses militaires, les pays d'Europe de l'Est demeurent néanmoins des joueurs de deuxième ordre par rapport à la Russie et à leurs partenaires ouest-européens.

L'élargissement progressif de l'OTAN a contribué à accentuer ce climat de tension. Alors que la Russie s'oppose à toute initiative qui rapprocherait davantage l'organisation de sécurité occidentale de ses frontières, l'Ukraine et la Géorgie obtiennent le soutien inconditionnel des Américains, des Britanniques et des États d'Europe de l'Est, ces derniers voyant dans l'adhésion de nouveaux pays la possibilité de contenir la menace russe, comme une zone tampon. Plus réservées, Paris et Berlin ne cachent pas leur inquiétude face à de nouvelles adhésions, surtout celles de deux pays en dispute constante avec Moscou. Ainsi, l'élargissement de l'OTAN semble désormais soumis à l'approbation du Kremlin dès que les pays concernés constituent des points sensibles comme la Géorgie ou l'Ukraine. L'Alliance atlantique pourra toutefois continuer à s'élargir au « sud », loin de la Russie, comme prévu dès 2009 pour la Croatie et l'Albanie. Néanmoins, l'insistance de Washington à faire la promotion des candidatures ukrainienne et géorgienne à l'OTAN, et la promesse qui leur a été faite, au sommet de Bucarest, d'une adhésion future, a contribué à la dégradation des relations entre l'OTAN et la Russie.

Si l'avenir de l'Alliance atlantique divise les Européens parce qu'il pose problème aux Russes, l'ouverture de l'UE vers l'est ne semble pas rencontrer les mêmes résistances. Il faut dire que celle-ci ménage la Russie, lui ayant conféré pour le moment le statut de « partenaire stratégique[10] ». En outre, la période d'expansion semble terminée : les Européens souffrent d'« enlargement fatigue ». L'UE met plutôt désormais l'accent sur sa Politique européenne de voisinage (PEV). Lancée par la Commission européenne en 2004, celle-ci doit mettre en place un cadre de coopération économique, politique et financière entre l'UE et ses voisins, susceptible de projeter la stabilité acquise au sein de l'UE au-delà de ses frontières. Ce « cercle d'amis » a vocation à s'étendre de l'Europe de l'est au nord de la Méditerranée en passant par l'Asie centrale. Sur le continent européen, en font notamment partie l'Arménie, l'Azerbaïdjan, la Biélorussie, la Géorgie, la Moldavie et l'Ukraine[11]. Lors de la présidence de l'UE qu'elle a assurée durant le premier semestre de 2007, l'Allemagne, très préoccupée par les développements à l'est, a multiplié les contacts entre l'Union et ses voisins. Cette action s'est principalement arrêtée sur trois régions limitrophes de l'UE : dans les Balkans, en recherchant une position commune sur le statut du Kosovo ; en mer Noire, où les participants à la PEV ont été assurés d'un accès préférentiel au marché commun, et enfin dans le Caucase, où l'UE poursuit ses efforts de promotion de la démocratie[12]. En renforçant les liens politiques et économiques avec les pays européens non membres, l'UE souhaite diminuer le risque de tensions conflictuelles à ses frontières. Ambitieuse, cette volonté d'influence douce demeure toutefois difficile à évaluer dans ses impacts, comme le suggère le conflit survenu entre la Géorgie et la Russie sur l'Ossétie du Sud ou la division des Européens sur le Kosovo.

2. Le dégel des conflits au Caucase

C'est dans ce contexte qu'intervient, à l'été 2008, la guerre de Géorgie. Si plusieurs observateurs avaient averti que le précédent du Kosovo ranimerait les nationalismes, rien ne laissait présager l'action imprudente de Tbilissi, la capitale géorgienne. Élu en 2004 sur une vague démocratique mais aussi sur un discours nationaliste, le président Mikhaïl Saakachvili avait promis la réunification de son pays en ramenant les trois provinces sécessionnistes qu'étaient l'Adjarie, l'Abkhazie et l'Ossétie du Sud dans le giron géorgien. Quatre ans après avoir mis fin à l'indépendance de l'Adjarie, Tbilissi décide le 7 août 2008 de lancer une vaste offensive militaire contre l'Ossétie du Sud, région administrative héritée de l'ex-empire soviétique, comme la Géorgie, mais ayant autoproclamé son indépendance par rapport à celle-ci en 1992. Dès le lendemain, Moscou, sous couvert de raisons humanitaires, envoie des blindés pour sécuriser les Ossètes, largement russophiles et souvent détenteurs d'un passeport russe depuis que Moscou a en fait une large distribution dans les années 1990. Le président Saakachvili, pour partie artisan de son propre malheur, dénonce alors l'agression du territoire géorgien et demande l'aide de la communauté internationale, notamment celle de son allié américain. Dans la foulée, Washington dénonce les opérations de Moscou sans pouvoir réellement influencer le Kremlin. L'armée russe renforce progressivement sa présence et attaque les positions géorgiennes tous azimuts. Le 10 août, acculée à la retraite par l'avancée des forces russes, l'armée géorgienne quitte l'Ossétie du Sud et applique le cessez-le-feu annoncé par le président Saakachvili. Mais Vladimir Poutine, qui occupe l'espace médiatique en principe réservé au président Medvedev, dénonce une imposture et ordonne la poursuite des opérations. Progressivement, la Géorgie va se retrouver isolée par Moscou, qui d'un côté met en place le blocus maritime des principaux débouchés portuaires du pays (notamment la ville portuaire de Poti) et occupe plusieurs villes du pays, dont Gori (située à moins de 80 km de la capitale Tbilissi); et de l'autre côté ouvre un second front en Abkhazie, l'autre région sécessionniste de Géorgie également soutenue par Moscou[13].

Le 11 août, soit cinq jours après le début du conflit ayant fait, au 1er septembre 2008, plusieurs centaines de morts et des dizaines de milliers de réfugiés[14], le ministre français des Affaires étrangères, Bernard Kouchner, se rend à Tbilissi pour y présenter le plan de paix proposé par la France, qui occupe la présidence tournante de l'UE. Le chef de l'État géorgien souscrit aux propositions de la médiation européenne qui avance un retour au *statu quo* prévalant avant l'éclatement du conflit. Le 12 août, c'est Nicolas Sarkozy lui-même qui se rend à Moscou afin de rencontrer son homologue russe, Dmitri Medvedev, lequel acceptera également le plan de paix, qui prévoit la cessation des hostilités, l'accès libre à l'aide humanitaire, le retrait des troupes russes et géorgiennes à leurs lieux habituels de stationnement, mais aussi la mise en place par la Russie, à titre temporaire, « de mesures additionnelles de sécurité ». Cette disposition fait l'objet d'interprétations différentes, les troupes russes la traduisant comme le maintien d'une zone tampon entre l'Ossétie du Sud et la Géorgie, c'est-à-dire sur une partie du territoire géorgien, qu'elles auraient la charge de sécuriser. Tout au long du mois d'août, Moscou n'a pas cessé d'entretenir le flou sur le rappel de ses troupes et son retrait effectif de Géorgie. Alors qu'elle devait finalement quitter le pays le vendredi 22 août, l'armée russe s'immobilise, maintenant le blocus du port de Poti, détruisant la flotte géorgienne et établissant des camps militaires sur divers endroits du territoire de la petite république du Caucase. Enivrée par la victoire militaire, Moscou ne semble pourtant plus vouloir se retirer d'un pays facilement reconquis. Pendant ce temps, les deux belligérants s'accusent mutuellement de violer le cessez-le feu.

Face à cette guerre de positions, la pression occidentale s'accentue, mais l'UE et les États-Unis apportent une réponse essentiellement diplomatique. Ils suspendent notamment le Conseil OTAN-Russie. Moscou s'irrite et annonce sa décision de reconnaître officiellement l'indépendance de l'Abkhazie et de l'Ossétie du Sud, une décision en rupture avec sa politique des vingt dernières années mais que les Russes présentent comme un simple retour du bâton après la reconnaissance par les Occidentaux du Kosovo quelques mois plus tôt. Quant à Tbilissi, le président géorgien a confirmé le 24 août, malgré sa défaite décisive, sa volonté de poursuivre une politique d'unité nationale en réintégrant les deux territoires sécessionnistes sous le drapeau géorgien[15]. Le Conseil européen extraordinaire convoqué par la France pour le 1er septembre 2008 afin d'élaborer une position européenne commune à l'égard du conflit n'a pas débouché sur une ligne « dure ». Si tous exhortent la Russie de quitter le territoire géorgien, la question des sanctions qu'il convient d'adopter divise. La diplomatie française est accusée par Varsovie et Kiev d'être trop tendre envers le Kremlin. Alors que les pays d'Europe de l'Est et la Grande-Bretagne soutenaient des sanctions plus fermes, le consensus s'est finalement arrêté sur une condamnation de la « réaction dispro-portionnée » des Russes et le report des négociations sur l'accord de partenariat qui devaient s'ouvrir le 16 septembre. La clémence des « sanctions » européennes permet autant à la Russie qu'à la Géorgie de tirer leur épingle du jeu. Si Moscou est pointée du doigt pour ne pas avoir respecté l'intégrité territoriale de la Géorgie, elle affirme sortir renforcée par cette décision sans conséquence immédiate. Tbilissi, quant à elle, se réjouit du soutien politique de la communauté internationale et renchérit sur son discours nationaliste[16]. Si l'unité semble avoir été trouvée, la diplomatie européenne n'en sort pas pour autant renforcée : alors que la France et l'Allemagne continuent de vouloir ménager la Russie, la Pologne et la Grande-Bretagne, largement soutenues par les États-Unis, mènent campagne pour une attitude plus ferme envers Moscou.

3. La question des Balkans

Les frictions renaissantes entre l'Europe et la Russie s'étaient déjà exprimées avec une certaine vigueur quelques mois plus tôt, dans les Balkans. Après l'indépendance du Monténégro, c'est au tour du Kosovo d'achever la décomposition de l'ex-Yougoslavie. Mais à l'inverse du petit État de la côte adriatique, dont l'indépendance est *in fine* passée presque inaperçue, l'épineuse question du Kosovo a singulièrement compliqué les relations déjà tendues entre l'UE et la Serbie d'une part, l'Occident et la Russie d'autre part.

La question du Kosovo, symbole du nationalisme serbe depuis la défaite de 1389 contre les Ottomans, et le débat concernant son statut ont divisé l'Europe, en plus de fournir à la Russie les arguments d'une nouvelle joute rhétorique. Le souvenir de la reconnaissance unilatérale par l'Allemagne de la Slovénie et de la Croatie au début des années 1990, qui avait pris les Européens par surprise, est dans tous les esprits. Cette fois-ci, l'indépendance – déclarée par le parlement du Kosovo le 17 février 2008 – s'est produite alors que Belgrade ne dirigeait plus cette province depuis près de dix ans, la gestion effective étant assurée par l'UE et l'OTAN sous l'égide de l'ONU. Au-delà des questions de droit international, rapidement évacuées sous prétexte que Belgrade se serait délégitimée par ses actes en 1999, la précipitation dans laquelle se sont décidées les capitales européennes ne laisse pas d'inquiéter. Elle a en tout cas servi, sinon de justification, du moins de prétexte à la reconnaissance par la Russie de l'indépendance des régions sécessionnistes de Géorgie.

A. La crainte du précédent kosovar

La résolution 1244 du Conseil de sécurité de l'ONU autorisait cette dernière à établir « une présence internationale civile au Kosovo afin d'y assurer une administration intérimaire dans le cadre de laquelle la population du Kosovo pourrait jouir d'une autonomie substantielle *au sein de la République fédérale de Yougoslavie* ». Or, la reconnaissance du Kosovo comme entité politique souveraine et indépendante par plusieurs États européens (France, Royaume-Uni, Italie et Allemagne notamment) et les États-Unis a ouvert une brèche supplémentaire dans l'intégrité territoriale et la souveraineté de l'État serbe, et ce même si la Serbie ne contrôlait plus réellement la province depuis 1999. Car même si le

Kosovo est reconnu par une poignée de pays, il demeure bloqué dans une situation particulièrement difficile. La désintégration de l'ex-Yougoslavie dans les années 1990 avait déjà suscité les craintes des Européens ; mais le Kosovo, qui parachève cette désintégration, n'avait pas le statut de République que possédaient la Bosnie, la Macédoine ou la Croatie au sein de l'ex-Yougoslavie.

Les États européens ayant reconnu l'indépendance préfèrent parler de processus *sui generis* propre au Kosovo, ce qui éviterait d'en faire un précédent. Mais tous ne s'entendent pas sur cette interprétation. L'Espagne, Chypre, la Grèce, la Slovaquie et la Roumanie ont refusé de reconnaître l'indépendance du Kosovo, qui leur fait craindre le renforcement des velléités sécessionnistes sur leur propre territoire[17]. À l'image du Sahara occidental, le Kosovo n'est actuellement reconnu que par un peu plus d'une trentaine d'États dans le monde. Et bien que la nouvelle entité soit composée en majorité de musulmans, les États arabes ont plutôt mal accueilli cette reconnaissance principalement occidentale qui leur fait craindre, comme pour les premiers, la légitimation d'un précédent.

Pour sa part, la Russie, alliée historique de Belgrade, demeure farouchement opposée à une reconnaissance du Kosovo, qu'elle juge illégale. Pour des raisons internes, notamment liée à la Tchétchénie, l'intégrité territoriale est le principe onusien auquel la Russie voue le plus grand respect. C'est en partie pour cela qu'elle s'est longtemps retenue de toute reconnaissance officielle des provinces sécessionnistes de Géorgie ou de Moldavie. L'effervescence des nationalismes provoquée à la suite de cet événement et l'entrée en guerre de la Russie contre la Géorgie pour soutenir l'Ossétie du Sud et l'Abkhazie pourraient toutefois avoir durablement changé la donne.

La Serbie – dans la tourmente de la crise kosovare – a toutefois élu un nouveau gouvernement en mai 2008, plus europhile que le précédent. Dès le mois de juillet, la Serbie renvoie ainsi ses ambassadeurs dans les capitales européennes, d'où elles les avait rappelés en février après la reconnaissance du Kosovo. Puis, dans le respect des engagements pris dans le cadre des accords d'association avec l'UE en vue d'une future adhésion, Belgrade remet au tribunal pénal international pour l'ex-Yougoslavie l'ancien président des Serbes de Bosnie, Radovan Karadzic, recherché pour les massacres perpétrés durant la guerre de Bosnie[18]. L'ouverture affichée par Belgrade depuis le début de l'été 2008 rassure l'Europe et contraste largement avec le discours du précédent gouvernement et celui, plus revanchard, toujours entretenu par Moscou. Elle ouvre la possibilité d'un accord de stabilisation et d'association avec l'UE, prélude à une éventuelle adhésion de la Serbie.

B. Après la division de la Serbie, celle du Kosovo ?

Dans l'immédiat, ce sont surtout la gouvernance et la sécurité d'un Kosovo indépendant qui posent problème. L'UE s'est engagée un peu rapidement à appuyer la construction d'un État de droit et, en coopération avec les forces de l'OTAN demeurées en place, la protection des civils, surtout la minorité serbe. À ces deux égards, l'action des Européens, déployée avec un retard considérable, a frisé l'amateurisme.

Une scission du Kosovo dont le nord, à majorité serbe, a rejeté la déclaration unilatérale d'indépendance et menace de créer son propre État, continue d'alimenter les tensions ethniques. Le 28 juin 2008, les Serbes du Kosovo créent et réunissent leur propre parlement, que les dirigeants albanais ont tout de suite taxé de tentative de déstabilisation du pays. En octobre, la mission européenne pour le Kosovo, EULEX, doit relever l'ONU qui dirige la province depuis la guerre en 1999. Cette mission européenne, chargée d'accompagner l'indépendance du Kosovo vers un État de droit, s'inscrit dans la Politique européenne de sécurité et de défense (PESD). Elle est toutefois déployée avec un retard considérable et des moyens plus faibles que prévu[19]. Les défis auxquels elle fait face sont essentiellement la garantie de l'intégrité territoriale du Kosovo et la lutte contre la corruption endémique qui règne dans cette région. Entraînant un vide de pouvoir, la guerre du Kosovo entre la Serbie et les forces de l'OTAN en 1999 a offert à la mafia albanaise, l'une des plus puissantes d'Europe, l'occasion de se répandre sans obstacle au Kosovo, devenu une, sinon la plaque tournante de la drogue entre l'Asie et l'Europe[20].

La division du Kosovo entre Albanais et Serbes n'est probablement pas la chose la plus souhaitable, surtout quand on sait le malaise que provoquait déjà la question du Kosovo en elle-même. Après l'éclatement de la Serbie, la possibilité que ce nouvel État puisse imploser et par là même contaminer les mouvements sécessionnistes des États avoisinants telle que la Bosnie-Herzégovine doit être prise au sérieux. Dans son rapport au Conseil de sécurité de l'ONU, le Haut représentant des Nations Unies pour la Bosnie-Herzégovine, met en garde contre l'éclatement des

Balkans et rapporte qu'à « la suite de la déclaration d'indépendance du Kosovo, les dirigeants du parti au pouvoir en Republika Srpska (République serbe de Bosnie) [...] ont préconisé de transformer la Bosnie-Herzégovine en une fédération et revendiquent le droit de l'entité, prétendument fondé sur la Charte des Nations Unies, à une autodétermination, par référendum, pouvant aller jusqu'à la sécession[21] ». La reconnaissance du Kosovo fait peser sur la diplomatie européenne une véritable épée de Damoclès. C'est toute la politique d'apaisement menée par les Européens dans les Balkans depuis le début des années 1990 qui est remise en cause.

4. L'énergie, nouvel enjeu sécuritaire

Reléguée au second plan des préoccupations européennes en raison des problèmes institutionnels ou de l'inquiétude liée au changement climatique, la question de la sécurité énergétique semblait s'être effacée de l'ordre du jour européen. Elle effectue aujourd'hui un retour remarqué. Sous la présidence allemande de l'UE, en 2007, la chancelière Angela Merkel comme la Commission européenne ont fait de la sécurité énergétique une priorité cardinale de l'UE. La présidence française du deuxième semestre 2008 a poursuivi sur cette lancée. Ce regain d'intérêt peut être en partie attribué à la brutale remontée des cours du pétrole et du gaz, ceux-ci ayant atteint des sommets historiques à l'été 2008. Mais les relations avec la Russie n'y sont, encore une fois, pas tout à fait étrangères.

Les crises successives sur l'ajustement des tarifs gaziers qui ont conduit la Russie à couper partiellement l'approvisionnement en gaz à l'Ukraine et en pétrole à la Biélorussie, dans le but présumé de sanctionner les « délits » de détournement que ces pays auraient effectué, ont rappelé la fragilité et la dépendance des économies européennes aux chocs énergétiques régionaux. En seulement 14 mois, l'Europe a été l'otage par deux fois de crises entre Gazprom, le monopole contrôlé par Moscou, et la Biélorussie puis l'Ukraine. En janvier 2007 d'abord, en réponse à la décision de Minsk d'imposer une taxe sur le pétrole russe transitant sur son territoire, la Russie suspend pendant plusieurs jours ses approvisionnements de pétrole à destination de l'Europe occidentale (qui transite par la Biélorussie). Cette décision biélorusse d'imposer un « droit de transit » sur le pétrole était elle-même une réaction à l'augmentation de

100% du prix du gaz imposé par Gazprom quelques mois plus tôt – gaz qui jusqu'alors était livré au tarif préférentiel accordé aux anciennes républiques soviétiques[22].

La seconde crise qui prend en otage l'Europe est celle opposant l'Ukraine à Gazprom au début de mars 2008, et qui n'est qu'une réédition des frictions qu'avaient connues ces deux acteurs deux ans plus tôt, en janvier 2006. Le géant russe des hydrocarbures dénonce le projet de détournement par Kiev de milliers de tonnes métriques de gaz en transit vers l'UE et la dette non payée de l'Ukraine à la Russie sur le gaz livré les années précédentes. Une fois de plus c'est unilatéralement – sans concertation avec les pays ouest-européens, où une partie du gaz doit aboutir – que Gazprom répond en réduisant ses livraisons de gaz de 50 % en seulement deux jours. Sous la pression de la Russie et de l'UE, Kiev acceptera toutefois un compromis rapidement.

Ces conflits ont remis en cause la fiabilité de Moscou en tant que premier fournisseur d'hydrocarbures sur le vieux continent, une fiabilité pourtant jamais entamée sous le régime soviétique, avant 1989. Depuis 2006, l'UE se préoccupe de sa vulnérabilité énergétique. D'autant plus que cette dépendance ira en s'accroissant, les différentes projections tablant sur un doublement des importations de pétrole et de gaz : de 35 % du total consommé aujourd'hui, à plus de 70 % voire 80 % d'ici 2030 en moyenne[23]. La Russie semble vouloir profiter de cette relation de dépendance, au sein de laquelle les États d'Europe centrale et orientale sont particulièrement vulnérables. Comme le résume Antonio Sanchez Andres :

> Si on considère les achats européens de gaz russe, nous pouvons distinguer trois groupes de pays. Premièrement, il y a les pays qui sont peu ou très peu dépendants: ce sont les pays qui importent de Russie moins de 15 % de leur importation totale de gaz. Il s'agit du Benelux, de l'Irlande, du Portugal, de l'Espagne, de la Suède et du Royaume-Uni. Ensuite, il y a les pays qui comblent 20 à 40 % de leur besoin avec le gaz russe. Ceux là incluent la France (23,5 %), l'Italie (31,7 %) et l'Allemagne (40,3 %). Pour leur part, les pays qui importent plus de 50 % de leur gaz de Russie sont hautement dépendants : c'est le cas de l'Autriche, de la République Tchèque, la Grèce, la Hongrie, la Pologne, la Roumanie et la Slovénie. Enfin, à l'extrémité de ce groupe, la Bulgarie, la Croatie, la Finlande, des pays baltes, de la Serbie et de la Slovaquie importent la totalité de leur gaz depuis la Russie[24].

Alors que dans le domaine stratégique on pourrait dire que la Russie réagit aux coups de boutoir américains, elle est elle-même la source des principales tensions énergétiques en Europe. Il s'agit pour Moscou de monopoliser le marché européen, et pour Bruxelles de se libérer du fardeau russe. Alors que l'UE souhaite diversifier ses sources d'approvisionnement pour éviter un monopole gazier russe sur le continent, qui renforcerait la position de Moscou dans la politique énergétique européenne, la Russie fait tout pour endiguer ces possibles concurrents. Peut-être oublie-t-elle parfois que, si la Russie est le principal fournisseur de l'UE en matière d'hydrocarbures, l'UE est aussi son marché le plus important. La dépendance est une arme à double tranchant. Moscou semble d'ailleurs ouverte à la négociation et à l'apaisement, surtout quand il s'agit d'éviter à l'UE de subir les coûts d'une coupure d'approvisionnement en gaz ou en pétrole. En effet, malgré ses tensions avec les États d'Europe centrale et orientale, la Russie souhaite conclure avec l'UE un pacte stratégique énergétique : 1) en permettant la création de consortiums internationaux chargés des pipelines de transit en Europe; et 2) par la construction de réseaux de pipelines (oléoducs et gazoducs) contournant les États « problématiques » (Pologne, Ukraine, Biélorussie et États baltes) par le nord via la mer Baltique (le *Northstream*), et par le sud via la mer Noire et les États slaves du sud de l'Europe (le *Southstream*).

Si certains États « moyennement » dépendants comme la France ou l'Allemagne semblent prêts à faire le jeu de la Russie, ces projets ne font pas l'unanimité des partenaires européens, notamment ceux de l'est que la Russie souhaite contourner et qui perdraient ainsi leur position stratégique de transit – héritée de l'ex-URSS – entre l'UE et la Russie. Du côté de Bruxelles, on tente depuis plus de dix ans de faire ratifier par Moscou la Charte européenne de l'énergie. Cette charte a la vocation d'assurer la sécurité de l'approvisionnement énergétique de l'Europe centrale et de l'est notamment. Mais certaines mesures fâchent la Russie, comme la clause de réciprocité « Gazprom » qui vise à ouvrir la production et le transport russes, en échange d'un accès pour Gazprom au marché énergétique européen[25]. L'encart ci-dessous explique mieux la question stratégique des pipelines.

Nabucco c. Southstream : la guerre des pipelines

Alors que l'Europe cherche avec *Nabucco*, son projet de gazoduc transcontinental, à contourner l'oligopole russe dans le marché du gaz par la construction d'un pipeline reliant les régions de la mer Caspienne, l'Iran et l'Irak à l'Europe centrale – en contournant la Russie –, Gazprom oppose un concurrent direct, surnommé *Southstream*, qui relierait le bassin russe de la mer Noire à l'Italie en traversant l'Europe du Sud et les Balkans.

Après le *Northstream*, un gazoduc qui reliera la Russie à l'Allemagne sous la mer Baltique d'ici 2010 en contournant la Biélorussie et la Pologne, la Russie s'impose également au sud et souhaite noyer Nabucco. Après la Bulgarie, la Serbie et l'Italie, la décision de la France puis de la Hongrie – qui s'étaient initialement associées à Nabucco – d'autoriser la construction d'un tronçon du gazoduc russe sur leur territoire semble avoir définitivement gelé Nabucco, qui reste pour l'instant à l'état de projet. Selon les experts, la demande de gaz n'est pas assez forte pour la construction de deux gazoducs au sud de l'Europe. De son côté, la Russie a su profiter du manque de cohérence entre les partenaires européens et est parvenue à imposer son projet de pipeline à celui préféré par Bruxelles.

En outre, les visites du président Medvedev dans les républiques caspiennes du 3 au 6 juillet 2008 s'inscrirent dans une volonté d'étranglement de Nabucco. En proposant d'acheter les réserves de gaz azéri et turkmène, Moscou souhaite couper le gazoduc européen des ses futurs approvisionnements. Mieux encore, alors que l'Europe désire contourner Gazprom, ce dernier s'invite en Iran, un des potentiels principaux fournisseurs du futur gazoduc européen. Gazprom et le ministère du Pétrole d'Iran ont annoncé en juillet la fusion de plusieurs de leurs entreprises. Finalement, même si Nabucco voyait le jour, les Européens n'auront pas su éviter le partenaire indésirable qu'est Gazprom qui parvient soit à ralentir la mise en chantier du projet en négociant le tracé territorial de son propre pipeline, soit en privant Nabucco de fournisseurs indépendants de Moscou.

Si le gazoduc européen n'est pas « mort-né », il sort très affaibli par la stratégie d'endiguement menée par Gazprom et Moscou. Le directeur exécutif de Nabucco le reconnaissait lui-même, le « projet avance trop lentement ». Pratiquement aucune avancée majeure n'a été réalisée depuis son lancement en 2002. C'est dire que le gazoduc porte mal le nom de Nabucco, grand roi conquérant de Babylone mis en musique dans l'opéra de Verdi.

Source : Ed CROOKS, « Reliance on Russia Set to Persist », *Financial Times*, 5 septembre 2008.

5. Vers une fusion de la PESD et de l'OTAN ?

Les enjeux que nous avons abordés jusqu'à maintenant ne posent pas d'emblée la question de l'architecture européenne de sécurité. Certes, entre Moscou et les capitales européennes, les relations se raidissent, les positions se durcissent, les esprits s'échauffent, mais les craintes d'un retour à la guerre froide semblent infondées. La conclusion d'un ambitieux « pacte de sécurité » qui, proposé en juin 2008 par le président Medvedev, vise à approfondir et élargir le dialogue entre l'Europe, la Russie et les États-Unis – en incluant notamment les questions de coopération militaire et énergétique –, devra toutefois attendre l'apaisement des esprits et surtout l'arrivée d'une nouvelle administration à Washington. Pour l'instant, les capitales européennes sont dans une position d'attente[26].

Avant l'irruption du conflit en Géorgie, c'est plutôt l'épineuse question institutionnelle des relations entre l'UE et l'OTAN qui animait les chancelleries. Plutôt devrait-on dire d'ailleurs les relations entre la *Politique* européenne de sécurité et de défense et l'OTAN. Lancée en 1998, la PESD a longtemps été traitée avec scepticisme, voire avec dédain par Washington, qui y détectait une tentative maladroite des Français pour, au mieux, s'assurer le leadership militaire en Europe et, au pire, concurrencer directement l'OTAN. Les perceptions se sont beaucoup améliorées depuis. Embourbés en Irak et en Afghanistan, les Américains en sont venus à considérer l'Europe de la défense comme une occasion probablement vaine mais pas totalement inutile pouvant permettre aux Européens de se substituer aux Américains là où leurs priorités ne les appellent plus, comme dans les Balkans ou en Afrique subsaharienne. Pendant ce temps, l'UE a fait son chemin, déployant entre 2003 et 2008 des opérations militaires conséquentes de gestion de crises en Bosnie, en Macédoine, en République démocratique du Congo (deux fois) et au Tchad. À l'été 2008, la Force européenne en Bosnie comptait toujours 2 000 soldats, après en avoir eu plus de 7 000.

À quelques exceptions près, les États membres européens de l'UE et de l'OTAN sont les mêmes, ce qui laisse croire que les deux organisations devraient travailler plus étroitement ensemble, notamment en Bosnie et en Afghanistan, où elles sont toutes les deux présentes (en Bosnie, par exemple, la mission de l'UE repose sur la structure de conduite et de planification des opérations de l'OTAN)[27]. Ces quelques exceptions sont toutefois cruciales, puisque la Turquie, membre de l'OTAN mais pas de l'UE, et Chypre, membre de l'UE mais pas de l'OTAN, ont passé l'année 2007-2008 à bloquer tout contact formel entre les deux organisations. Ces deux pays utilisent leur droit de veto dans ces organisations pour bien faire sentir leur différend sur la question chypriote. Il en résulte que, sur le terrain comme à Bruxelles où leurs sièges sont presque voisins, les deux organisations ne peuvent se parler directement, sauf pour un nombre très étroit de dossiers liés à la Bosnie. C'est là une perte pour les Européens et pour la sécurité européenne.

C'est dans ce contexte de blocage institutionnel qu'est intervenu en 2008 un important revirement à Paris. Dès l'hiver, Nicolas Sarkozy annonce en grande pompe (et confirme dans le *Livre blanc sur la défense et la sécurité nationale* déposé à la mi-juin) qu'il entend relancer l'Europe de la défense par le truchement d'une réintégration des militaires français dans le commandement intégré de l'OTAN. Charles de Gaulle en avait exclu la France en 1966, même si la France est demeurée membre des instances politiques. Une réintégration, croit Sarkozy, permettrait de lever le doute quant aux arrière-pensées de Paris, que l'on a souvent accusé de vouloir créer l'Europe de la défense en minant l'Alliance atlantique[28]. Les États-Unis sont évidemment favorables à la nouvelle position française, prometteuse d'une réconciliation transatlantique durable, et ils acceptent même désormais que les Européens puissent créer leur propre centre de conduite des opérations (vieux projet français longtemps anathème à Washington).

Paris, qui a succédé à Berlin pour la présidence européenne le 1er juillet 2008, souhaite ainsi impulser un nouvel élan à l'Europe de la défense. Cette initiative n'est pas susceptible de froisser Moscou, qui voit généralement la PESD d'un bon œil, ayant même participé à certaines opérations militaires menées par l'UE. Il faut dire que l'Europe de la défense a le mérite de ne pas être l'OTAN, c'est-à-dire d'être exempte d'Américains. Après le succès relatif de l'Union pour la Méditerranée, dont l'effet serait de marginaliser l'Europe orientale dans les relations extérieures de l'UE, la présidence française dit vouloir : 1) retourner au fondement même de l'initiative de défense européenne, le fameux *Headline Goal*, qui était de disposer d'une force européenne projetable de 60 000 soldats pendant un an ; et 2) permettre la conduite des opérations et la planification par la création d'un quartier général au niveau européen. Si le Royaume-Uni s'oppose à ce deuxième objectif, il souscrit entièrement au premier, et on remarque du côté français une renationalisation du discours propre à séduire Londres. « Nos forces armées sont et resteront nationales », prévenait Sarkozy le 16 juin 2008, fixant ainsi les limites de l'Europe de la défense. « Elles ne pourront être intégrées dans aucune armée supranationale dont la responsabilité nous échapperait[29] ».

Dix ans après le sommet franco-britannique de Saint-Malo, qui lançait les bases de la PESD, les deux pays semblent encore et toujours chercher leurs marques. Et ce d'autant plus que le *Livre blanc* prévoit la réduction des effectifs militaires français, ce qui pour de nombreux acteurs militaires semble contradictoire avec la position du président français (et de l'UE) de renforcer l'Europe de la défense. Selon eux, alors que la France prétend faire de « la PESD un dossier majeur du renforcement de la défense européenne, elle baisse la garde au moment même où elle souhaite entraîner ses partenaires européens vers un renforcement de la PESD[30] », laissant au Royaume-Uni le leadership militaire de l'Europe. Le *Livre blanc* a pourtant été mieux accueilli dans les capitales européennes, et notamment au siège de l'OTAN, où on salue l'effort entamé afin d'investir davantage dans l'équipement, le renseignement et les capacités de projection. La France prévoit donner l'exemple à ses partenaires européens en inversant le rapport entre dépenses liées au personnel et dépenses liées aux équipements : de 60/40, il passerait à 40/60. Alors que les pays européens disposent de près de 2 000 000 de soldats sous les drapeaux, ils peinent à en déployer à peine plus de quelques milliers sur un théâtre d'opération extérieur, que ce soit en Afghanistan, au Tchad ou en Bosnie. L'UE est donc encore loin de rencontrer l'objectif capacitaire de 60 000 soldats projetables fixé dans les textes en 2003.

Pour autant qu'on puisse en juger, ce sont pourtant les Britanniques qui freinent le plus le développement de la défense européenne. Ceux-ci, fidèles au refus des trois « D » affiché par la secrétaire d'État américaine Madeleine Albright en 1998, mais surtout terrorisés par les tabloïds europhobes dans un contexte politique difficile pour le gouvernement de Gordon Brown, craignent qu'un QG européen n'entraîne le *découplage* de l'Europe et de l'OTAN, le *dédoublement* des structures atlantiques et la *discrimination* à l'endroit des États non membres de l'UE. Au moment d'écrire ces lignes, le compromis envisagé serait de créer un centre de conduite civilo-militaire des crises possédé par l'UE mais étroitement lié, même géographiquement, à SHAPE, le QG de l'OTAN en Europe. Londres pourrait ainsi dire qu'il ne s'agit pas d'une structure militaire, Paris pourrait mettre de l'avant le nom de QG, et Bruxelles pourrait se targuer d'avoir le premier centre de coordination civilo-militaire au monde, ce qui donnerait une valeur ajoutée à la PESD par rapport à l'OTAN.

La vérité, comme on se plaît à le rappeler à Bruxelles, c'est qu'il y a bien assez de crises pour tout le monde. Avec tout le mal qu'ont les Européens à déployer les capacités promises en Afghanistan, au Tchad ou au Kosovo, ils ne peuvent se permettre une paralysie de leurs deux organisations de sécurité les plus crédibles, l'UE et l'OTAN. Nicolas Sarkozy fait néanmoins un pari de taille : si sa promesse de réintégrer l'OTAN n'était pas récompensée par une concession britannique sur la défense européenne, ou si la question turco-chypriote continue à empoisonner les conseils des ministres de l'UE comme ceux de l'OTAN, il n'est pas certain que l'opinion publique française, comme celle d'une bonne partie de l'Europe pour qui la PESD est le projet européen le plus populaire, pardonnerait ce renoncement.

Conclusion

L'avenir de la défense européenne comme les difficultés qu'éprouvent les Européens à s'entendre sur une stratégie face à la Russie sont le symptôme d'un désaccord plus fondamental sur la nature de la sécurité du continent. D'une part, certains pays comme les scandinaves ou l'Allemagne continuent à privilégier la puissance civile et/ou à remettre leur protection entre les mains de l'Alliance atlantique, alors que d'autres, au premier rang desquels figurent la France et le Royaume-Uni, préfèrent miser sur leurs capacités militaires nationales. D'autre part, la question des alliances avec les États-Unis et la Russie continue de diviser les capitales : alors que Londres s'aligne sur Washington dans le respect de sa « relation spéciale », Paris cherche surtout à ne pas se mettre Moscou à dos. Fidèle au *sowohl-als-auch* des 40 dernières années, Berlin ménage quant à elle la chèvre et le chou. Il est improbable que l'UE réussisse un jour à trancher entre ces différentes tendances. Que ce soit en Géorgie, au Kosovo ou face à la question énergétique, l'année 2007-2008 aura été marquée par une tension entre la puissance normative dont se targuent les Européens et le sentiment, encore confus, que la *Realpolitik* est de retour. Ce qui est certain, en tout cas, c'est que l'idée d'une communauté de sécurité euroatlantique, de Vancouver à Vladivostok, a du plomb dans l'aile.

1. Robert Kagan, « New Europe, Old Russia », dans *The Washington Post*, 6 février 2008, p. A19.
2. Vincent Pouliot, « La Russie et la communauté atlantique. Vers une culture commune de sécurité ? », *Études internationales*, vol. 34, n° 1, mars 2003, pp. 25-51.
3. Discours de Javier Solana, *Conférence de Munich sur la politique européenne de sécurité*, 10 février 2008.
4. Dorota Dakowska et Laure Neumayer, « Entre stablisation et incorporation de l'étranger proche. Les élargissements de l'ue », dans R. Schwok et F. Mérand, *L'Union européenne et la sécurité internationale*, Bruxelles, Bruylant, 2008.
5. Tanguy de Wilde, « Le partenariat entre l'ue et la Russie », dans R. Schwok et F. Mérand, *op. cit.*
6. Arielle Thedrel, « Bouclier antimissile. Moscou promet des représailles », *Le Figaro*, 15 août 2008.
7. « Medvedev propose de réformer les accords de sécurité en Europe », *Agence France Presse*, 6 juin 2008.
8. Les données sont issues du Stockholm International Peace Research Institute, *Military Expenditure Database*, www.sipri.org.
9. Leur présence en Irak et en Afghanistan n'est évidemment pas étrangère à cette augmentation du budget militaire.
10. Au moment d'écrire ces lignes, ce statut était remis en question par l'ue et l'adoption d'un nouveau Partenariat reportée en réponse à l'attitude russe à l'endroit de la Géorgie.
11. Elsa Tulmets, « Policy Adaptation from the Enlargement to the Neighbourhood Policy. A Way to Improve the eu's External Capabilities », *Politique européenne*, n° 22, 2007, pp. 55-80.
12. Conclusions de la présidence allemande de l'ue, juin 2007.
13. bbc News, *Georgia-Russia Crisis*, news.bbc.co.uk/2/hi/europe/7551576.stm.
14. Selon les sources, les chiffres varient du simple au triple. Au moment d'écrire ces lignes, la manipulation médiatique du conflit par la Russie et la Géorgie ne nous permet pas d'établir un bilan exact du nombre de morts (militaires et civils confondus), www.unhcr.fr et www.amnesty.fr.
15. Michael Schwirtz, « Georgian President Vows to Rebuild Army », *The New York Times*, 24 août 2008.
16. « Russie et Géorgie affichent leur satisfaction après le sommet de l'ue », *Le Monde*, 2 septembre 2008.
17. « L'indépendance du Kosovo continue à diviser la communauté internationale », *Le Monde*, 19 février 2008.
18. « Le cas Karadzic échauffe la Serbie », *Libération*, 29 juillet 2008.
19. Neil MacDonald, « Kosovo Enact Treaty amid Doubt over eu Role », *Financial Times*, 16 juin 2008.

20. Francesco STRAZZARI, « L'œuvre au noir. The Shadow Economy of Kosovo's Indepen-dence », *International Peacekeeping*, vol. 15, n° 2, 2008, pp. 155-170.

21. CENTRE D'ACTUALITÉS DE L'ONU, « Conseil de sécurité. Le Haut représentant pour la Bosnie-Herzégovine met en garde contre le nationalisme », 19 mai 2008, www0.un.org/apps/newsFr/storyF.asp?NewsID=16565&Cr=bosnie-herz%C3%A9govine&Cr1=).

22. Jérôme GUILLET, « Gazprom, partenaire prévisible. Relire les crises énergétiques Russie-Ukraine et Russie-Belarus », *Russie/NEI Visions*, Paris, Institut français des relations internationales, 2007.

23. Jacques PERCEBOIS, « Les perspectives d'approvisionnement de l'Europe en gaz naturel », *Centre de recherche en économie et droit de l'énergie*, Paris, Université de Paris Dauphine, 2007, p. 4, www.dauphine.fr/cgemp/Manifestations/colloque%20Gaz%2022%20mai07/percebois_22%20mai07.pdf.

24. Antonio SANCHEZ ANDRES, « Russia and Europe. Mutual Dependence in the Energy Sector », *Working Paper*, Madrid, Real Instituto Elcano, 2007, p. 3.

25. Alessia BIAVA, « L'action de l'Union européenne face au défi de la sécurisation de son approvisionnement énergétique », *Politique européenne*, n° 22, 2007, pp.105-124.

26. « Medvedev pour un nouveau Pacte de sécurité », *France 24*, 6 juin 2008.

27. Frédéric MÉRAND, « Qu'est-ce que l'Europe de la défense ? », dans G. BOISMENU et I. PETIT, *L'Europe qui se fait*, Montréal, Presses de l'Université de Montréal, 2008.

28. Frédéric BOZO, « Alliance atlantique. La fin de l'exception française ? » *Document de travail*, Paris, Fondation pour l'innovation politique, 2008.

29. Discours du président Nicolas Sarkozy sur la défense française, 17 juin 2008.

30. « Un groupe de généraux dénonce 'l'imposture' du Livre blanc sur la défense », *Le Monde*, 19 juin 2008.

Asie
La maîtrise des instabilités

Gérard Hervouet et Hanen Khaldi*

L'espace continental asiatique est parfois dangereux puisqu'il subit depuis des millénaires des tremblements de terre violents et les graves excès de la diversité de ses climats. Sa montée en puissance économique et l'hétérogénéité de ses modes de gouvernance ont plus que jamais été mises en relief par la médiatisation des catastrophes naturelles. Inondations, tremblements de terre, cyclones, puis enfin la tenue du sommet du G8 dans la brume opaque en juillet 2008 au Japon, ont envoyé des images d'un continent toujours à la merci de l'imprévisible. Imprévisibles furent aussi de nombreux événements, comme l'assassinat de madame Bhutto au Pakistan ou les révoltes en Birmanie puis au Tibet, d'autres comme une ouverture dans le dossier coréen ou l'apaisement de la situation à Taïwan sont venus tempérer quelque peu les tragédies.

*   *Gérard Hervouet est professeur au Département de science politique et directeur du Programme Paix et sécurité internationales, Institut des hautes études internationales, Université Laval. Hanen Khaldi est candidate au doctorat au Département de science politique, Université Laval, Québec.*

Cette synthèse contraint à effectuer des choix. Certains constituent des figures imposées, d'autres sont volontairement soulignés en privilégiant, comme cette année, les multiples tourments d'une grande partie de l'Asie du Sud, et surtout du Pakistan.

Observée dans son ensemble l'Asie, d'une façon générale, a poursuivi sa croissance économique et de nombreux États ont choisi de régler leurs différends par la négociation. Le jeu croisé des grandes puissances ne parvient plus à recréer complètement les équilibres traditionnels. L'Asie, par l'effervescence de ses regroupements régionaux, semble vouloir définir pour l'avenir des cadres qu'elle entend concevoir elle-même. Des États du Pacifique, comme l'Australie et la Nouvelle-Zélande, doivent aujourd'hui négocier très âprement leur admission dans ces nouveaux regroupements. Dans le domaine de la sécurité, les pourparlers à Six, à propos de la dénucléarisation de la Corée du Nord, sont de plus en plus perçus comme un forum dont il conviendra d'assurer la permanence afin de garantir les rencontres entre la Chine, les États-Unis, la Russie et le Japon.

En 2008, un rapprochement assez inédit a été noté entre la Chine et le Japon. Le premier ministre Yasuo Fukuda a adopté d'emblée une politique prochinoise symbolisée par son intention de ne plus se rendre régulièrement, comme son prédécesseur au temple Yasukuni où sont « inhumées les âmes » des soldats de l'armée impériale. Sans concession, mais avec beaucoup d'habileté, l'administration japonaise a su fort bien gérer la crise au Tibet sans indisposer outre mesure les nombreux visiteurs officiels chinois au Japon. Pour la première fois depuis 1945 un destroyer japonais a été invité à faire escale à Zhanjgiang le 24 juin 2008[1]. L'accueil amical des 300 marins par leurs confrères chinois a constitué un geste fort qui intervenait après les secours japonais autorisés sur les sites du tremblement de terre au Sichuan.

Notons surtout la visite officielle de Hu Jintao effectuée au Japon du 6 au 10 mai 2008. Rien ne fut laissé au hasard pour que cette visite serve de point d'appui pour définir des projets constructifs et atténuer un peu les ressentiments de l'histoire. Le communiqué final conjoint a multiplié en ce sens les références à l'avenir et au long terme.

L'observation d'un réchauffement des relations entre le Japon et la Corée du Sud laisse aussi entrevoir clairement une volonté de la Chine, du Japon et de la Corée du Sud de se rencontrer régulièrement et plus formellement en marge du sommet annuel de l'ASEAN. La régularité de ces rencontres à trois pourrait effectivement conférer une plus grande crédibilité à cette Communauté de l'Asie orientale en devenir. Ces rencontres très informelles avaient été inaugurées en 1999 par le premier ministre japonais Keizo Obushi puis avaient cessé en 2005 avec Junichiro Koizumi. Son successeur Shinzo Abe n'avait pas accepté, quant à lui, que ces rencontres soient indépendantes de l'ASEAN.

L'ASEAN pour sa part s'est donné une Charte le 20 novembre 2007 lors du Sommet de Singapour. Près d'un an plus tard, toutefois, quatre pays ne l'ont pas encore ratifiée pour des raisons différentes. Le nouveau Secrétaire général de l'ASEAN Surin Pitsuwan se dit toutefois confiant d'obtenir peut-être la ratification du document d'ici la fin du mois d'août 2008. La Charte constitue en effet un document historique pour l'Association en lui donnant le statut légal d'une institution internationale. Outre les nouveaux pouvoirs et la formalisation de certains points informels de ce qui a toujours été connu comme l'ASEAN Way, elle introduit certains principes de démocratie, de droits de l'homme – incluant la création d'un comité de supervision de ces derniers – de libertés fondamentales et de bonne gouvernance.

Plusieurs dispositions de cette Charte provoquent des réticences dans certains États mais bien sûr en Birmanie/Myanmar. Les Philippines ont à ce propos fait savoir que leur gouvernement ne ratifierait pas la Charte tant que la Birmanie s'en abstiendrait.

Le dossier de la Birmanie sera bien sûr abordé dans ce chapitre qui s'articulera autour de deux parties illustrant deux espaces imbriqués du continent asiatique : l'Asie orientale dominée fortement cette année par une diplomatie chinoise très active et l'Asie du Sud perturbée par l'état de crise qui se poursuit au Pakistan.

1. L'Asie orientale dans le sillage de la puissance chinoise

De Tokyo à Rangoon en passant par Djakarta, toute l'Asie de l'Est doit composer avec l'émergence de la Chine qui entend occuper tous les registres des échanges dans le sous-continent. Ainsi, par exemple, la Corée du Nord concède sous la pression de Beijing, la Birmanie résiste par le manque d'intervention chinoise et Taïwan, soucieux de l'avenir de ses intérêts économiques avec le continent, revient à un comportement plus pragmatique.

La Chine est présente dans tous les regroupements régionaux et sa présence commerciale laisse place aussi à une diplomatie d'influence par laquelle les intentions pacifiques réitérées ne dissimulent pas toujours sa détermination à se doter de capacités militaires à la mesure de son statut.

A. Une Chine centrée sur les jeux olympiques et sur son image

Depuis plus d'un an maintenant, la Chine est scrutée au travers de la lentille certainement déformante de la préparation des jeux olympiques. Que la population dans son immense majorité soit fière de présenter ces jeux au monde, et que le patriotisme s'exprime avec force, n'est toutefois pas incompatible avec l'existence au sein de cette même population de forts ressentiments à l'endroit des politiques économiques et surtout de la redistribution des richesses. Les malaises et manifestations dans les régions rurales sont bien documentés et l'exaspération dans les villes devant les expropriations forcées et la corruption figurent parmi quelques-uns des problèmes sociaux avec lesquels les autorités chinoises devront composer.

Le président Hu Jintao, réélu en novembre 2007 secrétaire général du parti communiste pour un autre mandat, ne fait pas véritablement l'unanimité et tout fléchissement dans la montée en puissance de l'économie chinoise risque d'être perçu comme la fin d'un « cycle impérial » favorable.

Pour la population chinoise encore très superstitieuse, l'année 2008 et celle du « rat » ont été entamées sous de biens mauvais auspices. Inondations, froid intense, et tempêtes de neige ont affecté toutes les provinces du centre, du sud et de l'est du pays. Les destructions d'habitations, de récoltes et surtout la paralysie des transports ont profondément affecté des millions de personnes.

Le 12 mai 2008, un tremblement de terre d'une magnitude de 7,9 sur l'échelle de Richter a frappé surtout le sud-ouest de la province du Sichuan. Plus de 70 000 personnes furent tuées, et plus de 400 000 blessées. Les destructions furent massives ; 5 millions de personnes perdirent leur logement et 15 millions d'autres furent évacuées. L'ampleur du phénomène fut considérée comme un désastre national et les autorités de Beijing furent très promptes à dégager des sommes importantes et à acheminer des secours matériels.

La Chine n'a pas hésité à accepter l'aide internationale proposée. Dans ce moment dramatique, les signes politiques ne furent pas absents puisqu'une équipe spécialisée japonaise fut admise sur le site du tremblement de terre. Les États-Unis, pour leur part, ont vivement souligné leur appui par des fonds d'urgence et la livraison, par des avions cargos de l'us Air Force, de tonnes de matériel. Le 29 juin 2008, après la tenue d'une rencontre ministérielle du G8 à Kyoto, la secrétaire d'État Condoleezza Rice effectua également une visite des sites les plus touchés par le tremblement de terre.

Dans une conjoncture internationale profondément marquée par les turbulences financières aux États-Unis, la hausse des produits énergétiques et des matières premières, la Chine demeure toujours confiante de pouvoir maintenir le cap sur la croissance. Malgré l'optimisme, les premières mesures prises pour resserrer les crédits et l'imposition de régulations bancaires plus strictes sont indicatives d'une inquiétude qui va perdurer surtout si le prix des carburants importés continue à atteindre des sommets inégalés. Comme toujours en Chine, la stabilité et la sécurité intérieures l'emportent sur toute autre considération. Il reste qu'avec la tenue des jeux olympiques, le régime chinois subit l'épreuve des projecteurs de l'actualité braqués sur les questions qu'ils considèrent comme les plus sensibles, à savoir : le respect des droits de l'homme, celui des libertés publiques et les questions ethniques et religieuses. Les émeutes au Tibet – voir plus loin – sont venues accroître les pressions exercées par la communauté internationale et Beijing demeure convaincu que ce réveil de la cause tibétaine a fait l'objet d'une planification par le Dalaï-Lama et par plusieurs gouvernements étrangers qui le soutiennent.

Les contraintes intérieures façonnent indéniablement aussi la politique étrangère chinoise. Depuis plusieurs années, mais surtout ces derniers mois, la Chine a montré qu'elle hésitait à s'imposer véritablement comme une grande puissance. Tout l'art de sa diplomatie consiste à souligner fortement ce potentiel tout en minimisant la certitude que l'on peut avoir à ce propos. Beijing considère comme prématuré de vouloir s'imposer comme un acteur qui ferait contrepoids aux États-Unis. La raison s'inscrit bien sûr dans une logique de refonte de la configuration internationale mais elle est surtout interne. En effet, en provoquant trop d'attentes par trop de prétentions, elle pourrait, si ces dernières sont contrariées, subir les foudres d'une population et surtout celles de nombreuses élites intellectuelles très nationalistes pressées de voir leur pays accéder au statut le plus élevé.

Comme elle l'a toujours fait, la Chine module ses actions en fonction de l'importance de ses interlocuteurs et tempère les excès de sa politique étrangère et de défense en concédant des comportements très coopératifs et constructifs dans les pourparlers à Six avec la Corée du Nord, en votant au Conseil de sécurité des sanctions contre l'Iran, en soutenant le déploiement d'une force africaine des Nations Unies au Darfour et en condamnant le régime birman lors de la répression de la révolte des moines. Il est toutefois possible dans toutes ces questions d'identifier des comportements qui contredisent les intentions coopératives formulées. L'exception demeure les négociations avec la Corée du Nord dans lesquelles l'intervention constructive de la Chine est indéniable.

B. La cause tibétaine mondialisée

En raison des jeux olympiques de Beijing, les émeutes de Lhassa en mars 2008 ont mobilisé plus qu'à l'accoutumée l'attention des médias et des gouvernements étrangers. Chaque année cependant les Tibétains, ou plutôt certains d'entre eux, et particulièrement les moines, descendent dans la rue pour commémorer la grande répression de 1958-1959. Ce fut à cette époque que le Dalaï-Lama accompagné de 80 000 Tibétains, prit le chemin de l'exil et du refuge en Inde.

Le 10 mars les moines du monastère de Drepung soulignèrent une fois encore par une marche pacifique la nécessité de dénoncer une oppression qui a depuis évolué dans la forme. Pour des raisons mal documentées, la révolte s'amplifia puisque les moines furent rejoints par de jeunes Tibétains prompts à s'en prendre aux commerces chinois maintenant très nombreux. Devant l'ambivalence des autorités de Beijing face à la conduite à tenir, le mouvement prit de l'ampleur puisqu'il s'étendit avec l'apparition de nombreuses manifestations sporadiques de Tibétains demeurés au Sichuan, au Qinghai et dans la province du Gansu[2].

L'étendue de la révolte dans le « Tibet historique » disloqué dans sa territorialité depuis les années 1950, a constitué un phénomène nouveau et les protestations furent, certainement dans un souci de transparence improvisée, couverte du moins partiellement par les médias chinois. L'impact international fut très important. Après les images montrant les moines désarmés de Birmanie victimes des excès inqualifiables de la junte militaire, celles des moines tibétains provoquèrent le sentiment d'une immense injustice à l'endroit de groupes religieux prônant clairement la non-violence.

La cause du Tibet n'est pas nouvelle bien sûr; sa redécouverte permanente est à la fois imputable à la fermeture et au contrôle de la région mais aussi à l'indifférence d'une opinion mondiale qui semble avoir capitulé face à la multiplication des revendications des minorités opprimées dans le monde. Il reste, qu'à tort ou à raison, le capital de sympathie à l'endroit du Tibet et du Dalaï-Lama est énorme. Moins de trois millions de Tibétains mobilisent une attention disproportionnée par rapport à leur nombre alors que près de 8 millions d'Ouighours musulmans au Xinjiang ne méritent que quelques lignes lorsqu'on leur attribue, ou qu'ils en sont les responsables, d'attentats violents.

Le monde occidental, mais pas exclusivement, est fasciné par une religion dont il ne comprend que des éléments très vulgarisés. Le phénomène constitue une arme redoutable que la toute-puissance de la Chine éprouve du mal à contrer.

Après de nombreuses hésitations, la majorité des chefs d'État occidentaux a convenu d'assister à la cérémonie d'ouverture des jeux olympiques; ces concessions à la raison d'État et aux réalités économiques ont été compensées par des réceptions fortement publicisées du Dalaï-Lama à Washington, Londres et Berlin.

Plus que jamais les réactions du régime chinois se crispent sur des principes fondamentaux et sur de profondes certitudes. Au chapitre des principes, une indépendance du Tibet ne peut en aucune façon être envisagée et tout « pouvoir » religieux ou autre ne peut cohabiter avec celui du pouvoir central d'un État dont l'unité constitue un dogme absolu. À l'approche des jeux olympiques et sous la pression de l'opinion publique internationale, le gouvernement chinois a accepté d'entamer des « négociations » avec des représentants du Dalaï-Lama. Alors que ce dernier répète inlassablement qu'il souhaite plus d'autonomie pour le Tibet, la Chine comprend cette revendication comme une exigence d'indépendance[3]. Au chapitre des certitudes, le pouvoir chinois croit fermement que le développement économique, l'ouverture en 2006 de la voie de chemin de fer reliant Beijing à Lhassa et l'assimilation graduelle des Tibétains viendront rapidement à bout de ces soubresauts identitaires sporadiques. Une grande majorité des Chinois adhère fortement à ces politiques; la population chinoise est en outre convaincue que le peuple tibétain manipulé par une théocratie féodale devrait manifester sa reconnaissance devant le transfert massif de modernité observé aujourd'hui.

La panoplie des arguments est importante mais les observateurs de longue date sont convaincus que le phénomène tibétain demeurera au-delà du Dalaï-Lama et des bénéfices – d'ailleurs très peu partagés – de la société de consommation.

Dans toute politique à l'endroit de la Chine, le Tibet constitue une variable incontournable ; il s'imbrique dans la politique de défense des droits de la personne tout en demeurant spécifique dans sa symbolique. De façon plus importante, la cause tibétaine échappe de plus en plus aux États et aux gouvernements et devient l'objet d'échanges innombrables dans le cyberespace. Les autorités chinoises ne saisissent pas bien l'ampleur du mouvement mais à leur décharge plusieurs États occidentaux – dans un registre démocratique bien sûr – réagissent également plus à ces phénomènes qu'ils ne les anticipent.

C. Taïwan : le retour du Guomindang

L'extrême sensibilité de la question de Taïwan a mobilisé en 2008 l'attention des observateurs. Les résultats des élections législatives en janvier puis les élections présidentielles le 22 mars 2008, se sont en effet traduites par des changements particulièrement notables. En janvier, le vote pour désigner les députés du Yuan législatif s'est porté très majoritairement en faveur du Guomindang qui a obtenu 81 des 113 sièges. Le Parti démocratique progressiste (DPP) n'a, pour sa part, obtenu que 27 sièges[4]. Cette défaite cuisante pour le Parti du président Chen Shui-bian a fortement hypothéqué l'image du DPP quelques semaines avant les élections présidentielles. Le 22 mars, les résultats furent décisifs et le tandem du Guomindang, Ma Ying-jeou-Vincent Siew l'emporta facilement avec 58,45 % des suffrages sur les candidats du DPP, Frank Hsieh et son colistier Su Tseng-chang qui n'obtinrent que 41,55 % du vote des 7,65 millions d'électeurs.

À cette occasion, les électeurs devaient aussi se prononcer sur deux référendums proposés par les deux partis. Pendant de nombreux mois, le président Chen Shui-bian avait milité pour que la population approuve la nécessité pour l'île d'être admise aux Nations Unies sous l'appellation de

Taïwan. Le Guomindang proposait, comme réplique, de parvenir aux mêmes objectifs sous l'appellation de République de Chine (l'actuelle dénomination). Outre la difficulté d'obtenir constitutionnellement 50 % des voix de l'électorat, la proposition du DPP ne semblait pas particulièrement réaliste dans un contexte politique peu favorable, mais aussi face à la désapprobation de la Chine surtout, et même des États-Unis au Conseil de sécurité. Chacune des deux propositions référendaires obtint cependant respectivement 35,82 % et 35,74 % des suffrages[5]. Malgré diverses interprétations possibles, ces chiffres ne sont toutefois pas négligeables puisqu'ils soulignent qu'une bonne partie de la population appuierait une indépendance possible mais actuellement illusoire.

Le retour du Guomindang à la présidence après huit années est significatif des différents malaises de l'ensemble de la population à Taïwan mais surtout de la classe moyenne. Le DPP a perdu car on lui a reproché essentiellement de négliger les réformes économiques, d'être impuissant à éradiquer la corruption dans ses rangs et à adopter à l'endroit de Beijing une attitude inutilement provocatrice[6].

L'équipe de Ma Jing-jeou a, pour sa part, fort bien évalué les mécontentements de la population et a promis de mieux gérer l'économie et surtout les échanges de la communauté d'affaires avec le continent. Ma a également promis un apaisement avec Beijing et le relâchement des tensions. Il s'est en ce sens engagé à ne pas entreprendre des négociations visant une unification avec la République populaire de Chine, à ne pas chercher à obtenir une indépendance de l'île et à ne pas régler les différends par l'utilisation de la menace, sous réserve que cet engagement soit réciproque.

Pendant les longs mois de campagne électorale à Taïwan, la discrétion des autorités de Beijing fut particulièrement remarquée. Appliquant à l'endroit de Taïwan la stratégie d'apaisement et de charme caractéristique de toute l'attitude chinoise en Asie, le Parti communiste chinois s'est gardé de toute ingérence ou propos provocateur. En ne donnant aucune munition au DPP, le silence de Beijing traduisait le bien-fondé des thèses du Guomindang.

Depuis le 22 mars, et surtout depuis l'assermentation officielle de Ma le 20 mai 2008, Beijing multiplie des gestes de bonne volonté et les intentions de rapprochement. En avril au *Boao Forum for Asia* organisé annuellement par la Chine, le vice-président élu Vincent Shiew eut le privilège de rencontrer « informellement » le secrétaire général du Parti, Hu Jintao, puis eut l'occasion de présider, avec le ministre du commerce chinois, Chen Deming, un groupe de travail pour étudier les divers investissements projetés par Beijing à Taïwan.

À la fin du mois d'avril, lors d'une visite hautement symbolique, le président honoraire du Guomindang, Lien Chan, fut reçu à Beijing par Hu Jintao[7]. Ce dernier en profita pour faire connaître le guide en « 16 caractères » de ce que devraient être les relations entre Beijing et Taïpeh. On notera dans ces principes la construction d'une confiance mutuelle, la nécessité de mettre de côté les différends, celle de rechercher plutôt un consensus et la volonté d'atteindre une situation de gains réciproques.

Peu après l'assermentation de Ma le 20 mai, ce fut cette fois au tour du président du Guomindang, Gu Poh-hsiung, d'être reçu à Beijing par Hu Jintao[8]. Cette rencontre entre le dirigeant du Parti communiste et celle du Guomindang fut évidemment chargée du souvenir d'une guerre civile qui n'a pas encore formellement été achevée.

On notera enfin ici, parmi bien d'autres gestes qui témoignent d'une relance apaisée des rapports des deux côtés du détroit, la reprise des travaux des deux grands organismes mandatés pour gérer les relations entre le continent et la « province », soit la Beijing's Association for Relations Across the Taiwan Straits (ARATS) et la Taipeh's Straits Exchange Foundation (SEF). Après neuf années de mise en sommeil, ces deux organismes ont repris un dialogue important qui se traduit déjà par une ouverture touristique de Taïwan aux Chinois du continent et à l'atterrissage de vols charter à Taïpeh[9].

Les attentes sont nombreuses en ce moment particulier de « réconciliation ». Très pragmatiques, les dirigeants de part et d'autre du détroit ne se contentent pas de bons propos et de symboles. Le Guomindang a massivement été reporté au pouvoir pour des raisons économiques ; la question du statut de l'île est volontairement mise de côté mais demeure à l'évidence très présente. Le nouveau président, Ma Ying-jeou, est conscient qu'il ne peut donner l'impression de s'acheminer vers une réunification; un grand nombre de ses partisans ne le suivraient pas dans cette direction. Il ne peut non plus considérer comme secondaire la question de la sécurité de Taïwan. À ce propos, le Guomindang a réitéré auprès de Washington sa demande de livraison de nouveaux avions de combat de type F-16C/D. Enfin la question de l'adhésion de Taïwan à des organisations internationales comme entité non indépendante continue à se poser. C'est le cas de la mission de l'île à l'Organisation mondiale de la santé. Beijing qui s'est toujours vivement opposée à ces admissions semble disposée à en discuter mais on ne peut actuellement envisager, dans ce dossier, des concessions spectaculaires de la part des autorités chinoises.

D. Les rapports avec les États-Unis

C'est dans ses rapports complexes avec le gouvernement américain que le régime chinois trouve les marques et les limites de ses positionnements. Le jeu de confrontation esquivé et de coopération obligée est marqué au coin d'une ambivalence qui a toujours perduré. Beijing éprouve de la difficulté à accepter l'hégémonie américaine et Washington ne peut aucunement s'inspirer, pour contrer la Chine, des règles qui avaient prévalu lors de la guerre froide. La Chine toujours communiste certes ne prétend pas en effet diffuser mondialement son idéologie d'ailleurs bien effritée dans ses prétentions marxistes et socialistes.

Peu de domaines échappent désormais aux échanges entre les deux pays et les nombreuses visites officielles sont extrêmement difficiles à répertorier. En 2008, le US-China Strategic Economic Dialogue a servi de forum aux échanges les plus directs dans les questions économiques et financières les plus litigieuses[10]. Coprésidé par le secrétaire au Trésor, Henry Paulson, et le vice-premier ministre, Wang Qishan, ce forum a servi en juin 2008 à faire le point sur l'état de l'économie américaine tout en indiquant à la partie chinoise que les difficultés de cette dernière ne devaient pas se traduire pour la Chine par un ralentissement de l'ouverture de son marché. Un accord-cadre de 10 ans a été conclu pour conforter la coopération dans les domaines de l'énergie et de l'environnement.

Inauguré en 2006, ce forum a déjà abordé de multiples sujets qui s'étendent des droits de propriété intellectuelle à la sécurité des produits alimentaires importés et exportés. L'utilité de cette tribune se justifie certainement par la liberté d'expression des interlocuteurs et la non nécessité de parvenir à des résultats consignés en accords formels.

Dans le domaine militaire, le chassé-croisé dans les visites effectué par les officiers des rangs les plus élevés des deux pays illustre plus que jamais des rapports sino-américains marqués à la fois par la méfiance et le respect mutuel. Les militaires américains surveillent de près la montée en puissance de la Chine et leurs homologues ont pris comme étalon de mesure pour leurs armements les capacités technologiques américaines dans tous les domaines, mais tout particulièrement dans la défense sous-marine et les missiles d'interception.

L'amiral Timothy Keating, chef du us Pacific Command, a effectué encore en janvier 2008 une nouvelle visite qui avait certainement pour objectif de clarifier le refus chinois d'autoriser le porte-avions uss Kitty Hawk à faire escale à Hongkong[11]. Fort peu a été dit à ce propos, mais il est probable que le soutien américain aux Tibétains fut la véritable raison de ce refus. Il est intéressant de noter que le porte-avions américain a rebroussé chemin en empruntant le détroit de Taïwan. Interrogé sur ce fait par les militaires chinois, l'amiral Timothy Keating a expliqué que des intempéries rencontrées justifiaient ce trajet tout en précisant du même souffle que le détroit se situait en eaux internationales et que les États-Unis n'avaient pas de permission à demander et qu'ils n'en demanderaient pas dans l'avenir.

Ces passes d'armes à fleuret moucheté visent surtout Taïwan. Les militaires chinois, surtout depuis les élections dans l'île, exercent des pressions pour que les États-Unis cessent leurs livraisons d'armements au gouvernement de Taïpeh.

Comme chaque année, le budget militaire chinois fait l'objet de vifs échanges. Officiellement de 45 milliards de dollars en 2007, ce budget est plutôt estimé par le Pentagone entre 97 et 139 milliards de dollars[12]. Malgré ces points de friction, on doit noter que depuis l'affaire du Kitty Hawk, plusieurs navires américains ont pu mouiller dans les ports chinois. Ce fut notamment le cas du destroyer uss Lassen qui effectua une escale de trois jours dans le port de Shanghai[13]. En avril 2008, les deux ministères de la défense ont convenu d'établir une ligne de communication directe. Il a fallu quatre années de négociations avant de parvenir à son installation et de toute évidence elle a été conçue comme un instrument pour renforcer la transparence mais surtout éviter les crises et désamorcer les incidents.

Un bon indicateur du réchauffement des rapports entre la Chine et l'Administration Bush en fin de mandat a été la reprise du dialogue sur les droits de l'homme interrompu depuis six ans[14]. Négocié lors de la visite en février de madame Rice, le dialogue a fait l'objet de cinq jours de réunions du 24 au 28 mai 2008. La question du Tibet et celle des autres minorités furent à l'ordre du jour et la partie américaine a souligné que la

Chine devait profiter des jeux olympiques pour montrer les progrès accomplis en matière de droits de l'homme.

E. La Corée du Nord écartée de l' « axe du mal » ?

Depuis la fin de la Seconde Guerre mondiale, le dossier coréen évolue en épisodes dramatiques sans qu'il soit toujours possible d'anticiper les séquences à venir. En octobre 2005, une ouverture est intervenue mais elle fut refermée un an plus tard par le premier essai nucléaire du régime de Pyongyang. Bruits de bottes, menaces et diplomatie feutrée des pourparlers à Six (les deux Corée, le Japon, la Russie, la Chine et les États-Unis) ont enrayé le processus de négociation jusqu'en 2007. Le 13 février de cette dernière année, un accord définissait une première phase pendant laquelle la centrale nucléaire de Yongbyon serait fermée. En retour, la Corée du Nord se voyait promettre des livraisons de pétrole lourd de 50 000 tonnes avec possibilité d'obtenir un total d'un million de tonnes compte tenu de la dégradation des conditions économiques[15].

Le 3 octobre 2007, la Corée du Nord accepta une seconde phase dans la mise en place du *Joint Statement* obtenu en 2005[16]. Les autorités de Pyongyang acceptaient de démanteler dans les mois à venir tous les systèmes de fabrication technique et de production d'uranium enrichi dans la centrale de Yongbyon. Plus encore, la Corée du Nord s'engageait à remettre d'ici la fin de l'année 2007 une déclaration détaillant de façon exhaustive tous ses programmes nucléaires, tout en convenant qu'elle ne procéderait à aucun transfert de technologie nucléaire ou de savoir-faire en ce domaine. Outre la promesse réitérée d'une assistance humanitaire et du million de tonnes de pétrole lourd, les États-Unis promettaient en échange de retirer la Corée du Nord de leur liste de « pays terroristes ».

L'échéance du 31 décembre 2007 arriva sans qu'aucun engagement ne fût tenu. Cohérente avec sa stratégie visant à cultiver l'imprévisibilité et la multiplication des exigences sans disposer toutefois des atouts pour y parvenir, la Corée du Nord cherchait à obtenir plus et plus rapidement des États-Unis. Il est assez remarquable de noter que Washington, grâce très certainement à l'habileté de son négociateur, Christopher Hill, n'est pas tombé dans le piège d'une réaction intempestive. Conseillé par la Chine et à l'écoute des experts sud-coréens, le gouvernement américain a multiplié les gestes positifs. L'envoi d'une aide d'urgence lors des inondations en septembre 2007, la lettre du président Bush à Kim Jong-Il en janvier 2008 puis la visite symbolique à Pyongyang de l'orchestre philharmonique de New York qui interpréta l'hymne national nord-coréen furent quelques-uns des gestes assez inhabituels de l'Administration républicaine[17]. En arrière-plan, et dans le cadre d'échanges avec les membres des pourparlers à Six, Washington maintenait un langage plus ferme tout en poursuivant la mise en place d'une stratégie d'intervention militaire rapide en Asie du Nord-Est.

Après que la secrétaire d'État Condoleezza Rice eut donné le 18 juin 2008, des assurances, lors d'un discours devant l'Heritage Foundation, que la Corée du Nord serait bien retirée de la liste des pays touchés par le Trading With the Enemy Act (TWEA), le régime de Pyongyang remit enfin, une semaine plus tard, la déclaration attendue depuis décembre sur l'ensemble de son programme nucléaire. Dans un geste destiné aux médias étrangers, les autorités nord-coréennes détruisirent également la tour de refroidissement de la centrale de Yongbyon[18]. Les gestes nord-coréens furent accueillis avec satisfaction par les membres des pourparlers à Six. À la fin du mois de juillet 2008, dans le cadre du Sommet de l'ASEAN à Singapour, les six pays, incluant bien sûr la Corée du Nord, se mirent d'accord pour que le démantèlement de la centrale de Yongbyon soit achevé en octobre 2008. Ce rendez-vous fut aussi l'occasion d'une première rencontre au niveau des ministres des Affaires étrangères des six pays depuis 2003[19]. La présence de madame Condoleezza Rice fut hautement symbolique d'une nouvelle attitude américaine conciliant plus subtilement patience et détermination.

Convient-il dès lors de conclure que le dossier nord-coréen sera bientôt clos ? Rien n'est moins sûr. Outre la centrale de Yongbyon, d'autres centrales ou lieux de recherche doivent exister et les autorités nord-coréennes demeurent très prudentes à ce sujet. La vérification détaillée du document remis en juin exigera du temps et les négociations sur les modalités de la vérification sur le sol nord-coréen n'ont toujours pas abouti. Enfin se pose l'importante question de la quantité de plutonium dont dispose la Corée du Nord et donc du nombre de charges nucléaires potentiellement disponibles en cas de conflit. Les États-Unis souhaitent obtenir la reproduction du scénario libyen de dénucléarisation mais il paraît bien improbable que le régime de Pyongyang renonce complètement à l'arme nucléaire.

F. Birmanie : la révolte des moines bouddhistes

En 2007 et 2008, la Birmanie a éprouvé les souffrances de deux tragédies qui, bien que de nature différente, ont été aggravées par un régime autoritaire dont les excès et le cynisme confinent à la caricature.

Dès la fin du mois d'août, les révoltes de la population, mais surtout des moines bouddhistes, suscitaient l'enthousiasme et les espoirs d'un changement éventuel de régime. Quelques mois après la répression brutale qui suivit, un cyclone très violent (Nargis) s'abattait sur le delta du fleuve Irrawady, laissant des dizaines de milliers de morts et de sans-abri sur son passage. La fermeture du pays par la junte militaire priva la Birmanie de secours urgents et la communauté internationale assista pratiquement impuissante aux violations les plus délibérées du droit le plus élémentaire à l'assistance humanitaire et à la sécurité humaine.

Comme bien souvent dans ces mouvements, la « révolution safran » – couleur de la robe des moines – ne fut que l'amplification de petits mouvements sporadiques contre le régime qui éclatèrent dans les rues de Rangoun à partir de la mi-août 2007. La hausse des prix, en particulier ceux des carburants et des aliments, fut imposée soudainement à la population et constitua certainement l'élément déclencheur des premières manifestations[20]. Dans un premier temps, la junte militaire n'eut pas beaucoup de difficulté à réprimer la révolte et à arrêter les principaux meneurs. Dès le 5 septembre, en revanche, un phénomène assez inédit se produisit puisque quelque 300 moines de la petite ville centrale de Pakokku relancèrent le mouvement. La junte fut pendant quelques heures prise au dépourvu car, depuis 1988, les militaires avaient consolidé leurs rapports avec la Sangha, communauté bouddhiste, pour s'assurer de la loyauté et surtout de la non-ingérence en politique du groupe religieux dominant soutenu par les croyances d'une très grande majorité de la population. En 1980, le régime militaire mis en place par le général Ne Win avait déjà créé le « Conseil des grands maîtres de l'État » composé de 47 moines inféodés à l'État et qui depuis, grâce au titre honorifique et aux privilèges matériels qu'ils reçoivent de l'État, ont su faire obstacle à toute remise en question de l'ordre militaire imposé[21].

En septembre 2007, le mouvement fut animé par de jeunes moines proches du mouvement Génération 88 et de partisans pour la Ligue nationale pour la démocratie (LND), principal parti d'opposition « dirigé », malgré son assignation à résidence depuis 2003, par madame

Aung San Suu Kyi. De la même façon qu'on l'observera quelques mois plus tard au Tibet, le clivage des générations ne permet plus désormais de prendre pour acquis la tolérance et le pacifisme dans les communautés bouddhistes.

Le 5 septembre, des éléments de la sécurité s'en prenaient physiquement aux moines totalement désarmés. Un nouveau groupe « l'Alliance des moines de toute la Birmanie » exigea alors que le régime s'excuse auprès de la Sangha, tout en demandant des négociations avec l'opposition et des gestes de réconciliation avec la population. Devant le silence des autorités et surtout le refus du pouvoir politique de présenter des excuses au pouvoir religieux, le mouvement s'amplifia pour toucher une douzaine de villes et toutes les télévisions du monde purent retransmettre le défilé des centaines de moines dans les rues de Rangoun.

La junte militaire prit le 25 septembre la décision d'écraser la révolte. Un couvre-feu fut décrété les 25, 26 et 27 septembre 2007, l'armée birmane envahit les monastères[22]. Toute la panoplie des instruments de répression fut utilisée. Officiellement on rapporta la mort de 9 moines sans connaître le nombre exact des victimes et on ne sait combien de centaines furent blessés ou détenus. La mort d'un photographe japonais confirma l'usage de tirs à balles réelles.

Dans le concert des protestations internationales et de l'indignation médiatique, le Conseil de sécurité, une fois encore, chercha à coordonner la division de ses membres. Les Nations Unies connaissent fort bien l'affaire birmane puisque depuis 1991 son Assemblée générale a voté 17 résolutions déplorant la situation et réclamant des changements démocratiques[23]. En janvier 2007, un projet de résolution du Conseil de sécurité avait été rejeté par le double veto de la Chine et de la Russie.

Une fois encore les oppositions demeurèrent les mêmes mais il fut décidé de soutenir les efforts de M. Ibrahim Gambari, émissaire du Secrétaire général. Malgré des rencontres avec les plus hauts dirigeants de la junte militaire et l'autorisation de parler à la leader de l'opposition, madame Aung San Suu Kyi, M. Gambari obtint peu de résultats concrets. Le 11 octobre 2007, le Conseil de sécurité adopta une déclaration présidentielle réaffirmant son appui à la mission de bons offices. Le Conseil des droits de l'homme fut pour sa part beaucoup plus incisif en dénonçant, par une résolution adoptée à l'unanimité, la répression violente et continue des manifestations pacifiques[24].

Alors que ces efforts de mobilisation de la communauté internationale s'enlisaient dans de multiples divisions et que les États occidentaux ne parvenaient même pas à harmoniser leurs sanctions à l'endroit du régime birman, le cyclone Nargis frappait le pays le 3 mai 2008[25]. Les propositions de secours affluèrent immédiatement du monde entier. Les bribes d'information disponibles permettaient d'affirmer que les pertes humaines et les destructions matérielles avaient été très importantes dans la région la plus peuplée du delta du fleuve Irrawady.

Malgré l'urgence de la situation, les pressions fortes du Secrétaire général des Nations Unies, Ban Ki-moon, des États-Unis et de l'Union européenne, le régime birman demeura inflexible. L'aide étrangère fut perçue comme une ingérence motivée par de multiples arrière-pensées. Les États-Unis, la France et la Grande-Bretagne dépêchèrent des navires contenant tous les matériels et des équipes dotées d'hélicoptères pour porter rapidement secours à la population située dans des zones peu accessibles. Aucun de ces navires n'eut le droit d'accoster. Après des pressions extrêmement fortes, le gouvernement américain obtint l'autorisation de dépêcher des avions cargos C-130 à Rangoun qui furent cependant déchargés par l'armée birmane[26]. Fort peu d'ONG furent également autorisées à pénétrer en territoire birman. En fait, les seules vraies concessions de la junte furent accordées à l'ASEAN qui eut le droit, mais plus de deux semaines plus tard, d'envoyer des équipes d'urgence. L'intervention du nouveau Secrétaire général de l'ASEAN, Surin Pitsuwan, permit de contourner diplomatiquement le principe de non-ingérence de l'Association et de parvenir à cette concession birmane.[27]

Cette catastrophe naturelle fut révélatrice du cynisme des autorités birmanes beaucoup plus mobilisées par la préparation d'un référendum sanctionnant leur pouvoir et prévoyant d'illusoires élections libres en 2010 qui écarteront madame Aung San Suu Kyi sous le prétexte « constitutionnel » de son mariage avec un étranger[28].

Le secrétaire américain à la Défense qualifia l'inaction de la junte de « négligence criminelle » et le ministre français des Affaires étrangères évoqua la notion de « responsabilité de protéger » en laissant entendre qu'une telle situation humanitaire permettrait de contourner par divers moyens la souveraineté d'un État.

Notons enfin que jamais les enjeux politiques de cette union birmane n'étaient apparus aussi clairement aux observateurs de la scène internationale. Le rôle des grandes puissances et surtout celui de la Chine, de l'Inde, mais aussi de l'ASEAN souligna l'étendue des ambitions, des projets énergétiques et commerciaux envisagés par les États mais également par les grandes entreprises transnationales. Le potentiel de développement du territoire birman est considérable et ses richesses naturelles, en particulier le gaz et le pétrole, sont très convoitées. Une fois encore en Asie orientale, la Chine détient les véritables moyens d'exercer des pressions sur un régime autoritaire. Le gouvernement de Beijing compte toutefois sur la Birmanie pour désenclaver sa province du Yunnan dans laquelle pourraient aussi aboutir les oléoducs et gazoducs de 2 380 kilomètres construits à partir de la côte birmane d'Arakan[29].

G. Les incertitudes afghanes

Alors que les niveaux de violence semblent décliner en Irak, la situation se dégrade en Afghanistan. Vérités, approximations et désinformations brouillent l'image d'une réalité différente aussi selon les régions évoquées. Relativement stable à l'ouest et fortement vulnérable au sud, l'Afghanistan résiste aux analyses les mieux attentionnées. Le gouvernement à Kaboul ne parvient aucunement depuis 2001 à conforter son autorité et faire respecter sa légitimité. Cible de plusieurs attentats, le président Karzai est de plus en plus critiqué pour son indécision ou sa tendance à vouloir lui aussi agir comme un chef de tribu recherchant des compromis sans fin et tolérant des pratiques douteuses. La situation du président est bien évidemment difficile ; vainqueur de l'élection présidentielle de 2004, appuyé par les États-Unis depuis 2001, il n'a d'autre choix que celui d'opter pour une gouverne politique fragilisée au quotidien par des équilibres précaires. Avertissant les troupes étrangères que les pertes civiles collatérales aggravent la situation ou menaçant le Pakistan de représailles, il multiplie les interventions sans toutefois convaincre les Afghans eux-mêmes qu'il existe désormais un pouvoir central fort. Dans un pays écartelé par de multiples différences culturelles et ethniques, le vrai défi à long terme est celui de créer un État centralisé, ce qui est considéré par de nombreux Afghans comme une projection occidentale d'une structure politique non conforme à la longue histoire du pays.

Sur le terrain, l'année 2007, et surtout le début de l'année 2008, n'ont pas été très favorables. En juin 2008, les pertes américaines en Afghanistan ont été supérieures à celles enregistrées en Irak[30]. Les talibans encouragés par la situation chaotique des derniers mois au Pakistan semblent avoir consolidé leurs positions dans la North-West Frontier Province et dans les zones tribales. Leur commandant en chef dans les régions tribales, Baitullah Meshud, qui est un des terroristes les plus recherchés dans le monde s'est même permis de rencontrer la presse internationale à la fin du mois de mai 2008 dans le Sud-Waziristan[31].

Les talibans dispersés au Pakistan semblent avoir établi un mouvement unifié le Tehrik-e-taliban Pakistan (TTP) responsable de 1 500 attaques au Pakistan et de la mort de plus de 3 500 personnes[32]. Avec la démission de Musharaff, on peut prévoir que le mouvement testera la détermination de la coalition à vouloir – et surtout pouvoir – mobiliser l'armée pakistanaise contre eux.

Le nouveau gouvernement du premier ministre pakistanais, Yousaf Raza Gilani, résiste aux pressions américaines pour le convaincre d'intervenir avec plus d'efficacité dans les zones frontalières les plus poreuses. Les prochains mois seront assez décisifs pour observer si les États-Unis donnent suite à leurs menaces d'intervenir plus souvent et plus massivement en territoire pakistanais.

La multiplication des « incidents », des actions contre la population civile ou encore des attentats à Kaboul confirme l'aggravation de la situation générale même si officiellement on se réjouit de progrès accomplis dans certaines régions. Dans la seule région de Kandahar, les attaques des talibans ont doublé depuis l'an dernier. Pour l'ensemble de l'Afghanistan, certains calculs montrent que 18,4 attaques par jour ont été enregistrées en 2008 contre 12,4 en 2007[33]. L'attaque la plus spectaculaire et la mieux planifiée fut celle de la prison de Kandahar où, le 13 juin 2008, une trentaine de talibans ont libéré 1 100 détenus après avoir démoli par des attaques kamikaze les deux portes du pénitencier[34].

Le Sommet de l'OTAN à Bucarest du 2 au 4 avril 2008 n'a pas été en mesure de provoquer une mobilisation des pays membres pour déployer plus de ressources. Au grand plaisir du Canada, les États-Unis ont toutefois accepté de dépêcher 3 000 soldats dans la province de Kandahar considérée comme la plus instable.

Un article récent du Globe and Mail de Toronto notait toutefois avec justesse que l'OTAN avait envoyé, en 1999, 40 000 soldats au Kosovo dont la superficie ne représente que le quart de celle de la province de Kandahar[35]. Quand on sait que l'ensemble des troupes de l'OTAN dans toute l'Afghanistan se chiffre à un peu moins de 50 000 personnes (auxquelles s'ajoutent plus de 12 000 soldats américains) il ne fait dès lors pas de doute que vaincre dans ces conditions une contre-insurrection dans l'espace montagneux afghan pourrait s'avérer illusoire.

Au mois d'août 2008, les nombreuses attaques aux alentours de Kaboul et les lourdes pertes infligées au contingent français (dix morts) lors d'une embuscade laissent entrevoir une guérilla beaucoup plus structurée en mesure d'effectuer des opérations simultanées dont l'objectif est celui de déstabiliser la capitale et discréditer le gouvernement Karzai et les forces de la coalition internationale.

La force d'assistance internationale compte sur la formation de l'Armée nationale afghane (ANA). Avec un peu moins de 50 000 soldats actuellement, elle est impliquée dans au moins 25 % des opérations militaires. Les évaluations de ses troupes fraîchement entraînées sont assez bonnes; il reste que l'ANA éprouve plusieurs difficultés et la principale d'entre elles est peut-être le recrutement en fonction des clivages ethniques. L'ANA est en effet surtout commandée par des Tadjiks et le recrutement de Pashtouns demeure problématique puisque les zones de combat les plus dangereuses se trouvent en territoire où cette ethnie est largement majoritaire.

2. L'Asie du Sud en effervescence

Les relations entre l'Inde et le Pakistan ont été le plus souvent essentiellement marquées par la question du Cachemire. Depuis un an d'autres enjeux s'avèrent aussi importants que le différend à propos de ce territoire contesté. On insistera ainsi cette année sur les élections présidentielles et législatives au Pakistan et la crise politique intense qui a suivi notamment après l'assassinat de madame Benazir Bhutto, chef du Parti du peuple pakistanais (PPP) mais aussi après le nouveau rapprochement entre l'Inde et les États-Unis.

Ces enjeux sont importants pour trois raisons : premièrement, les élections présidentielles et législatives au Pakistan ont entraîné des répercussions considérables dans la reformulation des politiques internes et externes du pays et sur sa stabilité d'une façon générale. En second lieu, le renforcement des relations entre Washington et New Delhi, qui a culminé avec la signature de l'Accord 123 sur le nucléaire civil, se traduit déjà par des impacts importants sur la situation interne en Inde, sur ses relations avec le Pakistan, les États-Unis mais aussi sur d'autres pays dans la région, la Chine en particulier. Ces changements majeurs se répercutent sur la configuration des alliances en Asie du Sud et pourraient donc servir d'appui à une nouvelle recomposition politique dans l'ensemble régional.

Pour mieux comprendre ces enjeux qui se sont imposés assez soudainement, on tentera d'expliquer, dans un premier temps, le contexte interne instable au Pakistan. Puis sera abordée la question de la politique étrangère initiée par le nouveau gouvernement au Pakistan. Enfin seront traités brièvement le rapprochement entre l'Inde et les États-Unis et son impact sur la recomposition politique de l'Asie du Sud.

A. Pakistan : une instabilité chronique et un avenir incertain

À l'instar des années précédentes, l'instabilité politique continue de prévaloir au Pakistan. Les tensions entre la population et le gouvernement militaire dirigé par le président Musharraf sont demeurées très vives et les attentats terroristes dans toutes les régions du pays se multiplient.

L'impopularité grandissante de Musharraf est assez nouvelle et, pour faire face à l'instabilité dans le pays, ce dernier a adopté une politique très dure pour tenter de réprimer les contestations. Cette politique a marqué profondément la période préélectorale et elle n'est pas étrangère à l'issue des élections présidentielles et législatives et à l'éviction du parti politique favorable à Musharraf.

Le Pakistan, qui subit le régime militaire de Musharraf depuis 1999, s'est massivement révolté contre l'illégitimité de ce régime. Cet acharnement contre le Président pakistanais ne fut pas soudain. En effet, plusieurs facteurs ont occulté les tensions entre le président Musharraf et sa population, et fini par provoquer une crise politique d'ampleur au Pakistan.

Premièrement, l'implication de Musharraf dans la guerre contre le terrorisme dès le lendemain du 11 septembre, et son soutien inconditionnel aux États-Unis dans leur combat contre les groupes terroristes affiliés à Al-Qaïda, aux talibans en Afghanistan et dans le nord-ouest du pays, constituent les premiers éléments explicatifs de l'impopularité de Musharraf. Les attaques orchestrées par les États-Unis seuls ou conjointement avec le Pakistan dans les zones tribales au nord-ouest du pays, région où habitent plus de 30 millions de Pakistanais[36], ont fait de nombreuses victimes parmi la population pakistanaise[37]. Pour plusieurs spécialistes du Pakistan, dont Mariam Abu Zaha[38] :

> Il n'existe aucun consensus sur la participation du Pakistan à la guerre contre le terrorisme, Musharraf n'a pas de véritable soutien politique et l'antiaméricanisme monte en flèche dans la population, une partie des Pakistanais étant persuadée que cette guerre est menée dans l'unique intérêt des États-Unis. Aux yeux de beaucoup d'entre eux, les États-Unis et Musharraf sont tenus pour responsables de la crise actuelle que traverse le Pakistan[39].

Deuxièmement, la situation économique et sociale se dégrade continuellement depuis plusieurs mois. Le pays passe par une dépression économique due à l'augmentation du taux de chômage et de l'inflation à la suite des hausses démesurées du prix des produits alimentaires de première nécessité[40]. Troisièmement, l'autoritarisme et les abus de pouvoir répétés de Musharraf ont littéralement épuisé la patience des partis d'opposition et de la population pakistanaise. L'évènement déterminant est survenu le 9 mars 2007, lorsque Musharraf, voulant étendre son pouvoir au secteur judiciaire, a évincé le chef de la Cour suprême, Mohammad Iftikhar Chaudhry.

En dépit de la montée de son impopularité, Pervez Musharraf a déposé sa candidature aux élections présidentielles de 2007. Les partis d'opposition et une grande majorité de la population se sont opposés à cette candidature considérée selon eux comme inconstitutionnelle. En effet, la constitution pakistanaise ne permet pas aux employés du gouvernement de se présenter aux élections présidentielles. Musharraf, chef de l'armée, ne pouvait, selon cette interprétation, aspirer à la présidence. Rappelons qu'en 2003 un amendement constitutionnel fort contesté depuis la prise de pouvoir de Musharraf a permis à ce dernier de cumuler les deux postes[41].

Malgré le tollé de contestations, Musharraf a été élu à nouveau président pour cinq ans, le 6 octobre 2007. Les partis de l'opposition ont saisi la Cour suprême pour annuler les résultats des élections pour cause d'illégalité constitutionnelle de la candidature de Musharraf à la présidence. Les juges de la Cour ont annoncé que les résultats des élections seraient reportés jusqu'au 17 octobre date prévue pour l'examen de la constitutionnalité de la candidature de Pervez Musharraf[42]. La Cour a décidé par la suite de suspendre ses délibérations jusqu'au 13 novembre 2007, soit deux jours avant l'expiration du mandat présidentiel en cours de Musharraf. La Cour s'est ravisée par la suite en annonçant qu'elle pourrait faire connaître sa décision le 4 novembre 2007. Musharraf est alors parvenu à la conclusion que la Cour suprême allait légiférer en sa défaveur. Il a donc décidé le 3 novembre 2007 d'imposer très rapidement l'état d'urgence et de congédier 60 juges de la Cour suprême.

En prenant cette décision vivement contestée, même par ses alliés à la Maison-Blanche, Musharraf en a sous-estimé les conséquences. Selon Amnistie internationale, les arguments invoqués par Musharraf pour expliquer le congédiement massif des juges de la Cour suprême et l'instauration de l'état d'urgence le 3 novembre 2007, furent justifiés par « le fait qu'il reprochait au secteur judiciaire de contrecarrer l'action engagée par l'exécutif et le corps législatif pour combattre le terrorisme et l'extrémisme ». Il accusa également les juges d'avoir « affaibli l'autorité du gouvernement[43] ».

Selon Amnistie internationale, l'arrestation des juges demeure non constitutionnelle et « constitue une violation flagrante de la Constitution du pays et des principales dispositions des principes fondamentaux des Nations Unies relatifs à l'indépendance de la magistrature[44] ».

Le 5 novembre 2007, une grande majorité de la population, des avocats, des juges et des journalistes, est descendue dans la rue pour contester l'état d'urgence et l'arrestation des magistrats. Ces manifestations furent brutalement réprimées par l'armée[45]. Musharraf imposa alors un black-out total aux médias allant même jusqu'à procéder à des fouilles dans les imprimeries des principaux groupes de presse du pays[46].

C'est dans ce contexte particulièrement difficile que le télescopage de multiples autres évènements fit monter de plusieurs crans la tension politique dans un pays déjà très difficile à gouverner. Mentionnons également enfin que les multiples attentats reliés à l'insurrection islamiste perpétrés au Pakistan durant la dernière année ont coûté la vie à plus de 450 personnes[47].

B. Élections législatives : la défaite de Musharraf et l'établissement d'un nouveau gouvernement de coalition

Les tensions et la violence n'ont pas épargné le Pakistan au cours de la dernière année et tout particulièrement pendant la période électorale. Musharraf était persuadé que son pouvoir était en péril et que les

Pakistanais cherchaient à l'évincer. Son acharnement à demeurer au pouvoir s'est traduit, comme on l'a vu, par une répression systématique des contestations médiatiques et populaires tout en bafouant les pouvoirs de la plus grande instance judiciaire du pays, la Cour suprême.

À la Maison-Blanche, les autorités américaines qui surveillaient avec inquiétude les évènements au Pakistan, constatèrent que leur allié principal en Asie du Sud était en train de perdre sa légitimité, et par conséquent son pouvoir. Pour apaiser alors la situation, et préserver certains espoirs quant à l'issue des élections au Pakistan, Musharraf fit l'objet d'une forte pression de la part des États-Unis pour qu'il accepte la participation de madame Benazir Bhutto aux élections législatives. Le 18 octobre 2007, Musharraf, résigné, accepta le retour de la chef du Parti du peuple Pakistanais (PPP), en exil depuis 1999. Cette décision fut stratégique pour les États-Unis qui voulaient profiter de la popularité de madame Bhutto – pro-américaine et qui s'était ouvertement prononcée en faveur d'une coalition des modérés pour lutter contre le retour des talibans et d'Al-Qaïda à la frontière avec l'Afghanistan – afin de faire élire un gouvernement de coalition avec le Parti du président Musharraf.

Deux évènements majeurs ont cependant brouillé les calculs stratégiques des États-Unis. Premièrement, l'ex-premier ministre pakistanais, Nawaz Sharif, annonça depuis son lieu d'exil son intention de se présenter aux élections à la tête de son parti la Ligue musulmane du Pakistan (LMP-N)[48]. La décision en août 2007 de la Cour suprême à l'effet que l'État ne pourrait s'opposer au retour de Sharif[49] encouragea à l'évidence ce dernier. On se souviendra que Musharraf avait évincé Nawaz Sharif du pouvoir sans effusion de sang le 12 octobre 1999. Le général Musharraf avait choisi de l'éloigner de la scène politique pakistanaise « en négociant son départ en exil pour dix ans en échange de l'annulation d'une très opportune condamnation à la prison à vie pour trahison et fraude[50] ».

Le deuxième événement majeur fut l'attentat-suicide qui a coûté la vie à madame Benazir Bhutto, le 27 décembre 2007, alors qu'elle était en réunion avec les membres de son parti à Rawalpindi[51]. L'assassinat de madame Bhutto fut ressenti comme une immense tragédie nationale et provoqua une intense couverture médiatique internationale. L'ajournement des élections législatives, initialement prévues le 8 janvier 2008, au 18 février de la même année devint inévitable.

Les dernières élections législatives au Pakistan furent les plus violentes dans l'histoire politique du Pakistan. Pour contrer la vague des attentats-suicides qui déferlait sur le pays, le gouvernement mobilisa 81 000 soldats et 392 000 policiers pour y assurer la sécurité[52]. Cette situation politique pénible a fait craindre le pire à une grande partie de la population, si bien que le taux de participation a dépassé à peine 35 %[53].

Tel qu'illustré à la figure 1, les élections de 18 février 2008 ont donné les résultats suivants : parmi les 263 sièges à combler au parlement, le Parti du peuple pakistanais (PPP) dirigé par le mari de madame Bhutto, Asif Ali Zardari, a recueilli 87 siéges, N. Sharif et son parti la Ligue musulmane du Pakistan (PML-N) ont obtenu 66 sièges, l'aile de la Ligue musulmane de Pakistan pro-Musharraf (PML-Q) 40 sièges, et 70 sièges ont été répartis entre les autres partis plus mineurs Sindh-based (MQM) : 19 sièges ; Secular Pashtuns (ANP) : 10 sièges ; Islamic Alliance (MMA) : 6 sièges ; et divers partis : 35 sièges[54] .

Figure 1

Les résultats des élections législatives de 2008 au Pakistan

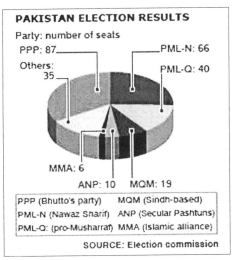

Source : www.electionguide.org, consulté le 19 février 2008.

La défaite du PLM-Q pro Musharraf fut particulièrement humiliante pour ce dernier. Le chef de PPP, Asif Ali Zardari, qui a obtenu le plus grand nombre de sièges, s'est empressé d'inviter le chef du PLM-N à former ensemble un gouvernement de coalition. Nawaz Sharif a accepté la proposition moyennant deux conditions. Premièrement, le président Musharraf devrait être écarté, la Constitution l'autorisant car les deux partis détiennent ensemble les 2/3 des sièges. Deuxièmement, les juges de la Cour suprême, congédiés en novembre dernier, devraient être réintégrés dans leurs fonctions dans les plus brefs délais.

M. Zardari acquiesça à ces deux demandes et un gouvernement de coalition a été formé par le PPP, le PLM-N et trois autres petits partis. Yousuf Raza Gilani a été nommé à la tête de ce gouvernement comme l'avait décidé la défunte Benazir Bhutto avant son assassinat. Il importe de rappeler que Gilani fut lui-même victime du régime Musharraf puisqu'il a passé cinq ans en prison pour des raisons politiques sur la base de fausses accusations de fraude.

La désignation de Gilani à la tête du gouvernement pakistanais a été confirmée par l'Assemblée nationale «par une majorité écrasante de 312 contre 42 pour diriger le gouvernement de « consensus national » formé par les partis d'opposition au président pakistanais, Pervez Musharraf, un allié de longue date des États-Unis[55] ». Le nouveau Premier ministre a été assermenté, le 22 mars 2008.

C. Le gouvernement civil : promesses et effritement

Très peu de temps après son élection, le gouvernement de coalition qui portait les espoirs du peuple pakistanais pour instaurer la paix, établir la démocratie et réanimer l'économie, a commencé à éprouver de sérieuses difficultés. Six semaines à peine après sa formation, la coalition montrait les premiers signes de ses failles. Nawaz Sharif annonça, au nom de son parti le PML-N, sa démission ainsi que celle de neuf ministres[56]. Deux raisons principales sont à l'origine de l'effritement de la coalition.

Zardari (chef du PPP) et Sharif (chef du PLM-N) avaient, en premier lieu, des opinions diamétralement opposées quant à la nécessité de destituer le Président Musharraf. Sans surprise, Sharif tenait à ce que Musharraf soit destitué sans délai. Détenant avec le PPP les 2/3 des sièges, il était légitime et possible selon lui de faire approuver la décision de destitution de Musharraf par le parlement[57].

Pour sa part, Zardari est demeuré très prudent. Pour lui, la destitution de Musharraf ne constituait pas une priorité. Il précisa à ce propos : « We might have to take soft, small steps[58] » et indiqua ne pas avoir l'intention de travailler avec Musharraf mais être obligé de composer avec les partis politiques pro Musharraf[59].

La réhabilitation, par ailleurs, des magistrats de la Cour suprême congédiés par Musharraf constituait l'une des conditions principales de Sharif pour que son parti rejoigne le PPP et forme un gouvernement de coalition et elle tardait à se concrétiser. Sharif savait pertinemment que la réhabilitation de ces magistrats signifiait la réouverture du dossier de non constitutionnalité de la candidature du président Pervez Musharraf demeuré clos après le 3 novembre 2007. Pour certains observateurs, la stratégie de Sharif n'aurait pas permis sur une base constitutionnelle la destitution du président Musharraf, puisqu'il ne cumule plus les postes de président et de chef de l'armée, après sa démission de cette dernière fonction le 28 novembre 2007[60].

En mars 2008, Zardari et Sharif sont parvenus à un accord pour la réhabilitation des juges congédiés. La date de cette réhabilitation a été fixée pour le 30 avril[61]. Cette échéance n'a pas été respectée pas plus que celle fixée le 12 mai 2008. Sans afficher ouvertement son opposition à la réhabilitation des magistrats de la Cour suprême, Zardari semble chercher à gagner du temps en invoquant comme argument que cette réhabilitation devra s'effectuer progressivement et d'une manière conforme à la Constitution[62].

En fait Zardari conserve une très forte rancune contre la Cour suprême qui l'a maintenu en détention pendant huit années pour des accusations de corruption et de meurtre. Il doit à Musharraf de l'avoir exonéré de ces accusations. Dans un geste d'éclat Nawaz Sharif se retira du gouvernement le 13 mai 2008 sans toutefois rendre irréversible cette rupture. Les négociations qui survinrent ont déjà montré qu'une entente avait été conclue pour entamer les procédures de destitution de président Musharraf. Pendant plusieurs semaines les observateurs demeurèrent sceptiques quant à la faisabilité du projet, toutefois lorsque certaines assemblées provinciales se déclarèrent favorables à la procédure, les pressions devinrent plus grandes. Même parmi les partisans du PML-Q, on s'interrogeait sur le bien-fondé d'une résistance à cette volonté populaire d'effacer la dictature militaire. Le 18 août 2008, le président Musharraf démissionnait de ses fonctions afin d'éviter une humiliante destitution.

Le nouveau gouvernement se doit de relever maintenant plusieurs défis : rétablir la paix dans le pays ; instaurer la démocratie; réanimer une économie chancelante et, comme gouvernement civil, il lui appartient de limiter le rôle dominant qui avait été accordé par Musharraf à l'armée[63].

Pour faire face à ces défis, le gouvernement de Gilani a voulu se démarquer totalement de la manière dont Musharraf gérait le pays. Tout d'abord, Gilani et ses alliés ont multiplié les déclarations soulignant que le nouveau gouvernement privilégiait le consensus et qu'il allait tout mettre en œuvre pour rallier tous les Pakistanais afin de parvenir à une réconciliation nationale. Le gouvernement, par le biais du tandem Gilani et Zardari, s'est également engagé à instaurer la démocratie sur des bases solides et à respecter les libertés fondamentales et les droits de l'homme. Le gouvernement a promis aussi l'indépendance totale au pouvoir judiciaire[64].

Le nouveau gouvernement pakistanais s'est aussi fixé comme objectif prioritaire la stabilité politique qui constitue, tel que mentionné par le premier ministre Gilani lors d'une entrevue accordée au journaliste Ron Moreau de *Newsweek*, le 5 mai 2008, une condition nécessaire à la reconstruction économique du pays[65]. Pour Gilani, la stabilité politique passe particulièrement par l'apaisement des tensions avec les militants islamistes ainsi qu'avec les séparatistes dans la province du Baluchistan[66]. Contrairement au gouvernement de Musharraf qui avait choisi la voie de la répression à l'endroit de ces groupes, notamment après les événements du 11 septembre, Gilani et ses alliés favoriseraient celle de la négociation et du dialogue avec les militants islamistes (talibans et Al-Qaïda) ainsi qu'avec les mouvements nationalistes dans la province du Baluchistan et dans les zones tribales sur les frontières afghanes[67]. Dans le contexte actuel du renforcement du mouvement des talibans au Pakistan, le pari du dialogue est loin d'être gagné et la mise à l'écart de Musharraf va constituer un test important quant à la détermination de la coalition politique de répondre aux attaques sur le territoire pakistanais.

D. Les relations entre le Pakistan et les États-Unis après l'échec du projet américain

Depuis le début de l'année 2007, les dirigeants à la Maison-Blanche observent attentivement les évènements au Pakistan. L'impopularité grandissante de Musharraf, allié principal dans la « guerre contre le terrorisme », sa défaite sans appel lors des dernières élections, puis enfin sa démission, ont illustré les déboires de la politique américaine au

Pakistan. Le Pakistan est important pour les États-Unis dans sa lutte contre les groupes terroristes affiliés aux talibans et Al-Qaïda, mais aussi de par sa position stratégique. Dans cet ordre d'idées, Keith Jones (2008) souligne que :

> C'est par ce pays qu'est acheminé le pétrole et l'approvisionnement en matériels essentiels pour les forces américaines et les forces de l'OTAN en Afghanistan. Le Pakistan sert aussi de plateforme dans les préparatifs américains pour attaquer militairement l'Iran[68].

Malgré tous les efforts déployés pour éviter la défaite de Musharraf aux élections législatives, la situation a échappé à la stratégie américaine et le peuple pakistanais, en dépit des intimidations de l'armée pour l'empêcher de voter, a choisi un nouveau gouvernement. L'arrivée soudaine au Pakistan du secrétaire d'État adjoint pour l'Asie centrale et l'Asie du Sud, John Negroponte et de son assistant Richard Boucher, le jour de l'assermentation du premier ministre Gilani le 25 mars 2008, confirme l'inquiétude des Américains sur les intentions du nouveau gouvernement à l'endroit des États-Unis[69].

Au début de son mandat, le nouveau gouvernement n'a pas établi une stratégie particulière balisant ses relations avec Washington. Ceci s'explique en grande partie par la divergence des positions entre Zardari (PPP) et Sharif (PLM-N) quant au contenu de cette stratégie. Ce dernier considère, en effet, que le terrorisme est une invention américaine pour légitimer son omniprésence dans la région et atteindre ses objectifs stratégiques[70]. Sous l'emprise de cette hostilité à l'endroit des États-Unis, Sharif profita de la visite inattendue des délégués, le 25 mars, pour dénoncer la politique américaine et pour marginaliser Musharraf, considéré par Washington comme l'acteur incontournable dans les arènes politiques pakistanaise et régionale. Dans cet ordre d'idées, il a ainsi mentionné, s'adressant à John Negroponte et son assistant Richard Boucher :

> that security would no longer be Musharraf's « one-man show ». Now all issues will be brought before parliament. The representatives of the people will review all aspects of those issues[71].

Pour sa part, Zardari favorise une fois encore la prudence pour aborder des sujets aussi sensibles que les relations entre le Pakistan et les États-Unis et l'indispensable soutien d'Islamabad à l'Administration américaine. Conscient de l'importance des États-Unis comme premier partenaire économique du Pakistan, mais également comme donateur très généreux, Zardari ne veut pas irriter Washington qui, depuis 2001, a fourni au Pakistan de l'aide totalisant quelques 10 milliards de dollars[72].

Après la fragmentation du gouvernement de coalition, la position du nouveau gouvernement à l'endroit des États-Unis est devenue plus claire. Le premier ministre Gilani a soutenu que le Pakistan va combattre le terrorisme qui menace ses intérêts mais qu'il sera le maître d'œuvre de la stratégie à mettre en place pour mener ce combat[73]. Dans cette optique, Gilani a précisé le 5 mai 2008, dans son entrevue avec Ron Moreau de *Newsweek* que, contrairement à ce que les Américains prétendent, le Pakistan est en mesure de défendre seul ses frontières, et qu'il ne permettra plus aux États-Unis d'attaquer les zones tribales[74].

Dans ce même élan, le gouvernement de coalition a signé le 21 mai 2008, au grand dam de Washington, un accord de paix avec les islamistes de la Vallée de Swat au nord ouest du pays, en vertu duquel :

> Les militants islamistes ont accepté de reconnaître l'autorité du gouvernement, de mettre fin aux attentats-suicide, aux attaques à la bombe et de remettre aux autorités tout militant étranger dans la zone [...]. En retour, le gouvernement va libérer des prisonniers et faire des concessions, limitées, aux exigences de l'Imam pro-taliban Maulana Fazlullah qui souhaite imposer la loi islamique dans la région [...]. L'armée se retirera également « graduellement » de la zone, une des principales exigences des militants.[75]

Le changement de la politique étrangère du Pakistan envers les États-Unis affectera inévitablement la stratégie américaine en Asie du Sud et particulièrement l'ampleur de soutien financier au Pakistan. En effet, si Gilani et ses alliés s'opposent aux attaques ponctuelles américaines contre les extrémistes dans les zones tribales cela entraînera inévitablement une diminution importante des déboursés américains au Pakistan.

Anticipant la crise au Pakistan, l'Administration Bush a privilégié l'Inde comme nouveau partenaire dans la région. L'intensification des relations américaines avec l'Inde constatée depuis plusieurs mois s'inscrit dans cette logique. Le 27 juillet 2007, Washington a en effet signé un accord fort important avec New Delhi sur le nucléaire civil (Accord 123). La Maison-Blanche a décidé soudainement que l'Inde pouvait désormais être considérée comme une « puissance nucléaire responsable[76] ». Ce statut lui confère le droit à l'assistance dans le domaine de la technologie nucléaire et l'exportation des combustibles malgré le refus indien de signer le traité de non-prolifération nucléaire. Les pays non signataires de ce traité n'ont normalement pas le droit à l'assistance dans le domaine nucléaire.

Une loi a été approuvée par le Congrès américain stipulant que les entreprises américaines pourront exporter en Inde leur technologie nucléaire civile :

> Elle permet aux compagnies américaines de vendre du combustible à l'Inde, d'y construire des centrales nucléaires et d'y investir dans le secteur. En échange, l'Inde accepte de placer immédiatement une partie de ses réacteurs civils sous contrôle international, mettant fin à son isolement diplomatique après ses essais atomiques de 1974 et 1998[77].

Alors que le nouveau gouvernement semble peu enclin à poursuivre des relations aussi « intimes » que celles entretenues par son prédécesseur avec les États-Unis. Washington insiste pour faire de l'Inde un partenaire privilégié dans la région. Selon plusieurs analystes, l'Inde et les États-Unis possèdent en outre des objectifs économiques et stratégiques convergents dans le sous-continent. On peut mentionner, entre autres, le développement économique, la lutte contre le terrorisme et l'extrémisme, la non-prolifération des armes de destruction massive, l'environnement et le contrôle de l'intrusion massive de la Chine en Asie[78].

E. Les relations indo-pakistanaises

Au cours des dernières années, les relations entre l'Inde et le Pakistan ont enregistré des avancées significatives. Les deux pays ont réussi à entreprendre des relations économiques, politiques, culturelles et dans plusieurs autres domaines, malgré les multiples tentatives des extrémistes pour perturber ces échanges. Cependant, les bouleversements politiques qui ont suivi les dernières élections au Pakistan ont freiné les progrès du dialogue entre les deux pays. Toutes les négociations ont été reportées à des dates indéterminées.

À l'instar des États-Unis, le gouvernement de New Delhi a observé avec inquiétude l'approche du nouveau gouvernement pakistanais dans ses relations avec le Pakistan[79]. L'Inde tient plus que jamais à la reprise du dialogue et à la normalisation des relations avec son voisin en raison des deux grands objectifs qui balisent la stratégie de New Delhi en Asie, à savoir : assurer la sécurité dans les pays voisins immédiats et protéger les intérêts de l'Inde, incluant la satisfaction de ses besoins économiques et énergétiques en Asie et au Moyen-Orient[80].

Lors de la campagne électorale aux élections législatives au Pakistan, tous les partis politiques dans ce pays s'accordaient sur la nécessité de normaliser les relations entre l'Inde et le Pakistan et de contribuer à l'établissement d'un environnement géopolitique régional stable. Le chef du Parti du peuple pakistanais, Zardari par exemple soulignait ainsi lors de cette période électorale : « Pakistan cannot move on without normal ties with India[81] ».

Le gouvernement pakistanais, en pleine crise politique, ne fut pas en mesure de se prononcer sur le nouveau rapprochement entre l'Inde et les États-Unis et la signature de l'Accord 123. Peu après les élections, le gouvernement de coalition répliqua de deux façons à ce nouveau rapprochement indo-américain. Tout d'abord, Gilani et Zardari prirent les devants pour relancer le dialogue avec l'Inde. Dans cet élan, le 21 mai 2008, le ministre des Affaires étrangères indien Prenab Mukherjee a été invité au Pakistan pour rencontrer son homologue, Mahmood Qureshi, et reprendre le dialogue relatif aux dossiers d'intérêts communs entre les deux pays, y compris le Cachemire[82]. Le nouveau gouvernement pakistanais a donc opté pour une stratégie coopérative et pragmatique afin de ne pas attiser une situation très instable et fort précaire.

La deuxième réplique prit la forme de la relance des négociations tripartite entre l'Inde, l'Iran et le Pakistan pour la construction d'un gazoduc reliant l'Inde à l'Iran en passant par le Pakistan. Pour Bulard (2008) :

> Ce nouveau coup d'envoi signifie, d'abord et avant tout, un accord entre l'Inde et le Pakistan qui ont connu des guerres à répétition pour le partage du Cachemire. Jusqu'à présent, les relations entre les deux voisins étaient si détériorées que la traversée du territoire pakistanais apparaissait inacceptable aux yeux des dirigeants indiens (et de la population). « Pas question de laisser notre indépendance énergétique entre les mains d'Islamabad », m'expliquait encore, en 2005, un diplomate indien qui voyait déjà le général Pervez Moucharraf fermant de ses propres mains les robinets du gazoduc et privant l'Inde d'une énergie si indispensable[83].

La réalisation de ce projet dont le début est prévu pour 2010, représenterait un coup dur pour Washington qui a exercé beaucoup de pressions sur le gouvernement indien pour entraver cette initiative. Le porte-parole du département d'État, Sean McCormak, a même déclaré : « Alors que l'Iran est sous le coup de sanctions de la part de la communauté internationale, est-ce bien le moment de conclure un accord avec l'Iran ? » En fait, Washington a proposé à l'Inde de troquer ce projet de gazoduc pour un autre excluant l'Iran et qui relierait le Turkménistan, l'Afghanistan, le Pakistan et l'Inde[84].

En revanche, en Inde, la signature de l'Accord 123 avec les États-Unis a été très mal reçue notamment par les partis de gauche qui reprochent au gouvernement du premier ministre Singh son acceptation de la clause de l'accord qui rend l'assistance américaine pour la production de l'énergie nucléaire civile conditionnelle à l'acceptation par l'Inde de : « se soumettre aux inspections d'agences internationales qui veulent surveiller le développement du militaire nucléaire[85] ».

Pour le premier ministre indien Singh cet accord est très important : premièrement, grâce à cet accord, l'Inde sort enfin de son isolement qui perdure depuis des décennies dans le domaine de l'énergie nucléaire civile. Deuxièmement, « économiquement, la relance du programme d'énergie nucléaire civile doit lui permettre de soutenir son économie et d'atteindre une croissance de 10 % par an, rivalisant ainsi avec la Chine[86] ».

Pour conclure, on peut dire que la nouvelle approche du gouvernement pakistanais en matière de politique étrangère et sa position à l'endroit des États-Unis se traduiront par un impact très important sur la recomposition politique dans la région de l'Asie du Sud. Pour l'Inde, les autorités en place cherchent à s'affirmer de plus en plus en tant que puissance régionale qui pourrait à plusieurs égards contrebalancer la Chine. Outre la signature de l'Accord sur le nucléaire civil avec les États-Unis, New Delhi intensifie ses efforts pour devenir membre du Conseil de sécurité de l'ONU et membre du G8[87]. Pour combler les besoins d'une croissance très dynamique, l'Inde cherche à élargir son réseau de partenaires à des pays comme Israël auquel elle a permis le lancement d'un satellite d'espionnage *Sriharikota* à partir de l'océan Indien le 18 janvier 2008[88].

1. James J. Przystup, « Japan-China Relations. Progress in Building a Strategic Relationship », *Comparative Connections*, juillet 2008.
   Jean-Philippe Béjà, « La cause tibétaine. Une menace pour l'unité nationale ? », *Sciencepo/ Centre d'études et de recherches internationales*, www.ceri-sciences-po.org.

3. Paul Harris, « Tibet's Legal Right to Autonomy », *Far Eastern Economic Review*, mai 2008.

4. Kerry Dumbaugh, « Taiwan's 2008 Presidential Election », crs *Report for Congress*, 2 avril 2008, www.fas.org/sgp/crs/row/RS22853.pdf.

5. Arthur S. Ding, « Fundamental Change in Taiwan Politics », Singapour, *Singapore Raja-ratnam School of International Studies*, 26 mars 2008.

6. Kerry Dumbaugh, *op. cit.*

7. David G. Brown, « China-Taiwan Relations. Dialogue Resumes in Relaxed Atmosphere », *Comparative Connections*, juillet 2008, www.csis.org/media/csis/pubs/0802qchina_taiwan.pdf.

8. *Loc. cit.*

9. *Loc. cit.*

10. Bonnie Glaser, « us-China Relations. Chock-full of Dialogue. sed, Human Rights, and Security », *Comparative Connections*, juillet 2008, www.csis.org/media/csis/pubs/0802qus_china.pdf.

11. *Idem*, « us Relations. Bilateral Stability, but Challenges on China's Border », *Comparative Connections*, avril 2008, www.csis.org/media/csis/pubs/0801qus_china.pdf.

12. Ellen L. Frost *et al.*, « China's Rising Influence in Asia. Implications for us Policy », *Strategic forum*, n° 231, avril 2008 ; « Is China a Threat ? », 7 février 2008, www.fpif.org/fpiftxt/4945.

13. *Loc. cit.*

14. *Loc. cit.*

15. Pour toutes les phases antérieures du contentieux nord-coréen, consulter les archives abondantes du site de Nautilus Institute, www.nautilus.org/

16. Ralph A. Cossa, « North Korea's Nuclear Declaration. What to Expect Next », *Nautilus Institute,* 26 juin 2008, www.nautilus.org/fora/security/08049Cossa.html.

17. Van Jackson, « North Korea No Longer an Enemy ? », fpif, 25 juin 2008, www.fpif.org/fpiftxt/5321.

18. Newsvote.bbc.co.uk/mpapps/pagetools/print/news.bbc.ca.uk/hi/asia-pacific/7503.

19. Newsvote.bbc.co.uk/mpapps/pagetools/print/news.bbc.ca.uk/hi/asia-pacific/7519

20. Estelle Dricot, « Birmanie/Myanmar. Incertitude et contradiction de la communauté internationale », *Sécurité mondiale*, n° 32, février/mars 2008.

21. Guy Lubeight, « Birmanie/Myanmar. Bénie par les dieux, maudite par les hommes », *Réseau Asie*, www.reseau-asie.com.

22. International Crisis Group, « Burma/Myanmar. After the Crackdown », *Asia Report*, n° 144, 31 janvier 2008.

23. *Ibid.*, p. 8.
24. *Ibid.*, p. 6.
25. Sheldon SIMON, « US-Southeast Asia Relations. US Frustrated as Burma Obstructs Cyclone Relief », *Comparative Connections*, juillet 2008.
26. Ralph COSSA et Brad GLOSSERMAN, « Regional Overview. Action for Action, With Mixed Reaction », *Comparative Connections*, juillet 2008.
27. Richard CRONIN, « Burma's Suffering. Will a Horrific Tragedy Become a Change-Forcing Event ? », *Stimson*, 9 mai 2008, www.stimson.org/pub.cfm?id=605.
28. « Myanmar. The Regime's Growing Confidence », *Stratfor Today*, 20 février 2008, www.stratfor.com/memberships/111160.
29. News.bbc.co.uk/go/pr/fr/-2/hi/asia-pacifi/7011746.stm, 25 septembre 2007.
30. *Slipping Back Into Chaos. Karzai's Afghanistan*, abcnews.go.com.
31. News.bbc.co.uk/2/hi/south_asia/7420606.stm.
32. Saifullah Khan MASHUD, « Musharraf's Resignation. Impact on Pakistan's Role in the War on Terror », *Commentaries*, 22 août 2008.
33. www.longwarjournal.org.
34. « The Destruction of Sarposa », *Stratfor*, 18 juin 2008.
35. THE GLOBE AND MAIL, 1er mars 2008, p. A.15.
36. Ahmed RACHID, « After Bhutto, Pakistan on Edge », *Yaleglobal,* 1er janvier 2008, yaleglobal.yale.edu/display.article?id=10134.
37. Joby WARRICK et Robin WRIGHT, « Unilateral Strike Called a Model », *Moon of Alabama*, 19 février 2008, www.moonofalabama.org/2008/02/model-foreign-p.html.
38. Chercheure rattachée au Centre d'études et de recherches internationales (CERI), spécialiste du Pakistan.
39. Sarah HALIFA-LEGRAND, « La crise au Pakistan. 'Musharraf joue-t-il sa dernière carte ?' », *Nouvelobs*, 5 novembre 2007, tempsreel.nouvelobs.com/actualites/opinions/3_questions_a/20071105.OBS3141/musharraf_jouetil_sa_derniere_carte_.html.
40. LA PRESSE CANADIENNE, *Élections législatives au Pakistan. Les premiers résultats sont favorables aux partis d'opposition*, 18 février 2008, www.matin.qc.ca/articles2008021813 3307elections_legislatives_pakistan_les_premiers_resultats_sont_favorables_aux_par tis_ dopposition.html.
41. LA PRESSE CANADIENNE, *Pakistan. Des élections législatives en janvier 2008*, 10 octobre 2007, www.matin.qc.ca/articles/20071010133657/pakistan_des_elections_legislatives_ janvier_2008.html.
42. LA PRESSE CANADIENNE, *Pakistan. Des élections législatives en janvier 2008*, *op. cit.*
43. www.amnesty.org/fr/appeals-for-action/demand-rights-judges.
44. AMNISTIE INTERNATIONALE, *Réclamez des droits pour les juges*, 28 novembre 2007, www.amnesty.org/fr/appeals-for-action/demand-rights-judges.
45. Marie-France CALLE, « Les juges défient Musharraf sous la bastonnade », *Le Figaro international*, 6 novembre 2007, www.lefigaro.fr/international/2007/11/06/01003-20071106ARTFIG00122-les-juges-defient-musharraf-sous-la-bastonnade-.php.
46. *Loc. cit.*

47. Simon CAMERON-MOORE, *L'insécurité plane sur les élections au Pakistan*, 18 février 2008, www.boursier.com/vals/all/1-insecurite-plane-sur-les-elections-au-pakistan-feed-34715.htm.

48. Monique MAS, « La Cour suprême sur l'échiquier politique », *Radiofrance internationale*, 24 août 2007, www.rfi.fr/actufr/articles/092/article_55634.asp

49. *Loc. cit.*

50. *Loc. cit.*

51. Simon CAMERON-MOORE, *op. cit.*

52. LA PRESSE CANADIENNE, *Élections législatives au Pakistan. Les premiers résultats sont favorables aux partis d'opposition*, *op. cit.*

53. www.radio-canada.ca/nouvelles/International/2008/02/18/003-pakistan_legislatives.shtml?ref=rss

54. ELECTION GUIDE, *Opposition Parties Win Majority in Pakistan Elections*, 22 février 2008, www.electionguide.org/country-news.php?ID=164.

55. Keith JONES, « Relations entre le Pakistan et les États-Unis fragilisées après la tentative américaine d'intimider le nouveau gouvernement pakistanais », *World Socialist Website*, 29 mars 2008, www.wsws.org/francais/News/2008/mar08/mush-m29.shtml.

56. ECONOMIST.COM, *The Coalition Collapses*, 19 mai 2008, www.economist.com.

57. BBC NEWS, *South Asia. Bhutto party meeting to pick* PM, 2008, www.ctv.ca/servlet/ArticleNews/story/CTVNews/20080216/pak_elxn_080216/20080216.

58. Carlotta GALL et Jane PERLEZ, *Pakistan Victors Want Dialogue With Militants*, www.nytimes.com/2008/02/20/world/asia/20pstan.html?pagewanted=1&_r=2&ref=world.

59. ASIA NEWS, *Islamabad. Talks Underway for a New Government*, 21 février 2008, www.asianews.it/index.php?l=en&art=11586&geo=2&size=A.

60. LA PRESSE CANADIENNE, *Pakistan. Des élections législatives en janvier 2008*, *op. cit.*

61. www.reuters.com/article/worldNews/idUSISL25672020080512?pageNumber=4&virtualBrandChannel=0.

62. RADIO-CANADA, *L'opposition déstabilise le gouvernement*, 12 mai 2008, www.radio-canada.ca/nouvelles/International/2008/05/12/005-Pakistan.shtml.

63. Husain HAQQANI, « Democracy in Pakistan Might Bring Tension with Washington. Newly Elected Politicians Want to End Extremism, not Use it as Bait for US Funding », *YaleGlobal*, 22 février 2008, yaleglobal.yale.edu/display.article?id=10407.

64. Keith JONES, *op. cit.*

65. Ron MOREAU, « Syed Yousuf Raza Gilani. A Mandate Against Musharraf », *News week*, 5 mai 2008, www.newsweek.com/id/134275/page/1.

66. INTERNATIONAL CRISIS GROUP, *Pakistan. The Forgotten Conflict in Balochistan*, 22 octobre 2007, www.crisisgroup.org/home/index.cfm?id=5131&l=1.

67. Carlotta GALL et Jane PERLEZ, *op. cit.*

68. Keith JONES, *op. cit.*

69. *Loc. cit.*

70. Husain HAQQANI, *op. cit.*

71. Robert Birsel, « us envoys Meet Pakistan's New Leaders », *Reuters*, le 25 mars 2008, www.reuters.com/article/worldNews/idUSISL7451920080325?feedType=RSS& feedName=worldNews.

72. Anand Kumar, *us Interests Face a Challenge in Pakistan*, www.asiasentinel.com/index.php?option=com_content&task=view&id=1126&Itemid=31.

73. *Loc. cit.*

74. Ron Moreau, « Syed Yousuf Raza Gilani. A Mandate Against Musharraf », *Newsweek*, 5 mai 2008, www.newsweek.com/id/134275/page/1.

75. Le Nouvel observateur, *Asie-Pacifique. Accord entre le gouvernement pakistanais et les islamistes de la vallée de Swat*, 21 mai 2008, tempsreel.nouvelobs.com/depeches/international/20080521.FAP5012/accord_entre_le_gouvernement_pakistanais_et_les_islamis.html.

76. Pierre Prakkash, *L'Inde se déchire sur l'accord nucléaire avec les États-Unis. Les communistes menacent de ne plus soutenir le gouvernement de New Delhi*, 16 juin 2008, www.dissident-media.org/infonucleaire/nuc_indien.html.

77. *Nucléaire. les usa et l'Inde ont franchi une « étape historique » (Rice)*, 19 juin 2008, www.dissident-media.org/infonucleaire/nuc_indien.html.

78. Xenia Dormandy, « India's Key Foreign Policy Issues », *Belfer Center*, le 7 avril 2008, belfercenter.ksg.harvard.edu/publication/18192.

79. Associated Press of Pakistan Cooperation. *Indian Foreign Secretary Likely to Visit Islamabad for Talks Next Month*, 27 mars 2008, www.app.com.pk/en_/index.php?option=com_content&task=view&id=33621&Itemid=1.

80. N. Haté Wibhuti et C. Schaffer Teresita, « us-India Defense Relations. Strategic Perspectives », *Center for Strategic and International Studies (csis)*, 4 avril 2007, www.csis.org/media/csis/pubs/sam105.pdf.

81. Hussein Haqqani, *op. cit.*

82. Xinhua, « L'Inde et le Pakistan reprendront leurs négociations de paix la semaine prochaine », *Le quotidien du peuple en ligne*, french.peopledaily.com.cn/International/6411949.html.

83. Martine Bulard, « Iran, Pakistan, Inde, ou l'entente gazière », *Le monde diplomatique*, 7 mai 2008, blog.mondediplo.net/2008-05-07-Iran-Pakistan-Inde-ou-l-entente-gaziere.

84. *Loc. cit.*

85. Iris Dereux, « L'accord sur le nucléaire civil provoque des troubles politiques », *Aujourdhuil'Inde*, 22 août 2007, www.aujourdhuilinde.com/actualites-inde-l-accord-sur-le-nucleaire-civil-provoque-des-troubles-politiques-514.asp?1=1.

86. *Loc. cit.*

87. Xenia Dormandy, *op. cit.*

88. Riedel Bruce, « Israel & India. New Allies », *Brookings*, 21 mars 2008, www.brookings.edu/opinions/2008/0321_india_riedel.aspx.

Le Moyen-Orient
Guerres larvées et immobilisme politique

*Marie-Joëlle Zahar et Elena Aoun**

1. Introduction

Si l'intensité des conflits moyen-orientaux semble, à première vue, avoir baissé d'un cran en 2007-2008, c'est surtout leur nature qui a amorcé un changement, parfois subtil, mais significatif. Les affrontements, s'ils continuent épisodiquement à opposer Israéliens et Palestiniens, Américains et Irakiens, sunnites et chiites, mettent désormais plus souvent celles que l'on pourrait caractériser comme des factions pro- et antioccidentales au sein d'un même pays, voire d'un même camp ou d'une même communauté, aux prises les unes avec les autres. Ces guerres de factions, tout aussi problématiques du point de vue de la stabilité interne

* Marie-Joëlle Zahar est professeure agrégée au Département de science politique de l'Université de Montréal. Elena Aoun est postdoctorante à l'Institut d'études européennes de l'Université de Montréal et de l'Université McGill. Les deux auteures remercient Laurence Niosi pour la recherche documentaire qui a servi de base à la rédaction de ce chapitre.

des pays concernés, sont toutefois moins visibles d'une perspective occidentale, car plus larvées, de plus basse intensité, et donc moins spectaculaires que les épisodes de violence des deux dernières années.

Ces transformations dans la nature des conflits sont d'autant plus inquiétantes qu'elles s'accompagnent d'une apparente incapacité, certains diraient d'un désintérêt, de la part des grandes puissances occidentales à proposer des sorties de crise diplomatiques crédibles. Et s'il est un nouvel acteur, dont la puissance militaire et les ressources diplomatiques ont souvent fait la une cette année, c'est la Turquie dont l'implication croissante et différenciée dans les crises régionales marque un changement de cap notoire. Comme c'est le cas depuis quelques années, deux grands théâtres d'opération retiennent l'attention à l'échelle régionale : l'Irak et les territoires palestiniens, même si la situation précaire du Liban et les tensions aiguës autour de la laïcité en Turquie méritent que l'on s'y attarde en fin de chapitre[1].

2. La sécurité en Irak : entre le marteau des conflits intercommunautaires et l'enclume des voisins envahissants

« La réconciliation est en cours », et s'il reste du travail à faire, peu de gens auraient pu imaginer le progrès accompli en un an[2]. C'est en ces termes que le président George Bush décrit la situation en Irak en janvier 2007 lors du dernier discours de l'état de l'Union. En quoi consiste donc ce progrès tant vanté par le Président américain ?

A. Des avancées politiques fragiles

Sur le plan politique, il s'agit du passage au Parlement irakien d'une série de lois et décisions qui, à première vue, pourraient être interprétées comme un progrès. On pense notamment à la loi omnibus qui, en février 2008, permet un compromis entre Kurdes, sunnites et chiites sur trois questions clés : le budget, les élections provinciales, et la loi d'amnistie[3]. Mais cette évolution doit être relativisée. Mi-octobre 2007, le Bureau de l'inspecteur général spécial pour la reconstruction de l'Irak portait un jugement plutôt sévère sur les perspectives de progrès. Dans un rapport rendu public le 18 octobre, Stuart Bowen affirmait que malgré une injection de 1,9 milliard de dollars américains, les équipes de reconstruction provinciales avaient échoué dans leurs tentatives de forger la réconciliation politique, d'instiller la croissance économique et de construire un appareil sécuritaire et judiciaire efficace en Irak. Si Bowen estime que le problème s'explique, en partie, par le manque de critères d'évaluation clairs et précis, il n'en reconnaît pas moins la difficulté de progresser dans un contexte toujours semé de vives tensions intercommunautaires et d'embûches tant politiques que sécuritaires[4]. À cet égard, la loi de janvier 2008 permettant la réhabilitation des baasistes irakiens et leur réintégration, sous certaines conditions, aux structures de l'État ouvre la voie à la résolution de l'un des problèmes les plus ardus soit la marginalisation de la communauté sunnite[5]. Mal gérée par l'administrateur américain Paul Bremer qui, au lendemain de l'entrée des troupes américaines en Irak, avait dissous l'armée irakienne et banni les membres du parti Baas de toute implication dans la vie politique du pays, la débaasification a fortement contribué à grossir les rangs des insurgés. Mais si la réhabilitation des baasistes est « chose faite » dans le texte, il n'en demeure pas moins que la marge entre le dire et le faire demeure assez large comme nous aurons l'occasion de le voir dans la suite de cette analyse. Par ailleurs, le pétrole irakien demeure « otage des dissensions politiques[6] ». La loi sur le pétrole languit toujours au Parlement en cette fin d'été 2008 alors que Kurdes et Arabes (dans ce cas précis, sunnites et chiites confondus) n'arrivent pas à s'entendre sur le partage des profits du pétrole et que les Kurdes, dont la propre loi sur le pétrole a été votée en août 2007, procèdent à la signature de contrats d'exploration et d'exportations considérés « illégaux » par le gouvernement central.

B. L'Irak est-il plus stable en 2007-2008 ? Interpréter les transformations de la violence

Sur le plan sécuritaire, l'observateur externe doit se rendre à l'évidence : le nombre des attaques et celui des pertes ont fortement diminué en comparaison avec l'année 2006. Là-dessus, les statistiques de l'armée américaine, les appréciations du gouvernement irakien et les rapports des médias se recoupent. En novembre 2007, les statistiques en provenance des forces américaines enregistraient, en effet, le plus bas niveau de violence depuis les événements de février 2006 à Samarra, associés au début de l'épisode de violence le plus extrême depuis l'arrivée des troupes américaines sur le sol irakien en 2003. Cela dit, il est bon de mettre ces déclarations en perspective car elles en disent long sur la manière dont la violence quotidienne en Irak est perçue de l'extérieur. En effet, les données indiquent un nombre moyen de 575 attaques violentes par semaine, par rapport aux 700 attaques enregistrées en février 2006 et aux 1 600 incidents en juin de la même année[7]. Selon les sources gouvernementales, en septembre, puis en octobre, le nombre de civils tués dans de tels incidents aurait « baissé de moitié par rapport aux mois précédents, pour s'établir à environ 850 morts[8] ».

L'explication qui se profile met l'accent sur l'impact conjugué de deux facteurs. Tout d'abord, la trêve, unilatéralement décidée fin août 2007 par le chef de l'Armée du Mahdi, le prêcheur radical chiite anti-américain Moqtada al-Sadr en réaction aux affrontements entre ses miliciens et les combattants de son rival, Abdel Aziz al-Hakim, qui ont ensanglanté la ville sainte de Karbala[9]. Pour des sources de l'ambassade américaine à Bagdad, citées par Patrice Claude dans *Le Monde*, il ne fait aucun doute que la menace d'excommunication qu'al-Sadr a lancée contre tout combattant coupable d'actions violentes ait « 'significativement contribué' à la diminution de plus de moitié du nombre de victimes quotidiennes en Irak depuis la mi-2007, et en partie figé, à son niveau de septembre, le nettoyage ethnique qui sévissait au quotidien à Bagdad » créant ainsi un semblant de calme « réel, quoique fragile et réversible[10] ». Deuxième élément d'explication, les activités de la Sahwa (Réveil), « des sortes de comités populaires d'autodéfense créés par différentes tribus, sunnites à 82 %, qui étaient le plus souvent alliées aux djihadistes, mais qui ont fini par se révolter contre leurs méthodes sanglantes ou qui ont été 'retournées' à coups de dollars et de 'services' divers par les Américains[11] ». Les lourdes pertes que la Sahwa auraient fait subir aux forces d'Al-Qaïda en Irak semblent par ailleurs reconnues par les djihadistes même, comme en font preuve des documents saisis par les forces américaines et rendus publics en février. Les documents font part de la déroute dans les rangs d'Al-Qaïda, de trahisons massives dans les rangs des tribus sunnites qui rejoignent al-Sahwa, décimant ainsi des bataillons entiers du groupe[12]. Le général Joseph Fil Junior, commandant des troupes américaines à Bagdad, avait explicitement lié la disparition d'Al-Qaïda des quartiers sunnites de la capitale irakienne au recrutement et à l'armement de 67 000 miliciens sunnites, initialement dans les provinces d'Anbar et Salaheddine, puis progressivement dans d'autres places fortes sunnites y compris à Bagdad[13].

Mais les gains sécuritaires sont fragiles. Pour preuve, le regain de violence fin mars 2008 à Bagdad, Bassora, Kout et Hilla où les forces du gouvernement du premier ministre irakien, Nouri al-Maliki, lui-même membre du parti chiite al-Da'wa et appuyé par le Conseil suprême islamique irakien[14], se sont violemment heurtées aux miliciens de l'Armée du Mahdi. Les combats cessent mi-mai à l'aune d'un accord de trêve négocié avec pour objectif d'« endiguer l'effusion de sang irakien[15] ». Entériné par l'Alliance irakienne unie, une coalition de partis chiites au gouvernement, il permettra, notamment, le déploiement de l'armée irakienne dans Sadr City, bastion chiite de la capitale et haut lieu de l'Armée du Mahdi, ainsi que la pacification de Bassora. Il est toutefois utile de souligner que l'opération de pacification de Bassora avait donné lieu à des désertions massives au sein de l'armée irakienne et des forces de sécurité. Celles-ci avaient suffisamment mis l'opération en danger pour inciter le Premier ministre à rapidement intégrer près de 10 000 membres des tribus chiites locales dans les forces armées. Cette décision avait suscité la colère des tribus sunnites du fait que le Premier ministre ne les intègre pas aussi aisément aux appareils de sécurité malgré leur coopération avec le gouvernement dans la lutte contre Al-Qaïda[16] et en dépit du vote de « réhabilitation » des anciens baasistes.

Encore plus que les faits, c'est leur interprétation par les différentes parties en cause qui permet d'affirmer que l'affrontement entre chiites pro-gouvernementaux et alliés des Américains, d'une part, et chiites anti-gouvernementaux opposés à la présence américaine en Irak, d'autre part, reflète bien la tendance générale qui veut que le centre de gravité des combats se transpose désormais au sein même des communautés. Alors qu'al-Sadr accuse le gouvernement de Nouri al-Maliki de mener des opérations injustifiées contre l'Armée du Mahdi, celui-ci affirme uniquement mener des opérations contre des gangs criminels[17]. Pour leur part, les Américains donnent le ton en accusant l'Iran de soutenir et d'armer certains groupes chiites en Irak. Tant les roquettes qui s'abattent sur la Zone verte en provenance de Sadr City que les unités spéciales impliquées dans les combats à Bagdad et Bassora porteraient la marque de Téhéran ; le Hezbollah libanais aurait également été impliqué dans la formation des recrues irakiennes dans des camps relevant de la force

« al-Quds » [Jerusalem] du commandement des Gardiens de la révolution islamique[18].

Autre élément d'analyse, tout aussi indicatif que l'interprétation de la violence par les différentes factions : leur positionnement sur la question de la négociation d'un accord irako-américain réglementant la présence militaire américaine en Irak après 2008. Une déclaration de principe à cet effet avait été signée par le président Bush et le premier ministre al-Maliki fin novembre 2007. Celle-ci prévoyait, entre autres, un engagement irakien à prolonger le mandat des Nations Unies pour une année supplémentaire, afin d'assurer la continuité de la présence militaire américaine en sol irakien pendant la période de transition[19]. Fin mai 2008, l'opposition à la négociation d'un tel accord montait à la fois dans les rangs du parti Daawa du premier ministre al-Maliki, dans ceux d'autres groupes chiites membres de sa coalition gouvernementale dont le Conseil suprême islamique, et dans ceux des sympathisants de l'Armée du Mahdi qui sont descendus dans les rues de Bagdad et du sud de l'Irak par dizaines de milliers pour se faire entendre. Alors que certains s'opposent à la négociation de l'accord pendant une année électorale aux États-Unis, d'autres préfèrent qu'il soit négocié après la fin du mandat onusien, d'autres encore expriment leurs craintes quant à l'éventualité d'un accord qui établirait des bases permanentes américaines dans le pays, amputant ainsi sa souveraineté[20]. Début juillet 2008, le ministre irakien des Affaires étrangères, Hoshyar Zebari, confirmait que l'accord ne serait probablement pas signé avant la date fatidique du 31 décembre, date à laquelle le mandat onusien légalisant la présence militaire étrangère en Irak prend fin[21]. Mi-juillet, c'était au tour du président Bush de faire un virage et d'accepter le principe d'un calendrier de retrait des troupes américaines invoquant à la fois l'amélioration de la situation sécuritaire sur le terrain et l'opposition montante à la négociation d'un pacte stratégique entre les deux pays. L'accord qui est actuellement en discussion a une portée bien plus modeste : il établit un calendrier de transfert des fonctions sécuritaires à un commandement irakien, et prévoira probablement un calendrier parallèle de retrait des troupes américaines, un élément jugé essentiel dans plusieurs milieux politiques irakiens. Les informations disponibles font état de négociations en deux temps : tout d'abord légaliser la présence américaine sur le territoire irakien pour permettre aux forces américaines de mener des opérations, de contrôler l'espace aérien et de faire des prisonniers irakiens ; puis négocier un accord de « statut des forces » plus détaillé et plus complexe[22].

C. Sécurité nationale et considérations régionales

Comme rien n'est simple en Irak, il faut également aborder le rôle des puissances régionales pour évaluer les avancées et les reculs sur le plan de la gestion des conflits. À cet égard, l'année 2007-2008 est remarquable tant par l'implication militaire de la Turquie que par les canaux diplomatiques et politiques ouverts par l'Iran.

La Turquie donc, qui depuis octobre 2007, a haussé la mise en autorisant l'armée à entrer en Irak pour y poursuivre les membres du Parti des travailleurs du Kurdistan (PKK), et démanteler l'organisation qu'Ankara considère comme un groupe terroriste. Une situation qui embarrasse Washington, pris entre deux feux : celui de ses alliés turcs, membres de l'OTAN, et celui de ses alliés kurdes irakiens. L'Administration américaine tente, tant bien que mal, de calmer le jeu[23]. Dans un entretien téléphonique le 22 octobre, le président Bush et le premier ministre al-Maliki réitèrent leur engagement à l'égard de la Turquie de mettre fin à toute activité terroriste en provenance du territoire irakien. Même son de cloche de la part du président irakien, le Kurde Jalal Talabani, que les Américains incitent à se prononcer publiquement sur la question. Quant à la secrétaire d'État américaine, Condoleeza Rice, elle fait valoir au chef de la région autonome kurde, Massoud Barzani, que la sécurité et la prospérité de la zone pourraient être mises en danger.

La visite d'une délégation irakienne à Ankara le 26 octobre ne suffit pas à calmer les inquiétudes turques. Ankara, qui exige que l'Irak lui livre 150 responsables du PKK comme prélude à toute négociation, brandit le spectre d'un embargo économique contre le Kurdistan irakien, embargo que les observateurs estiment pouvoir coûter près de 250 millions de dollars américains en manque à gagner pour la région autonome[24]. En décembre, la Turquie passe à l'action. Après un bombardement transfrontalier début décembre, c'est l'aviation turque qui frappe la région de Qandil le 16 décembre. L'arrivée inopinée de la secrétaire d'État américaine pour une visite à Bagdad et Kirkouk quelques jours plus tard donne lieu à l'expression de récriminations irakiennes. Alors que les frappes turques auraient fait quatre morts et déplacé près de 300 familles, les États-Unis auraient partagé des renseignements militaires et ouvert l'espace aérien à l'aviation turque selon Ankara. Le Pentagone confirme, pour sa part, avoir « déconflictualisé » l'espace aérien du Kurdistan irakien à l'intention de l'aviation turque[25].

Les frappes turques reprennent de plus belle le 22 décembre mais c'est en février que la situation se détériore considérablement à l'aune d'une offensive aéroterrestre lancée le 21 février. Destinée à « nettoyer les camps terroristes » selon le premier ministre turc Recep Tayyip Erdogan, cette opération est la plus vaste depuis près d'une décennie. Soutenue par le gouvernement américain au nom de la lutte contre le terrorisme, l'opération est ressentie comme une trahison américaine par le Kurdistan irakien[26] et perçue comme une source d'insécurité et une menace à la souveraineté de l'Irak par le gouvernement al-Maliki qui avait initialement considéré l'offensive comme « comprise » et « légitime »[27]. Ce dossier, s'il n'a pas connu d'autres rebondissements depuis lors, demeure en suspens et ajoute ainsi une source supplémentaire d'instabilité qui pourrait nous porter à relativiser le progrès enregistré sur la scène irakienne en termes de gestion des conflits.

En comparaison avec la manière forte dont Ankara s'inscrit sur la scène irakienne, l'Iran fait preuve de plus grande malléabilité et de diplomatie. Si Téhéran ne se prive pas de mener de petites incursions en territoire irakien pour lutter contre ses propres séparatistes kurdes, c'est par la diplomatie que l'Iran, accusé d'alimenter la violence en Irak, cherche à se positionner dans les débats qui secouent la scène politique irakienne. Tout commence avec la visite historique de Mahmoud Ahmadinejad à Bagdad en mars 2008, première visite d'un président iranien en Irak. Bien que fortement contestée par certains milieux sunnites et par les Américains qui accusent l'Iran de soutenir les milices chiites antigouvernementales, il n'en est pas moins que cette première amorce un dialogue entre les gouvernements irakien et iranien. Au programme, les inquiétudes gouvernementales irakiennes quant au rôle présumé de Téhéran dans l'armement des milices chiites et notamment de l'Armée du Mahdi et les inquiétudes iraniennes quant à l'utilisation de l'Irak par Washington comme élément de sa stratégie militaire dans la région.

Début avril 2008, le président Bush justifie la décision de ne pas annoncer de calendrier de retrait des forces américaines – et de se contenter d'annoncer la diminution du nombre de troupes ainsi que la réduction de la durée du service des soldats américains – par l'inquiétude de voir l'Iran, l'autre « plus grande menace pour l'Amérique » avec

Al-Qaïda, remplir le vacuum laissé par les troupes américaines[28]. Or l'Iran prend l'initiative d'appuyer le gouvernement al-Maliki dans sa lutte contre l'Armée du Mahdi, notamment en relation avec l'opération de pacification de Bassora. L'ambassadeur iranien en Irak, Hassan Kazemi Qumi, prend fait et cause pour le gouvernement et décrit les miliciens de Moqtada al-Sadr comme des « hors-la-loi »[29]. La position iranienne s'explique par l'inquiétude de voir al-Sadr s'imposer lors d'éventuelles élections provinciales et mettre en déroute le projet de création d'une grande région chiite, à l'instar de la région kurde. Cette position contribue à faciliter le dialogue et en mai 2008, le premier ministre al-Maliki envoie une délégation de haut niveau à Téhéran pour discuter des allégations américaines concernant l'appui de l'Iran aux milices antigouvernementales. Il s'ensuit des échanges et d'autres visites au terme desquelles l'Iran et l'Irak semblent avoir forgé un début de compromis. Si l'Iran assure l'Irak de vouloir contribuer à sa stabilisation, celui-ci promet en retour de ne permettre à quiconque d'utiliser son territoire pour déstabiliser l'Iran. Ce sont d'ailleurs les termes utilisés par le premier ministre al-Maliki à l'issue d'une nouvelle rencontre avec Ahmadinejad et son ministre des Affaires étrangères Manoushehr Mottaki à Téhéran en juin 2008[30]. Si l'on souligne également que le guide suprême de la révolution, l'ayatollah Khamenei, a profité de la visite du Premier ministre irakien pour déclarer publiquement que l'ingérence et la domination graduelles d'une force étrangère constituaient l'obstacle principal au développement et à la prospérité du peuple irakien[31], il faut également remarquer que cette déclaration précède et pourrait, en partie, expliquer le changement d'attitude des partis chiites au gouvernement quant à la négociation d'un accord-cadre pour la réglementation de la présence militaire américaine sur le territoire irakien. En d'autres termes, il semblerait que l'Iran ait mieux réussi par la diplomatie ce qu'Ankara n'a pas pu imposer par la force : assurer la protection de ses intérêts vitaux en Irak.

D. Au-delà des présidentielles américaines de novembre : quelles perspectives pour l'Irak ?

Les développements politiques et militaires sur la scène irakienne ont enregistré des avancées et des reculs. En conclusion de ce tour d'horizon, il convient de noter la fragilité et les difficultés associées aux avancées de 2007-2008. Sur le plan politique, celles-ci se sont heurtées à la méfiance des parties. Sur le plan militaire, le coût humain des opérations visant à restaurer l'autorité du gouvernement central est très lourd. Les seuls combats d'avril à Bassora et Sadr City auraient fait 1 145 tués parmi les civils[32]. Il convient également de noter deux autres observations : d'abord, le changement dans la nature des affrontements qui, de plus en plus, mettent des Irakiens – souvent membres de la même communauté – aux prises les uns avec les autres ; puis, l'incapacité grandissante des puissances externes, à l'exception peut-être de l'Iran, d'assurer leurs intérêts sur la scène irakienne. Dans le contexte d'une année de campagne électorale aux États-Unis, et dans la perspective des élections provinciales en Irak, annoncées pour le début 2009 et déjà décriées par une partie de la population, la fluidité de la situation ne permet pas de croire à la consolidation des fragiles acquis de l'année.

3. Constances et variations dans les affaires israélo-arabes : une année de faux immobilisme

En dépit de quelques initiatives sans grande ambition, l'érosion de la pro-activité de la communauté internationale dans les affaires israélo-arabes s'est confirmée au cours de la dernière année. Si Européens et Américains ont tenté de profiter des « progrès » des dossiers libanais et libano-syrien pour encourager Beyrouth à faire la paix avec Israël, les efforts en vue d'un règlement israélo-syrien ont surtout été le fait de la Turquie. Le conflit israélo-palestinien est resté quant à lui en déshérence malgré la volonté affichée par le président Bush de faire aboutir un règlement avant la fin de son deuxième mandat. En fait, aucun changement notable n'est intervenu dans les orientations des puissances américaine et européennes, pourtant essentielles dans la détermination des marges de manœuvre des principaux acteurs, qui laisse entrevoir l'adoption d'approches alternatives visant à faire sauter les verrous des impasses israélo-palestiniennes. L'impression est davantage celle de scénarios déjà vus avec quelques variations toutefois, dont la moindre n'est pas la reconnaissance implicite, par Israël et le Fatah, de l'impossibilité d'ignorer le Hamas.

A. Incertaines perspectives de paix entre Israël et ses voisins du nord

Le tournant 2007-2008 ne semblait absolument pas porteur d'espoirs de paix entre Israël et ses deux voisins du nord. Dans un contexte libanais de crise politique et sécuritaire nourrie tant par les luttes intestines que par les tensions régionales, les risques d'un regain de violence entre le Hezbollah et Israël étaient extrêmement élevés. Pourtant, surveillée par une FINUL cherchant à s'acquitter de son mieux d'une mission la plaçant face à des attentes contraires, la cessation des hostilités s'est pérennisée en dépit des violations récurrentes, avérées ou suspectées, des termes de la résolution 1701 par chaque partie. De même, malgré l'exacerbation des tensions après le raid aérien mené par Israël le 1er septembre 2007 contre un site syrien « sensible » et l'assassinat (non revendiqué mais attribué à Israël), le 12 février 2008, d'Imad Moughnieh, chef de la sécurité du Hezbollah, le scénario du pire n'a pas prévalu.

En novembre 2007, la Syrie accepte de se joindre à la conférence d'Annapolis, vraisemblablement encouragée par Israël qui déclarait peu auparavant sa disponibilité à rouvrir les discussions avec Damas[33]. Comme rien ne se concrétise dans les mois suivants, la Syrie profite de l'activisme personnel de l'ancien président américain, Jimmy Carter, pour réaffirmer en avril 2008 son souhait de reprendre les pourparlers[34]. Un mois plus tard, le Premier ministre israélien annonce la tenue de négociations avec la Syrie sous médiation turque[35]. Quatre rondes de pourparlers indirects ont lieu de mai à juillet 2008, toujours sous la houlette d'Ankara. Si les déclarations régulières de chaque partie font état d'avancées satisfaisantes, celles-ci ne sont toutefois pas suffisantes pour justifier aux yeux du Président syrien une rencontre directe avec Ehud Olmert lors du lancement de l'Union pour la Méditerranée par la présidence française de l'Union européenne le 13 juillet. Ce d'autant plus que l'avenir politique du dirigeant israélien paraît déjà sérieusement compromis par une nouvelle affaire de corruption le concernant. Interprétées par certains comme le principal moteur de l'activisme diplomatique d'Olmert à l'été 2008[36], les difficultés internes du Premier ministre empêchent la poursuite des discussions avec la Syrie. Initialement prévu pour la première semaine de septembre, la cinquième ronde est reportée une deuxième fois lorsque le président israélien,

Shimon Péres confie, le 22 septembre, la responsabilité de constituer un gouvernement à la nouvelle dirigeante de Kadima, Tzipi Livni.

Fortement dépendant du volet syrien, le dossier israélo-libanais reste lui aussi en suspens. Le déblocage de la crise libanaise en mai 2008 avait conduit la communauté internationale à retenter une nouvelle fois la carte d'une paix entre Beyrouth et Israël au prix d'un règlement des principaux contentieux entre les deux pays[37]. Toutefois, tous les acteurs libanais, y compris Fouad Siniora (reconduit dans ses fonctions de premier ministre par le président Sleimane), ont réitéré leur refus de négociations bilatérales directes avec Israël en l'absence d'un processus global. Comme pour rappeler que les fondamentaux restaient inchangés, le Hezbollah a célébré le retour des prisonniers libanais, obtenu à la mi-juillet en échange notamment des dépouilles des soldats enlevés à la veille de la guerre de 2006, comme une véritable victoire et, tout en adoptant un discours relativement conciliant, a ostentatoirement glorifié la résistance à Israël et étalé sa puissance[38].

Ainsi, même s'il est indéniable que certains signes positifs se sont multipliés depuis mai 2008, rien n'est encore joué entre la Syrie et Israël et, de ce fait, encore moins entre le Liban et ce dernier. Aussi proches qu'Israël et la Syrie aient été d'un accord de paix, la concrétisation de ce dernier dépendra étroitement de la composition et des priorités diplomatiques de la coalition que parviendra à monter l'ancienne ministre israélienne des Affaires étrangères, ainsi que de sa volonté et de sa capacité à relancer rapidement les pourparlers avec Damas. Une autre variable sera sans doute le volontarisme de la future administration américaine, celui de l'actuel Président français restant, au-delà de la parole, modeste[39]. Ce constat est sans doute valable aussi pour le volet palestinien. Toutefois, contrairement aux dossiers libanais et syrien, les tendances qui se sont développées sur ce terrain au cours de l'année qui vient de s'écouler ne sont pas particulièrement encourageantes.

B. Double enlisement palestinien : consolidation de la rupture interpalestinienne et absence de progrès dans le processus de paix entre le Fatah et Israël

Vers la mi-2007, le coup de force du Hamas dans Gaza et la décision de Mahmoud Abbas de mettre sur pied un nouveau gouvernement acceptable aux yeux de la communauté internationale semblaient avoir ouvert une nouvelle fenêtre d'opportunité pour une relance du processus de paix entre Israéliens et Palestiniens[40]. Le sommet d'Annapolis, organisé par l'Administration Bush en novembre 2007, devait être un temps fort de cette relance. Mais force est de constater un an plus tard que, conformément à un schéma récurrent dans les affaires israélo-palestiniennes, aucun progrès significatif n'a été enregistré et le sursaut de la communauté internationale a été éphémère. Si les catastrophes annoncées au cas où le sommet d'Annapolis venait à échouer ne se sont pas réalisées, il n'empêche que tous les facteurs de tension subsistent, voire s'accroissent, annonciateurs de violences probables dans un avenir, sinon proche, du moins à moyen terme. S'ils en ont conscience, les acteurs extérieurs, en particulier les États-Unis et l'Europe, ne semblent pas pour l'instant désireux de changer leurs approches, jusqu'ici inopérantes, au profit de diplomaties plus ambitieuses.

Les impasses des pourparlers entre Israël et l'Autorité palestinienne

Tout d'abord, les objectifs du sommet d'Annapolis ont été considérablement revus à la baisse. Alors que l'intention annoncée par l'Administration Bush après le divorce entre le Hamas et le Fatah en juin 2007 était d'organiser une conférence internationale destinée à remettre le processus de paix sur les rails en vue d'un accord dans un délai rapproché, Annapolis a fini par n'être qu'une « 'réunion' formatée par les seuls États-Unis[41] », et qui n'a donné lieu à aucun engagement réellement contraignant. En amont déjà, les deux équipes de négociateurs, même pressées par Condoleeza Rice, eurent du mal à s'entendre sur la rédaction d'une déclaration commune posant les bases d'un futur accord de paix. À l'inverse de l'Autorité palestinienne, Israël était résolument opposé à un texte précis et à des engagements formels[42]. Les différences essentielles dans les positions et les objectifs des deux parties ne furent que superficiellement réduites par la réaffirmation, à l'issue d'une nouvelle rencontre le 26 octobre, de leur volonté commune de s'appuyer pour avancer sur la « feuille de route » du Quartet, lancée par Bush en juin 2003[43]. À mesure que le rendez-vous approche, l'Administration américaine, d'ailleurs divisée[44], tente de réduire les attentes. Pourtant, une quinzaine d'États arabes ont accepté de participer sur la base d'un consensus obtenu par l'Égypte au sein de la Ligue arabe, et qui fait écho au plan de paix arabe, réitéré à plusieurs reprises mais laissé sans suite par Israël et les États-Unis[45].

Tenue du 26 au 28 novembre, la conférence d'Annapolis, qualifiée de « sommet de la dernière chance[46] » par certains, donne davantage raison à ceux qui doutaient de sa portée qu'à ceux qui formulaient quelques espoirs sur la base d'analyses fondées sur la faiblesse des principaux protagonistes et leur besoin supposé de résultats, ainsi que sur le désir du Président américain de finir son deuxième mandat sur un succès[47]. En substance, la réunion s'achève, à l'instar de multiples sommets antérieurs, sur un texte israélo-palestinien de dernière minute dont les termes, bien vagues, reflètent les préférences israéliennes. Abbas et Olmert s'engagent à s'efforcer de conclure, pour la fin de 2008, un traité de paix devant résoudre les questions centrales du conflit (frontières d'un État palestinien, réfugiés, colonisation, Jérusalem). Comme à l'accoutumée, les États-Unis s'installent dans le siège de pilotage afin d'« encadrer » le processus politique à venir, qui doit rester bilatéral. Maintes fois éprouvée auparavant, cette formule ne semble pas être de bon augure, d'autant plus que le gouvernement israélien ne cache pas sa satisfaction quant à l'issue peu concluante de la conférence[48]. De plus, Olmert se dépêche de balayer l'échéance de la fin 2008 et de reposer à nouveau la sécurité d'Israël comme l'alpha et l'oméga de tout règlement de paix. Un autre indice de la volonté d'Olmert d'échapper à tout engagement contraignant est son insistance, couronnée de succès, à faire retirer par les États-Unis un projet de résolution, pourtant américain, présenté au Conseil de sécurité des Nations Unies en vue de soutenir les résolutions d'Annapolis. Ces signaux négatifs sont à peine contrebalancés par la libération, en signe de bonne volonté, de quelques 429 prisonniers palestiniens[49].

Les premières discussions post-Annapolis entre Abbas et Olmert se tiennent le 12 décembre dans un climat d'escalade à Gaza et de tensions suscitées par l'annonce de la construction de nouveaux logements à Har Homa[50]. Dans ce contexte, la tenue le 17 décembre 2007 à Paris, d'une conférence internationale des donateurs pour l'État palestinien semble relever d'un acte de pure foi. Supposée assurer le suivi d'Annapolis, cette réunion rassemble les délégations de 87 pays et organisations internationales qui promettent à l'Autorité palestinienne une aide de 7,4 milliards de dollars pour financer un plan de développement sur trois ans (2008-2010)[51]. À l'instar d'efforts antérieurs pilotés par les Européens notamment, l'effort se découple largement de la réalité du terrain en se focalisant sur le renforcement institutionnel et économique d'un État palestinien encore à naitre, projet qui, faute d'un engagement politique effectif de la communauté internationale, paraît voué à l'échec. De plus, une partie de l'aide vise à fournir aux populations palestiniennes l'aide humanitaire sans laquelle elles ne peuvent plus subsister, en particulier à Gaza, et à assurer le fonctionnement d'une Autorité palestinienne en quasi faillite[52].

Très vite, les discussions israélo-palestiniennes s'enlisent. Dans un climat alourdi par l'exacerbation du bras de fer entre Israël et le Hamas, l'annonce de prochains appels d'offre pour la construction de nouveaux logements à proximité de Jérusalem Est, et des déclarations contradictoires relatives à cette dernière, les dissonances prennent une visibilité nouvelle lors d'une rencontre entre Olmert et Abbas le 19 février 2008 au terme de laquelle les deux parties mettent ouvertement en doute la possibilité d'un accord de paix pour la fin de l'année[53]. Ces pronostics sont renforcés par la décision de Abbas, le 4 mars, de suspendre les discussions en réaction à l'opération israélienne à Gaza qui se solde par plus de 115 morts palestiniens, dont de nombreux civils. Ce n'est qu'à la fin du mois de mars que le Président de l'AP, cédant aux sollicitations de la Secrétaire d'État américaine, consent à la reprise des négociations ; le même jour toutefois, les Israéliens annoncent la construction de 600 unités dans la colonie de Pisgat Zeev[54]. Ce mauvais démarrage est quelque peu tempéré par la reprise effective des discussions le 7 avril et la décision des parties de ne plus les suspendre, quoiqu'il arrive, dans l'espoir de conclure un accord pour la fin de l'année. Cet optimisme ne parvient pas à cacher la persistance de divergences majeures entre les parties[55] ; d'ailleurs, les mois qui suivent apportent peu de progrès.

En fait, les perspectives s'assombrissent lorsqu'une nouvelle affaire de pots-de-vin, révélée le 27 mai, rattrape Ehud Olmert et, compromettant sérieusement sa crédibilité politique, fait tendre vers zéro les probabilités d'un accord de paix avec les Palestiniens[56]. Même si Condoleeza Rice s'implique personnellement, à plusieurs reprises au mois de juillet, dans les négociations entre les deux parties, plus personne ne croit vraiment en la capacité de l'Administration américaine à enregistrer le moindre succès[57]. Aux prises d'une part avec les autorités judiciaires, d'autre part avec ses rivaux politiques, Ehud Olmert se voit contraint à la fin de juillet d'annoncer son retrait. Des primaires destinées à élire un nouveau dirigeant à la tête du parti Kadima sont fixées au 17 septembre, étant entendu qu'Olmert ne s'y présenterait pas et qu'il démissionnerait de ses fonctions de Premier ministre au bénéfice de son successeur à la tête du parti. Ayant remporté les primaires, c'est Tzipi Livni qui se voit confier le 22 septembre la lourde tâche de constituer en 42 jours un nouveau gouvernement pour la durée de l'actuelle législature (soit jusqu'en 2010), faute de quoi des élections anticipées devront être organisées dans les 90 jours suivants. Ainsi, l'ensemble du processus se retrouve une nouvelle fois otage des soubresauts politiques israéliens.

L'enlisement d'Israël et du Fatah face au Hamas : vers une politique plus pragmatique ?

Le bilan de l'année n'est pas bien plus positif s'agissant de la gestion, tant par l'Autorité palestinienne de Mahmoud Abbas que par Israël, des crises avec le Hamas. Vers le 10 octobre, alors que se profile Annapolis, le premier ministre Ismail Haniyeh, qui dirigeait le gouvernement du Hamas issu du scrutin de janvier 2006, tente une ouverture, se déclarant prêt à rencontrer Abbas en Arabie saoudite et assurant que le contrôle de Gaza par le Hamas n'est que temporaire[58]. Le Président palestinien continue toutefois d'exiger du parti islamiste une reddition sans condition et semble d'autant moins disposé à faire des concessions que sa marge de manœuvre est limitée par les avertissements des États-Unis et d'Israël à cet égard. Si, pour la première fois depuis la crise de juin 2007, Abbas accepte début novembre de rencontrer quelques responsables modérés du Hamas en Cisjordanie, le Fatah multiplie ses tentatives de contenir et de museler le parti islamiste dans cette région. Cette politique se traduit non seulement par une coopération accrue avec les forces israéliennes en matière de sécurité, mais aussi par une dérive autoritaire de l'Autorité palestinienne sans que cela n'émeuve la communauté internationale qui, d'ailleurs, finance largement le renforcement des services de sécurité palestiniens[59]. Bien que ce problème n'apparaisse presque jamais dans les préoccupations internationales, il contribue néanmoins à miner au quotidien la légitimité du Fatah aux yeux de la population palestinienne. Cette problématique de la légitimité se fait d'ailleurs régulièrement aiguë, souvent à l'occasion de temps forts tels que la conférence d'Annapolis. Pour cette circonstance, plusieurs dizaines de milliers de manifestants s'étaient rassemblés dans les rues de Gaza pour dénoncer la traîtrise du président Abbas, et, malgré l'interdiction faite par l'AP, des manifestations ont également lieu en Cisjordanie. Ce problème dont les conséquences ne se feront pleinement ressentir qu'à l'avenir, peut-être lors de prochaines élections palestiniennes, ressurgit aussi en filigrane lors de l'exacerbation du conflit entre le Hamas et Israël.

En totale déconnexion par rapport aux efforts visant à ressusciter le processus de paix israélo-palestinien, l'escalade se poursuit entre Israël et les activistes de la bande de Gaza tout au long de l'automne 2007. Ayant déclaré le 21 septembre ce territoire « entité hostile », Israël décide un mois plus tard (25 octobre) de riposter à la poursuite des tirs de roquettes vers des localités du sud par une réduction de la fourniture d'électricité. Ni le resserrement de l'étau ni l'usage accru de la force ne venant à bout des lanceurs de roquettes, Israël décrète le 18 janvier un blocus total de la bande de Gaza, y compris pour l'aide humanitaire et ce en dépit des avertissements des personnels de l'ONU, en particulier de l'UNRWA, quant aux dangers qu'une telle punition collective pourrait entraîner notamment en termes de radicalisation[60]. En réaction, des militants du Hamas font sauter le 23 janvier un pan de la barrière qui sépare Gaza de l'Égypte, offrant pendant quelques jours, à des milliers de Palestiniens, la possibilité d'échapper à leur enfermement, alors que le Fatah fait, par contraste, figure de complice passif des souffrances de la population de l'enclave[61].

Bien qu'inattendu, cet acte de défi ne semble pas embarrasser outre mesure Israël. Au contraire, ce dernier espère que ce développement contraindra l'Égypte à assumer la gestion de la bande de Gaza et de son million et demi d'habitants, lui-même coupant d'un coup tout lien avec le reste des territoires palestiniens[62]. Il s'avère toutefois que Le Caire, sous pression israélienne depuis plusieurs mois pour renforcer la surveillance de la frontière avec Gaza[63], n'a nulle intention de se laisser entraîner dans cette voie à haut risque. Avec l'Arabie saoudite, il tente de rapprocher le Hamas et le Fatah, mais ce dernier reste sur ses positions[64]. Les déplacements effectués par Tony Blair, envoyé spécial du Quartet, et par Javier Solana, le « Monsieur PESC » de l'Union européenne qui avait accepté, dans la foulée du désengagement unilatéral d'Israël de la bande de Gaza, de contribuer à la gestion des points de passage, ne sont guère plus fructueux : aucune partie ne souhaitant négocier un arrangement avec le Hamas, aucun accord n'est trouvé in fine. L'épisode se termine par la fermeture de la barrière avec l'accord de l'Égypte et du Hamas[65]. Au mois de mars toutefois, Le Caire commence l'érection d'un mur sur sa frontière avec Gaza pour éviter un nouveau débordement palestinien[66]. Autre conséquence probable de l'épisode, le premier attentat-suicide depuis le 29 janvier 2007 a lieu le 4 février 2008 à Dimona, faisant une victime en sus des deux kamikazes.

Face à cet attentat et à la poursuite des tirs de roquettes en dépit de l'embargo total, Israël multiplie les frappes aériennes vers la mi-février. Vu l'absence de résultats obtenus, la perspective d'une grande incursion dans la bande de Gaza est remise à l'ordre du jour, même si elle paraît coûteuse[67]. Le 1er mars, Israël entame son opération « Hiver chaud » qui, malgré sa brièveté, fait de nombreuses victimes civiles dans la population palestinienne sans pour autant stopper le tir des roquettes. Éloquemment, le Hamas célèbre comme une victoire le retrait israélien après deux jours d'incursion et ceci en des termes qui montrent la convergence de son style avec celui du Hezbollah libanais[68]. Plus significativement peut-être, les Israéliens, bien qu'ayant officiellement rejeté une nouvelle fois la trêve que le Hamas proposait depuis plusieurs mois, en acceptent une tacitement. Obtenue par les médiateurs égyptiens, cette dernière commence le 8 mars en dépit de l'acte de terrorisme perpétré la veille par un Palestinien de Jérusalem qui, s'introduisant dans un séminaire juif, ouvre le feu sur des étudiants, faisant huit morts et neuf blessés[69]. Le répit est de courte durée. Le 12 mars, la trêve vole en éclats à la suite de l'assassinat par Israël de plusieurs militants en Cisjordanie et de nouveaux tirs de roquettes, opération qui suscite une dénonciation vigoureuse de la part même de Mahmoud Abbas.

Alors que le gouvernement d'Olmert rejette une fois de plus l'offre du Hamas d'une trêve incluant la Cisjordanie, l'escalade conduit le Yémen à tenter une nouvelle médiation, côté palestinien, entre le Hamas et le Fatah. Ces efforts permettent la signature par les deux camps, le 23 mars, d'une « déclaration de Sanaa » basée sur les accords de la Mecque du 8 février 2007. Le texte étant toutefois différemment interprété par les deux leaderships, les négociations envisagées à Sanaa tournent court et le Président palestinien durcit le ton, assurant n'envisager aucun dialogue avec le Hamas[70]. Ce dernier décide le 8 avril d'entreprendre l'opération « Briser le siège » contre le blocus visant Gaza. Le 9 avril, une première attaque commando est menée contre le terminal de Nahal Oz qui sert en temps normal aux livraisons de carburant. Quatre autres raids sont menés dans les jours suivants, « prouvant la capacité militaire du Hamas à défier l'armée israélienne[71] ». Le 24 avril, la médiation égyptienne obtient du Hamas l'acceptation du principe d'une trêve pour la bande de Gaza uniquement. Israël rejette l'offre bien que ses termes fassent revenir le Hamas sur ses positions antérieures.

Ce n'est que lorsque l'affaire Talansky met le Premier ministre israélien sur la défensive sur le plan intérieur et compromet les chances d'un accord de paix entre le Fatah et Israël qu'un assouplissement se fait jour. Le 4 juin, Abbas appelle à un dialogue national avec le Hamas et, s'appuyant sur la déclaration de Sanaa du mois de mars, évite de formuler les mêmes exigences qu'auparavant. Revenant lui aussi sur son intransigeance, le gouvernement d'Olmert accepte le principe d'une trêve à Gaza, qui commence au matin du 19 juin. Si les discours de part et d'autre sont initialement très durs et reflètent un scepticisme réciproque quant à la capacité de l'autre partie à se modérer, cette trêve continue de prévaloir au moment où ces lignes sont écrites en dépit de violations récurrentes, mais globalement mineures, par les deux camps. C'est plus que ce que parviennent à accomplir les Palestiniens entre eux : après les ouvertures observées au mois de juin, les hostilités reprennent dès le mois de juillet.

Le 25 juillet, cinq membres du Hamas sont tués par l'explosion d'une bombe à Gaza, attentat vite imputé au Fatah. En dépit des démentis de ce dernier, le Hamas arrête plus de 200 cents membres de son rival, qui lui rend la pareille en appréhendant en Cisjordanie des dizaines de militants du parti islamiste. Le 2 août, les combattants du Hamas viennent à bout du bastion surarmé du clan Helles, proche du Fatah, où les responsables de l'attentat du 25 juillet se seraient réfugiés. À la mi-septembre, un scénario similaire a lieu : l'assassinat d'un policier du Hamas par un membre du clan mafieux Doghmouch déclenche une opération armée contre le bastion familial afin d'arrêter les coupables, opération qui se solde, comme la précédente, par de nombreux morts et blessés[72]. À l'évidence, l'enlisement intra-palestinien semble devoir perdurer dans le désintérêt généralisé de la communauté internationale.

Indifférence politique de la communauté internationale et pourrissement du conflit israélo-palestinien

Mis à part ces éruptions occasionnelles, la situation semble, en termes strictement sécuritaires, moins critique au tournant de l'automne 2008 qu'elle ne l'était un an plus tôt. Mais, ainsi qu'on l'a vu, rien n'est réglé politiquement et le statu quo qui règne entre le trio volatile – Hamas, Fatah et Israël – est bien précaire et laisse entrevoir une série de dynamiques sous-jacentes porteuses de violences futures.

Pourtant, conformément à une tendance déjà constatée ces dernières années, la communauté internationale – l'on entend essentiellement les poids lourds que sont les États-Unis et que peuvent être les Européens – semble s'accommoder plus que jamais auparavant d'un conflit redevenu de basse intensité et dont les clivages, en se complexifiant, la dédouaneraient de la nécessité d'agir. En tout cas, rien ne laisse pour l'instant présager un changement de diplomatie qui viendrait bousculer les impasses actuelles du dossier israélo-palestinien en remettant en cause les orientations choisies ces dernières années et qui se sont révélées inadéquates au regard des objectifs affichés.

La première de ces orientations correspond au rejet par les Américains et les Européens, à la suite d'Israël, de tout dialogue avec le Hamas après sa victoire aux élections législatives de janvier 2006 à moins que celui-ci ne se plie au préalable, inconditionnellement, aux exigences énoncées par la communauté internationale. Couplée à l'effort déployé notamment par Washington pour réarmer le Fatah face à son rival, cette politique a vraisemblablement contribué à consommer le divorce intra-palestinien et, au-delà, entre Gaza et la Cisjordanie. Outre les dommages collatéraux induits en termes de crédibilité du discours occidental sur la démocratie, cette politique a placé l'Autorité palestinienne de Abbas en porte-à-faux par rapport à une portion non négligeable de Palestiniens, tendance accrue par un recours massif, dans la lutte contre les militants du Hamas, à des pratiques autoritaires violant les droits de l'homme et minant la légitimité du Fatah. En termes humanitaires, le parti pris de la communauté internationale a plongé les territoires palestiniens, et en particulier Gaza, dans une crise sans précédent, et ceci dans une indifférence généralisée que les voix des professionnels de l'ONU, des associations israéliennes et de diverses personnalités ne parviennent pas à entamer[73]. Même en Cisjordanie où se concentrent depuis la rupture inter-palestinienne de juin 2007 les espoirs de développement économique, le bilan reste marginal. De plus, l'usage de la force et de l'étranglement par Israël, seuls instruments désormais disponibles pour gérer la menace sécuritaire posée par le Hamas, s'est avéré, à nouveau, impuissant à assurer les objectifs les plus élémentaires, au point que même le gouvernement d'Olmert a dû finalement accepter de passer une trêve avec le Hamas, trêve qui persiste, attestant de la capacité du parti islamiste à contrôler la bande de Gaza et à s'acquitter de ses engagements.

Peu payante sur le chapitre du Hamas, l'approche des poids lourds de la communauté internationale ne l'est pas davantage sur celui du processus de paix entre l'Autorité palestinienne de Mahmoud Abbas et Israël. La division des tâches, éculée, entre Américains qui monopolisent le volet politique des négociations et le reste de la communauté internationale qui finance l'établissement des institutions du futur État palestinien et son économie, n'a permis que bien peu de progrès. Le problème central reste non seulement l'absence d'un accord de paix permettant de concrétiser la perspective d'un État palestinien mais aussi la poursuite par Israël de politiques allant à l'encontre des objectifs affichés par la communauté internationale sans que celle-ci sorte de sa torpeur.

Outre les différents rounds militaires avec le Hamas à Gaza et la persistance d'opérations ponctuelles contre toutes sortes d'activistes en Cisjordanie, Israël continue de confiner, quoiqu'à des degrés différents, les Palestiniens de Gaza et aussi ceux de Cisjordanie, refusant de relâcher l'étau en dépit des demandes répétées de l'AP. Contrairement aux engagements pris plus d'une fois auprès de Abbas, aucun changement significatif n'intervient dans la politique de contrôle étroit des mouvements de la population palestinienne. Un rapport est ainsi publié en janvier 2008 qui révèle en fait une augmentation des points de passages et des entraves à la circulation en Cisjordanie[74] ; aucun allègement réel n'est reporté plus tard dans l'année. Par ailleurs, les Israéliens n'ont pas manqué de poursuivre activement la politique de colonisation non seulement à Jérusalem Est qu'ils espèrent retenir en grande partie avec la caution apportée par Bush, mais aussi en Cisjordanie, qu'ils ont théoriquement accepté de retourner aux Palestiniens. De nouvelles annonces sont régulièrement faites : si elles ne suscitent qu'une condamnation épisodique de la communauté internationale, elles entretiennent par contre un climat de défiance et de tension perpétuelle entre partenaires israéliens et palestiniens[75]. Dans la même veine, le gouvernement israélien tergiverse tout au long de l'année sur le démantèlement des colonies sauvages, s'abstenant d'agir, de même qu'il s'abstient de juguler effectivement la multiplication des actes de violence perpétrés par les colons contre des civils palestiniens[76]. Ainsi, même si le discours *mainstream* véhiculé par Olmert a intégré la nécessité d'un partage territorial avec les Palestiniens, la pratique dans les territoires palestiniens, couplée aux multiples incidences sur le terrain du mur de séparation en construction, rend matériellement impossible la création d'un État palestinien viable[77]. En dépit de ces phénomènes qui compromettent, même à terme, la perspective d'une paix négociée, la communauté internationale s'est peu mobilisée pour inverser les tendances, ce qui ne peut s'expliquer uniquement par l'effet d'expectative d'une année d'élections présidentielles aux États-Unis. Au-delà, l'on perçoit un manque de volontarisme, devenu traditionnel, et un rapprochement plus décomplexé entre l'Occident et Israël.

En premier lieu, l'Administration Bush, qui avait fait de la paix entre l'Autorité palestinienne et Israël l'un des principaux objectifs de la diplomatie américaine au cours de la dernière année du mandat du président, a fait preuve elle-même d'une grande tiédeur. La conférence d'Annapolis, qui fut loin d'être un événement refondateur, en est le plus grand révélateur. Certes, Condoleeza Rice et son équipe se sont sans doute épuisés en navettes tout au long de l'année, mais la méthode n'a guère permis ni de rapprocher suffisamment les vues pour qu'un accord émerge dans un délai plausible au regard des engagements pris à Annapolis, ni d'obtenir d'Israël qu'il renonce à ses politiques les plus disruptives. D'ailleurs, rarement formulées, les quelques critiques américaines sur la colonisation et exigences relatives au démantèlement des colonies sauvages n'ont pas été suffisamment fermes pour inciter le gouvernement israélien à s'y conformer[78]. En fait, Israël sait bénéficier d'un support et d'une mansuétude presque sans précédent. Lors de ses tournées moyen-orientales, l'une vers le 10 janvier 2008 et l'autre en mai, à l'occasion du 60e anniversaire de l'État hébreu, le président Bush n'a eu de cesse de multiplier les gestes et les paroles de soutien indéfectible à ce dernier. S'il veille à fournir quelques gages verbaux à Mahmoud Abbas s'agissant notamment de la création d'un État palestinien, sa politique reste celle d'une adhésion tacite aux priorités israéliennes, y compris celles relatives au dossier du nucléaire iranien[79].

Plus significativement peut-être, Israël se sent aussi conforté par le renforcement du soutien des principaux États européens, la combinaison des dirigeants y étant « miraculeuse » pour Israël selon les propres termes de son Premier ministre[80]. Si l'Union européenne et ses États membres continuent de déplorer la disproportion dans l'usage de la force par Israël, la sévérité des bouclages, ou tel ou tel projet d'expansion de colonies, le bilan des relations est, sur l'année, extrêmement positif. En atteste surtout l'approfondissement substantiel des relations de l'UE avec l'État hébreu, et ceci en totale déconnexion avec le bilan en matière de processus de paix[81]. Si l'Europe a fait le calcul d'amener Israël à faire la paix en renforçant inconditionnellement ses liens avec lui et en l'intégrant à son espace de socialisation, le résultat n'est guère probant pour l'instant. Tout aussi infructueuse semble être la politique consistant à concentrer les efforts européens sur le soutien à Mahmoud Abbas et sur la construction des institutions d'un État palestinien dont la viabilité est quotidiennement compromise. Si la descente aux enfers est quelque peu freinée en Cisjordanie, l'on reste loin d'une réelle dynamique de développement tangible de long terme, tant sur le plan économique que politique, considérant que l'objectif est de construire un État de droit palestinien et non une Autorité palestinienne gouvernant au moyen de la répression d'une opposition illégitime aux yeux de la communauté internationale et non de l'ensemble des Palestiniens eux-mêmes.

In fine, si l'année a été relativement calme en termes de sécurité, elle semble surtout consacrer un pourrissement de la situation dans les affaires israélo-palestiniennes. De plus, de nouvelles formes de violence apparaissent, comme en attestent les deux derniers attentats : le 2 juillet, un Palestinien de Jérusalem Est précipite le bulldozer qu'il conduisait contre un car et des voitures ; le 22 septembre, un autre précipite sa voiture contre un groupe de militaires[82]. Qu'ils soient désignés comme actes de terrorisme ou de résistance, de tels faits, individuels et non commandités, suggèrent que la politique israélienne, cautionnée par action et par omission par la communauté internationale, est incapable de résorber le potentiel conflictuel que comportent l'absence de paix avec les Palestiniens et, conséquemment, le sort réservé à ces derniers.

4. Autres dossiers : le Liban et la Turquie sous pression

Deux autres dossiers retiennent particulièrement notre attention cette année. Il s'agit du Liban, en crise depuis l'été 2004, et de la Turquie où le débat sur la laïcité menace le respect des règles du jeu démocratique en 2008. De manière différente, ces deux dossiers reflètent l'imbrication des conflits nationaux avec certaines grandes lignes de partage du monde.

A. Liban ou comment tituber au bord du précipice

Le contexte particulièrement peu favorable de l'été 2007 présageait que l'échéance présidentielle libanaise n'aurait pas lieu sans problèmes[83]. Il aura, en effet, fallu vingt tentatives avortées avant d'élire le commandant de l'armée, le général Michel Sleimane à la présidence de la République, en date du 25 mai 2008, et ce après six mois de vacance institutionnelle à la tête de l'État. Entretemps, le pays a connu une double crise politique et sécuritaire aiguë dont l'apogée a eu lieu entre le 9 et le 12 mai, lors d'affrontements armés entre les supporters de la majorité gouvernementale au pouvoir et les partisans de l'opposition, au premier chef, le Hezbollah. Des développements sécuritaires au Liban, nous retiendrons deux éléments qui reflètent les grandes tendances régionales : l'enlisement militaire dans les luttes larvées intracommunautaires ainsi que l'impuissance, voire le désintéressement, des puissances occidentales.

La crise politique libanaise s'était aggravée en novembre 2006 avec la démission des ministres de l'opposition du gouvernement du premier ministre, Fouad Siniora, suivie d'un mouvement de désobéissance civile qui avait pris d'assaut le siège du gouvernement pour contester publiquement la légitimité de celui-ci. Malgré la médiation d'une Troïka européenne[84], la méfiance régnant de part et d'autre, les deux parties ne sont pas parvenues à trouver un terrain d'entente. Les assassinats ciblés qui avaient décimé les rangs de la majorité gouvernementale depuis 2005 ont contribué à aiguiser les tensions. Craignant pour leur vie, une quarantaine des 67 députés (sur 128) de la majorité parlementaire s'étaient barricadés sous haute surveillance dans un hôtel du centre-ville de Beyrouth afin de se protéger contre des attentats visant à les faire passer du statut de majorité à celui de minorité numérique au Parlement[85]. Pour sa part, l'opposition est restée sur son exigence d'une plus grande part des sièges au gouvernement de manière à pouvoir se prévaloir d'une minorité de blocage qui lui permette de peser sur les décisions à caractère national, tel que prévu dans les accords de Taëf qui mirent fin à la guerre civile libanaise en 1989.

La crise politique s'est doublé d'une crise sécuritaire accrue, notamment après l'assassinat en décembre 2008 du brigadier-général François al-Hage qui s'était illustré lors des confrontations entre l'armée libanaise et le Fatah al-Islam dans les camps palestiniens du Nord-Liban à l'été 2007[86]. Dès janvier, une manifestation organisée par le Hezbollah pour protester contre le rationnement drastique du courant électrique dans la banlieue sud de Beyrouth tourne au drame. Après des échauffourées avec l'armée, sept personnes sont laissées pour mortes : une commission d'enquête est créée pour tirer au clair les circonstances de l'affaire, certains témoins faisant état de francs-tireurs positionnés dans les quartiers chrétiens limitrophes et qui auraient contribué à jeter de l'huile sur le feu. De janvier à mai, plusieurs foyers de tension, impliquant des heurts localisés entre jeunes sympathisants de la majorité et de l'opposition sont circonscrits par le déploiement de la troupe. Mais en mai 2008, la confrontation ne peut être évitée. À la suite d'une décision du gouvernement de démanteler le réseau de télécommunications du Hezbollah, réseau que celui-ci revendique comme un instrument de résistance et dont le démantèlement constituerait « un acte de guerre[87] », les heurts se transforment en affrontements généralisés à l'arme lourde. Quatre jours de combat suffisent au Hezbollah pour infliger une cuisante défaite aux supporters de la majorité au pouvoir et pour prendre le contrôle de Beyrouth-Ouest, siège de la plupart des institutions gouvernementales.

L'épreuve de force créera les conditions de 'sortie de crise'. Réunis à Doha sous l'égide de l'émir du Qatar, les principaux protagonistes s'entendent sur une solution de compromis. La majorité cède à l'opposition une minorité de blocage au sein du futur gouvernement ; elle lui octroie également des concessions en termes de découpage électoral en vue des élections parlementaires qui devraient se tenir à l'été 2009. En contrepartie, l'opposition accepte de lever son blocus du siège du gouvernement, de mettre fin à son mouvement de désobéissance civile et d'accepter la tenue dans les plus brefs délais de l'élection présidentielle. C'est ainsi que le 25 mai, quelques jours après la signature de l'Accord de Doha, le général Sleimane est élu président.

Pour l'éditorialiste du plus grand quotidien libanais d'expression arabe, *An-Nahar*, ces développements consacrent la victoire militaire et politique du Hezbollah[88]. Selon Sarkis Naoum, la décision du Général de ne pas impliquer l'armée libanaise dans les combats de mai 2008 est un constat d'incapacité. Si tous les analystes ne partagent pas nécessairement cet avis[89], il y a moins de confusion s'agissant de la réaction occidentale aux événements de mai 2008. Alors que les États-Unis et la France avaient contribué à l'imbrication étroite des dynamiques internes libanaises et de la lutte occidentale contre le terrorisme depuis le passage de la résolution

1559 du Conseil de sécurité de l'ONU[90], ni l'un ni l'autre ne se portent au secours de leurs alliés libanais assiégés. Tout au plus, le Département d'État américain fait-il état de son inquiétude et de son soutien (verbal) au gouvernement Siniora. Ce retournement ne devrait pas étonner les observateurs de la scène politique libanaise. Plusieurs autres alliances occidentales avec des factions libanaises ont déjà été sacrifiées à l'autel des considérations géostratégiques, notamment lors de la « guerre de libération » menée par le général Michel Aoun contre la présence syrienne au Liban à la fin des années 1980, lorsque la France se limita à offrir l'asile politique au Général qu'elle avait appuyé sans ambages jusqu'alors, puis lors de l'opération « Tempête du désert », suite à laquelle les États-Unis avaient consenti à déléguer la mise en application des accords de Taëf à la Syrie et ce, à l'encontre des vœux de leurs alliés parmi les factions politiques chrétiennes[91]. Le rapprochement entre Liban et Syrie à l'aune de la visite officielle du président Sleimane à Damas, première visite d'un chef d'État libanais depuis 2005 et premier déplacement à l'étranger du nouveau président libanais, semble donner raison à ceux qui voient dans les développements de l'année un retour par la grande porte de la Syrie sur la scène politique libanaise. Il n'en demeure pas moins que, dans la perspective d'une échéance électorale critique, et alors que des combats intermittents continuent à opposer sunnites et alaouites au Nord Liban[92], les ressentiments des uns et des autres pourraient remettre le feu aux poudres.

B. Laïcité et islamisme : l'épée de Damoclès qui menace la démocratie turque

En Turquie, la crise tourne autour de la décision du Parlement d'amender la Constitution pour permettre le port du voile. Voté par une large majorité de 403 votes pour et 107 contre, le premier amendement insère un paragraphe dans la Constitution à l'effet que tous les citoyens ont le droit d'être traités à égalité par les institutions étatiques. Le deuxième amendement (403 pour, 108 contre) affirme que nul ne peut être privé d'accès à l'éducation supérieure. Si les amendements datent de février 2008, c'est en juillet que la Cour constitutionnelle d'Ankara se saisit de l'affaire et délibère dans le procès d'interdiction du Parti de la justice et du développement (AKP), parti islamiste porté au pouvoir par le résultat des élections de juillet 2007 à l'issue desquelles il avait obtenu 46,6 % des voix soit 340 sur les 550 sièges du parlement turc. Les délibérations portaient sur la possibilité de bannir l'AKP de la vie politique pour menace aux principes sécularistes qui sous-tendent le système politique turc. Alors que près de vingt partis ont été ainsi interdits d'exercice depuis les années 1960, le résultat des délibérations de la Cour constitutionnelle, quoique serré avec 5 des 11 juges en faveur de l'interdiction[93], est interprété comme une victoire pour les principes démocratiques.

Si les médias occidentaux se saisissent de l'affaire, certains allant jusqu'à affubler les magistrats du titre de « hussards de la république kémaliste[94] », les gouvernements occidentaux, pourtant concernés au premier chef par le respect des règles démocratiques dans la région du Moyen-Orient, ne montent pas pour autant aux barricades. La Cour constitutionnelle a pourtant privé le parti au pouvoir de la moitié de son financement pour 2008, un avertissement, disent les juges.

Dans un pays où la recrudescence de la violence armée attribuée au PKK et aux islamistes, notamment l'explosion de bombes dans un quartier populaire d'Istanbul fin juillet, inquiète, la manipulation de la délicate question de la laïcité devrait interpeller les analystes. Mi-juillet 2008, le procureur général d'Istanbul déposait une requête contre le groupe ultranationaliste Ergenekon pour avoir comploté avec d'anciens généraux dans le but de démettre l'AKP du pouvoir[95]. Or l'histoire de la Turquie est faite d'instances de prise du pouvoir par les militaires au nom de la défense de la laïcité et donc, de la démocratie.

5. Conclusion et dossiers à suivre

En conclusion, force est de constater que la violence tant organisée qu'atomisée reste largement répandue dans la région. Mais s'il est une tendance transversale cette année, c'est bien la diminution de l'intensité des conflits, assortie toutefois de leur transformation en luttes larvées inter- et intra-communautaires. Les antagonismes sont loin d'être en voie de résolution mais il n'en demeure pas moins que plusieurs acteurs semblent s'être convertis, dans une certaine mesure au moins, aux vertus de la négociation. Ainsi l'Iran a ouvert des négociations avec l'Irak ; *in fine*, le Hezbollah et le Hamas, bien qu'en position de force relative ne s'opposent pas au dialogue même s'ils y assortissent moult conditions ; quant à la Syrie, son ouverture à l'initiative turque est également remarquable. Non seulement les acteurs régionaux semblent plus ouverts au dialogue, mais la capacité et, significativement, la volonté des pays de la région à faire de la médiation paraissent s'accroître même si la portée reste modeste, les enjeux étant tels, et tellement imbriqués à l'échelle régionale, voire internationale, qu'ils nécessitent l'implication directe ou indirecte des grandes puissances.

À cet égard justement, nous devons également déplorer l'absence des Occidentaux dans les solutions négociées ou les médiations qui ont permis d'améliorer le quotidien des populations captives de la violence. C'est l'Égypte qui joue un rôle entre le Hamas et Israël, le Yemen qui fait office de médiateur entre les factions palestiniennes et le Qatar ainsi que la Ligue arabe qui font ultimement aboutir dans l'accord inter libanais de mai. Enfin, alors que le Quartet piétine, c'est la Turquie qui, cette année, aura ouvert des perspectives de résolution au conflit israélo-syrien.

Faute de s'impliquer dans des diplomaties effectives et calibrées en fonction des objectifs affichés et ce dans une perspective englobant nécessairement l'ensemble des conflits, interreliés, de la région, les puissances occidentales laissent pourrir les situations. Il ne s'agit pas uniquement d'un problème de capacité, comme pourraient le suggérer les limites du militarisme américain en Irak, mais aussi de volontarisme tel qu'illustré par l'incapacité de faire preuve de pragmatisme à l'égard du Hamas afin de débloquer la situation dans les territoires palestiniens.

En cette fin 2008, rien n'est donc réglé au Moyen-Orient. Malgré une baisse de l'intensité des conflits, la transformation de ceux-ci pourraient les rendre plus difficiles à résoudre et, en dernière instance, il est probable que les partis pris de la communauté internationale, qui dénotent d'un manque de volonté politique et d'ambition diplomatique, ne sont guère de nature à juguler la complexification des situations, d'autant plus qu'ils conduisent dans plus d'un cas au renforcement de régimes autoritaires.

--- ⊕ ---

1. Sans pour autant vouloir minimiser l'impact des attentats terroristes survenus en Algérie en décembre 2007 et septembre 2008.
2. Corine Lesnes, « Dernier discours sur l'état de l'Union. George Bush défend son bilan présidentiel », *Le Monde*, 30 janvier 2008, p. 5.

3. « De fait, pour parvenir à ce résultat et tenir compte de la défiance et la suspicion mutuelle qui règnent en maîtres entre les groupes, les trois textes ont été votés en un seul « paquet », chacune des parties craignant que l'accord négocié avec les autres soit dénoncé ou « oublié » sitôt après l'adoption du texte voulu par telle ou telle faction » ; Patrice Claude, « Le Parlement irakien adopte le budget 2008 et les lois d'amnistie et de régionalisation », *Le Monde*, 15 février 2008.

4. James Glanz, « Head of Reconstruction Teams in Iraq Reports Little Progress Throughout Country », *The New York Times*, 19 octobre 2007, p. A10.

5. Pour plus de détails, voir Cécile Hennion, « L'Irak adopte une loi de réhabilitation des ex-baasistes », *Le Monde*, 15 janvier 2008, p. 5.

6. Patrice Claude, « Le pétrole irakien otage des dissensions politiques », *Le Monde*, 1er juillet 2008, p. 4.

7. Cara Buckley, Michael R. Gordon *et al.*, US Says Attacks in Iraq Fell to the Level of Early Last Year », *The New York Times*, 19 novembre 2007, p. A1.

8. Patrice Claude, « En Irak, Al-Kaida ne contrôle plus aucun quartier de Bagdad », *Le Monde*, 19 novembre 2007, p. 5.

9. Patrice Claude, « Le niveau de violence à Bagdad reste suspendu à la trêve décrétée par l'« Armée du Mahdi » », *Le Monde*, 14 février 2008, p. 7.

10. *Loc. cit.*

11. Patrice Claude, « En Irak, Al-Qaïda aurait subi des pertes sévères. Les États-Unis rendent publics des documents pris sur des djihadistes », *Le Monde*, 12 février 2008, p. 1.

12. *Loc. cit.*

13. *Idem*, « En Irak, Al-Kaida ne contrôle plus aucun quartier de Bagdad », *op. cit.*

14. Auparavant, Conseil suprême de la révolution islamique en Irak. Moqtada al-Sadr avait brièvement été associé au CSRI avant de quitter la coalition gouvernementale à l'été 2007 car son chef se refusait à exiger un calendrier total du retrait américain d'Irak ; Patrice Claude, « L'Irak est fragilisé par les combats entre chiites, opposant l'armée aux milices sadristes », *Le Monde*, 29 mars 2008, p. 6 ; Michael Kamber, James Glanz *et al.*, « Iraqi Crackdown on Shiite Forces Sets off Fighting », *The New York Times*, 26 mars 2008, p. A1.

15. Alissa J. Rubin *et al.*, « Truce Holds in Sadr City Amid Patrols by Iraqi Army », *The New York Times*, 18 mai 2008, p. A14.

16. Stephen Farrell et James Glanz, « More than 1,000 in Iraq's Forces Quit Basra Fight », *The New York Times*, 4 avril 2008, p. A1.

17. Alissa J. Rubin, Michael R. Gordon, *et al.* « Iraq Team to Discuss Militias with Iran », *The New York Times*, 1er mai 2008, p. A6.

18. *Loc. cit.* ; Michael R. Gordon *et al.*, « Hezbollah Trains Iraqi Militants in Iran, American Officials Say », *The New York Times*, 5 mai 2008, p. A1.

19. Thom Shanker, Cara Buckley *et al.* « US and Iraq to Negotiate Pact on Long-Term Relations», *The New York Times*, 27 novembre 2007, p. A6.

20. Pour une bonne description des différents positionnements sur le sujet, voir Richard A. Oppel Jr., Stephen Farrell *et al.* « Opposition Grows in Iraq to Security Deal Spelling Out Terms of US Presence », *The New York Times*, 31 mai 2008, p. A 6.

21. Alissa J. RUBIN, « Iraqi Raises Doubts about Deal with US », *The New York Times*, 3 juillet 2008, p. A6.

22. Steven Lee MYERS *et al.* « Bush, in a Shift, Accepts Concept of Iraq Timeline », *The New York Times,* 19 juillet 2008, p. A1.

23. Pour plus de détails sur les efforts américains à cet effet, voir Helene COOPER, David S. CLOUD *et al.* « Bush Administration Urges Iraqi Kurds to Help End Raids into Turkey », *The New York Times*, 23 octobre 2007, p. A.10.

24. Guillaume PERRIER, « Irak. La menace d'un embargo turc inquiète les Kurdes d'Irak », *Le Monde*, 29 octobre 2007, p. 5.

25. Cara BUCKLEY, Sabrina TAVERNISE *et al.*, « Rice Visits Iraq Amid Strain with Turkey », *The New York Times*, 19 décembre 2007, p. A6.

26. Voir l'article de Sam DAGHER, « Les Kurdes trahis par l'ami américain », *The Christian Science Monitor,* dans *Courrier international*, n° 904, 28 février 2008, p. 28.

27. Patrice CLAUDE, « L'offensive turque contre les rebelles kurdes en Irak s'amplifie », *Le Monde*, 26 février 2008, p. 6.

28. Sylvain CYPEL, « États-Unis. Allocution du Président à la Maison-Blanche. M. Bush justifie le maintien de la présence militaire américaine en Irak par la menace iranienne », *Le Monde*, 12 avril 2008, p. 4.

29. James GLANZ et Alissa J. RUBIN, « US and Iran Find Unexpected Common Ground in Iraq's Shiite Conflict », *The New York Times*, 21 avril 2008, p. A12.

30. « Iraqi PM Assures Iran on Security », *BBC News*, 8 juin 2008, news.bbc.co.uk/go/pr/fr/-/2/hi/middle_east/7441329.stm.

31. Nazila FATHI, Richard A. OPPEL Jr. *et al.* « US Troops Causing Instability, Iran's Religious Leader Tells Iraqi Premier », *The New York Times*, 10 juin 2008, p. A11.

32. Patrice CLAUDE, « Irak : 1 145 personnes ont été tuées, selon l'ONU, depuis la reprise des affrontements à Bassora puis à Bagdad », *Le Monde*, 30 avril 2008, p. 4.

33. Mona EL-NAGGAR et Isabel KERSHNER, « Saudis to Join Mideast Talks. Syrians Waver », *The New York Times*, 24 novembre 2007, p. A1.

34. Ethan BRONNER *et al.*, « After Meeting Leaders, Carter Says Hamas and Syria Are Open to Peace with Israel », *The New York Times*, 22 avril 2008, p. A12.

35. Amos HAREL, Barak RAVID et Avi ISSACHAROFF, « Olmert to Haaretz. Syria Contacts are 'Historic Breakthrough' », *Haaretz*, 22 mai 2008.

36. Ethan BRONNER, « Olmert Peace Effort Elicits Cynicism and Hope », *The New York Times*, 23 mai 2008.

37. Le statut des fermes de Chebaa et du village de Ghajar, la question des détenus libanais dans les geôles israéliennes.

38. Michael SALCKMAN et Nada BAKRI, « Prisoners' Homecoming a Triumph for Hezbollah », *The New York Times*, 17 juillet 2008, p. A1.

39. Engagé dans une politique d'ouverture à la Syrie depuis la sortie de crise au Liban, Nicolas Sarkozy a réaffirmé sa volonté d'une plus grande implication française et européenne dans la résolution des différends du Proche-Orient tant lors du sommet de l'Union pour la Méditerranée que lors de son passage à Damas début septembre 2008. Toutefois, il semble admis que, au-delà de la France, la Syrie cherche à renouer avec les États-Unis et à les impliquer dans des discussions de paix avec Israël ; « Au-delà de la visite de Sarkozy, la

Syrie regarde vers Washington », *AFP*, 2 septembre 2008. Au moment où ces lignes sont rédigées, l'on apprend que le ministre syrien des Affaires étrangères, Walid Mouallem, a rencontré la secrétaire d'État Rice à l'occasion de l'Assemblée générale de l'ONU ; « Syria FM Met with Rice in NY Last Week », *Haaretz*, 30 septembre 2008.

40. Marie-Joëlle ZAHAR, « Les conflits au Moyen-Orient. Entre localisme et globalisme », dans M. FORTMANN, G. HERVOUET et A. LEGAULT (dir.), *Les Conflits dans le monde 2007*, Québec, QC, Institut québécois des hautes études internationales/Les Presses de l'Université Laval, 2007, pp. 114-124.

41. Dominique VIDAL, « Le Proche-Orient remodelé. Dans les coulisses d'Annapolis », *Le Monde diplomatique*, novembre 2007, p. 14.

42. Michel BÔLE-RICHARD, « Mme Rice doit arbitrer entre les positions israélienne et palestinienne », *Le Monde*, 16 octobre 2007, p. 7.

43. Sur la gestation, le contenu et les péripéties de l'adoption de cette feuille de route, voir Elena Aoun, « The European Foreign Policy and the Arab-Israeli Dispute. Much Ado about Nothing ? », *European Foreign Affaires Review*, vol. 8, n° 3, 2003, pp. 305-310.

44. Sylvain CYPEL, « L'Administration Bush est divisée sur le dossier israélo-palestinien », *Le Monde*, 15 octobre 2007, p. 5.

45. Le plan de paix arabe, qui offre une normalisation complète en échange de la fin de l'occupation des territoires arabes saisis en 1967, a été reconfirmé par le Sommet arabe tenu à Damas en mars 2008 malgré l'absence de plusieurs chefs d'État modérés.

46. Joharah BAKER, « Le sommet de la dernière chance », *Miftah* (trad.), dans *Courrier international*, n° 890, 22 novembre 2007, p. 12.

47. Hani AL-MASRI, « Annapolis, notre risible victoire », *Al-Ayyam* (trad), dans *Courrier international*, n° 892, 6 décembre 2007, p. 30 ; Jeremy BOWEN, « Analysis. After Annapolis », *BBC*, 4 décembre 2007, news.bbc.co.uk/go/pr/fr/p2/hi/middle_east/7126541.stm.

48. Sylvain CYPEL, Les États-Unis s'engagent pour un État palestinien avant la fin de 2008 », *Le Monde*, 29 novembre 2007, p. 4.

49. Michel BÔLE-RICHARD, « Israël fait de la sécurité la priorité des discussions avec les Palestiniens », *Le Monde*, 4 décembre 2007, p. 6.

50. *Idem*, « Difficile première séance de négociations entre Israéliens et Palestiniens », *Le Monde*, 14 décembre 2007, p. 5.

51. Les contributions sont ainsi réparties : Europe, 53 % ; Amérique du Nord, 11 % ; pays arabes, 20 % ; autres pays, 5 % ; organisations internationales, 11 % ; LA DOCUMENTATION FRANÇAISE, *Chronologie internationale, Moyen-Orient*, 2007, www.ladocumentation francaise.fr/monde/chronologies/moyen-orient-2007.shtml.

52. Michel BÔLE-RICHARD, « Territoires palestiniens. l'efficacité de l'aide internationale dépend des bouclages israéliens », *Le Monde*, 17 décembre 2007. À noter que la deuxième conférence de suivi, prévue pour le mois de janvier 2008 à Moscou, n'aura jamais lieu.

53. Isabel KERSHNER, « Israeli-Palestinian Negotiations Show Signs of Discord », *The New York Times*, 20 février 2008, p. A13.

54. Helene COOPER, « Pressed by Rice, Palestinian Leader Agrees to Return to Peace Talks With Israel », *The New York Times*, 1er avril 2008, p. A12.

55. Isabel KERSHNER, « Israeli and Palestinian Leaders Meet, Agreeing to Peace Talks Without Suspension », *The New York Times*, 8 avril 2008, p. A8.

56. Certains observateurs israéliens estiment que les révélations faites par Talansky, ancien soutien d'Olmert, est une tentative délibérée d'entraver tout progrès avec les Palestiniens ; Michel BÔLE-RICHARD, « Les négociations de paix israélo-palestiniennes menacées », *Le Monde*, 30 mai 2008, p. 4.

57. Benjamin BARTHE, « Mme Rice s'engage pour débloquer les négociations israélo-palestiniennes », *Le Monde*, 31 juillet 2008, p. 5.

58. Michel BÔLE-RICHARD, « L'aile modérée du Hamas tente de renouer le dialogue avec le Fatah après la crise de Gaza », *Le Monde*, 12 octobre 2008, p. 6.

59. Steven ERLANGER, « Palestinian President Meets With Hamas Officials for the First Time Since June », *The New York Times*, 3 novembre 2007, p. A10.

60. Michel BÔLE-RICHARD, « Israël 'en guerre' contre le Hamas, décrète un blocus total de Gaza », *Le Monde*, 21 janvier 2008, p. 6.

61. Steven ERLANGER *et al.*, « Hamas Pierces Egypt Border, Opening Gaza », *The New York Times*, 24 janvier 2008, p. A1.

62. Michel BÔLE-RICHARD, « L'Égypte est confrontée à son tour au casse-tête de la bande de Gaza », *Le Monde*, 26 janvier 2008, p. 6.

63. De fait, l'Égypte fait l'objet d'une campagne en règle à l'automne 2007, des Israéliens multipliant les interventions auprès des sénateurs américains afin de mettre dans la balance une suspension d'une partie de l'aide américaine au Caire ; Steven ERLANGER *et al.*, « Israel Urges Egypt to Act Against Hamas », *The New York Times*, 9 novembre 2007, p. A15.

64. « Abbas Rules Out Talks With Hamas », *Jerusalem Post*, 30 janvier 2008.

65. Isabel KERSHNER et Taghreed EL-KHODARY, « Hamas and Egypt to Work on Sealing Gaza Border », *The New York Times*, 3 février 2008, p. A10.

66. LA DOCUMENTATION FRANÇAISE, *Chronologie internationale, Moyen-Orient*, mars 2008 www.ladocumentationfrancaise.fr/monde/chronologies/moyen-orient-2008.shtml #mars.

67. Ron BEN YISHAY, « Après les frappes terrestres, l'offensive terrestre », *Yediot Aharonot (trad.), Courrier international*, n° 902, 14 février 2008, p. 28.

68. Taghreed EL-KHODARY, Isabel KERSHNER *et al.*, « As Israeli Forces Withdraw From Northern Gaza, Hamas Celebrates its Rocketry », *The New York Times*, 4 mars 2008, p. A12.

69. Cet acte aurait été motivé par l'assassinat d'Imad Moughnieh, le 12 février, à Damas par voiture piégée ; « Eight killed at Jerusalem School », BBC, 7 mars 2008, news.bbc.co.uk/go/pr/fr/-/2/hi/middle_east/7282269.stm.

70. Helene COOPER, « Pressed by Rice, Palestinian Leader Agrees to Return to Peace Talks With Israeli », *The New York Times*, 1er avril 2008, p. A12.

71. LA DOCUMENTATION FRANÇAISE, *Chronologie internationale, Moyen-Orient*, avril 2008, www.ladocumentationfrancaise.fr/monde/chronologies/moyen-orient-2008.shtml#avril.

72. *Idem, Chronologie internationale, Moyen-Orient*, juillet et septembre 2008, www.ladocumentationfrancaise.fr/monde/chronologies/moyen-orient-2008.shtml#juillet, www.ladocumentationfrancaise.fr/monde/chronologies/moyen-orient-2008.shtml#septembre.

73. Michel BÔLE RICHARD, « Étranglée par le blocus, Gaza sombre dans la misère et les pénuries », *Le Monde*, 26 avril 2008 ; Jimmy CARTER, « The World Must Stop Standing Idle While the People of Gaza Are Treated With Such Cruelty », *The Guardian*, 5 mai 2008 ; Alvaro DE SOTO, *End of Mission Report*, mai 2007, image.guardian.co.uk/sys-files/ Guardian/documents/2007/06/12/DeSotoReport.pdf. M. de Soto s'adressait alors en qualité de coodinateur spécial de l'ONU pour le processus de paix au Moyen-Orient au secrétaire général de l'ONU.

74. Akiva Eldar, « UN. Despite Israel's Promises, West Bank Barriers Have Increased », *Haaretz*, 22 janvier 2008.

75. Isabel KERSHNER, « Israeli and Palestinian Leaders Meet, Agreeing to Peace Talks Without Suspension », *The New York Times*, 8 avril 2008, p. A8 ; « Israël poursuit la colonisation à Jérusalem-Est », *Le Monde.fr*, 9 juillet 2008.

76. « Israël reporte l'évacuation de la plus grande colonie sauvage de Cisjordanie », *Le Monde.fr*, 15 août 2008 ; Uri BRAU, « Behind Closed Doors, Police Admit 'Turning a Blind Eye' to Settler Violence », *Haaretz*, 15 août 2008.

77. Michel BÔLE-RICHARD, « Les colonies israéliennes continuent de se développer en Cisjordanie », *Le Monde*, 9 novembre 2007, p. 8.

78. Steven ERLANGER, « Nudged by Bush, Israel Talks of Removing Illegal Outposts », *The New York Times*, 5 janvier 2008. p. A4.

79. Steven ERLANGER et Steven LEE MYERS,« Bush Begins Mideast Peace Effort Bonded With Olmert », *The New York Times*, 10 janvier 2008, p. A8 ; Sheryl GAY STOLBERG, « Bush's Speech Prods Middle East Leaders », *The New York Times*, 19 mai 2008, p. A7.

80. Michel BÔLE-RICHARD, « Ehud Barak présente comme inéluctable un partage de Jérusalem avec les Palestiniens », *Le Monde*, 3 janvier 2008, p. 4.

81. Thomas FERENCZI, « L'UE et Israël s'engagent dans un 'partenariat renforcé' qui mécontente les Palestiniens », *Le Monde*, 17 juin 2008, p. 4.

82. « Shin Bet. Separation Fence Fueling Attacks by East Jerusalem Arabs », *Reuters*, 24 septembre 2008.

83. Marie-Joëlle ZAHAR, « Les conflits au Moyen-Orient. Entre localisme et globalisme », dans M. FORTMANN, G. HERVOUET et A. LEGAULT (dir.), *Les Conflits dans le monde 2007*, Québec, QC, Institut québécois des hautes études internationales/Presses de l'Université Laval, 2007, pp. 104-114.

84. Composée des ministres français, espagnol et italien des Affaires étrangères, respectivement Bernard Kouchner, Miguel Angel Moratinos et Massimo d'Alema.

85. Mouna NAIM, « Liban à l'approche de l'élection présidentielle. Saad Hariri accuse la Syrie de chercher à l'assassiner », *Le Monde*, 1er novembre 2007, p. 6.

86. Robert F. WORTH et Nada BAKRI, « Bomb Kills Lebanese General Who Battled Militants », *The New York Times*, 13 décembre 2007, p. A3.

87. Voir notamment Mouna NAIM, « Chiites et sunnites s'affrontent au Liban, où le Hezbollah défie le gouvernement », *Le Monde*, 9 mai 2008, p. 6.

88. Robert F. WORTH et Nada BAKRI, « Feuding Political Camps in Lebanon Agree to Talk to End Impasse », *The New York Times*, 16 mai 2008, p. A10.

89. Ferry BIEDERMANN, « Liban. Une présidence à hauts risques », *Financial Times*, trad. *Courrier international*, n° 917, 29 mai 2008, p. 34.

90. Marie-Joëlle Zahar, « Le Liban au cœur des tensions régionales », dans B. Badie et S. Tolotti (dir.), *L'État du monde 2008*, Paris/Montréal, La Découverte/Éditions Boréal, 2007, pp. 119-122.

91. George Corm, *Le Proche-Orient éclaté*, Paris, Gallimard, 2000.

92. Il est bon de rappeler que le président, syrien Bachar al-Assad, et sa garde rapprochée sont alaouites et que les combats qui opposent les membres de cette communauté aux sunnites du Nord-Liban doivent être analysés en partie comme une continuation de la lutte entre la majorité parlementaire libanaise et le pouvoir syrien.

93. « Turkey's Ruling Party Escapes Ban », bbc *News*, 30 juillet 2008, news.bbc.co.uk/go/pr/fr/-/2/hi/europe/7533414.stm.

94. Guillaume Perrier, « Les hussards de la Turquie kémaliste », *Le Monde*, 3 juillet 2008, p. 21.

95. Sebnem Arsu, « Turkey Charges 86, Including Ex-Military Officers, in Coup Plot », *The New York Times*, 15 juillet 2008, p. A9.

L'Afrique subsaharienne
Des dynamiques encourageantes malgré les crises

*Mamoudou Gazibo et Béatrice Kankindi**

Il y a quelques années, le rapport annuel des *Conflits dans le Monde* avait évoqué une évolution possible de l'Afrique subsaharienne vers la paix. Mais les évènements subséquents en République démocratique du Congo, en Côte d'Ivoire, en Somalie et ailleurs avaient vite obscurci cette perspective. Il y a un an encore, l'observation des grandes zones de conflit sur le continent laissait une image des plus mitigées, les baisses de tension s'accompagnant de l'éclatement de nouveaux conflits dont notamment la dynamique islamiste en Somalie et la régionalisation de l'instabilité affectant le Soudan, le Tchad et la République centrafricaine. Depuis quelques mois cependant, l'espoir semble l'emporter de nouveau car bien que d'importants foyers de tensions demeurent encore un peu partout, dans les régions qui étaient les plus dramatiquement dévastées par l'instabilité, on s'est acheminé sinon vers une sortie totale de crise, du moins vers une diminution notable des tensions. Ces évolutions sont

---
* Mamoudou Gazibo est professeur agrégé au Département de science politique de l'Université de Montréal. Béatrice Kankindi est titulaire d'une maîtrise en études internationales de l'Université de Montréal.

inégales toutefois. En Afrique de l'Ouest et en Afrique centrale (sauf au Tchad), l'heure n'est plus aux grands affrontements des années précédentes et des avancées significatives vers la paix sont observables. Cela est moins vrai en Afrique de l'Est en raison des crises croisées au Soudan et au Tchad et des velléités islamistes toujours vivaces en Somalie. Il reste toutefois à savoir si les années qui viennent confirmeront une tendance durable vers la paix étant donné que si cette baisse de tension est parfois le produit d'accords partagés par les acteurs, dans bien des cas, elle est le fruit du rapport des forces du moment qui permet à une des parties d'imposer sa paix.

1. Baisse de tension en Afrique de l'Ouest

En Afrique de l'Ouest, on a assisté à une baisse de tension significative au cours de l'année précédente. Des pays troublés l'an dernier, plusieurs ne font plus l'actualité. Le Togo qui était au bord de la guerre civile après les violences qui ont accompagné l'élection présidentielle de 2005 a retrouvé le calme avec la signature des accords entre les différents partis sous l'égide du président burkinabé Blaise Compaoré. Le Liberia, principal épicentre des conflits ouest africains ces vingt dernières années, semble enfin apaisé avec le transfert de l'ancien dictateur Charles Taylor devant la Cour pénale internationale et son procès pour crimes contre l'humanité commis en Sierra Leone. Même dans les pays qui ont retenu l'attention au cours des douze derniers mois, on constate une accalmie par rapport à la période antérieure. Ainsi, en Côte d'Ivoire, les armes se sont tues et des tractations sont menées en vue de l'organisation d'élections générales pour mettre un terme définitif à la guerre civile déclenchée en 2002. Dans le Sahara nigéro-malien, bien qu'il n'y ait pas d'accords de paix, les rebelles touaregs perdent du terrain au plan militaire.

A. Côte d'Ivoire : vers des élections et une sortie de crise définitive ?

Après l'échec des différents accords de paix signés à Marcoussis, Accra et Pretoria qui a fait planer à plusieurs reprises les risques d'une reprise de la guerre civile, l'espoir d'une paix durable s'est installé de nouveau au lendemain de l'Accord de Ouagadougou signé en mars 2007 après la médiation du président Blaise Compaoré du Burkina Faso. Cet accord, qui diffère des précédents, puisqu'il a directement impliqué les principaux belligérants, est présenté comme une *solution ivoirienne* à la crise. Au plan externe, l'Accord de Ouagadougou a favorisé un réchauffement des relations de la Côte d'Ivoire avec ses voisins du Nord, notamment le Mali et le Burkina Faso qui étaient perçus comme des soutiens à la rébellion par le pouvoir d'Abidjan[1]. Au plan interne, une illustration de ce retour à la paix est sans doute le symbole du 30 juillet 2007, lorsque pour la première fois depuis la campagne présidentielle de 2000 et le déclenchement de la rébellion le 19 septembre 2002, le chef de l'État ivoirien s'est rendu à Bouaké, le fief des rebelles en compagnie de leur chef le premier ministre, Guillaume Soro, pour y célébrer la « Flamme de la paix[2] ». De façon symbolique, les deux chefs de l'Exécutif ont brûlé au stade de Bouaké quelques armes récupérées auprès d'anciens rebelles du Nord[3]. Un autre exemple de la décrispation de la situation a été la visite effectuée par Guillaume Soro le 20 octobre 2007 à Gagnoa, le fief du président Gbagbo, avec le soutien des jeunes patriotes qui le vilipendaient jusqu'alors.

L'Accord de Ouagadougou ouvre donc la voie à une sortie de crise en permettant d'instaurer une certaine accalmie. Ceci est particulièrement important dans la perspective de la tenue de l'élection présidentielle qui, après maints reports, est aujourd'hui fixée au 30 novembre 2008.

Les défis restent cependant importants. En premier lieu, le calendrier de la mise en application dudit Accord a connu quelques retards. L'identification des populations, une étape cruciale dans le processus de paix en Côte d'Ivoire, a pris du retard malgré le lancement des audiences foraines à partir du 25 septembre 2007. Les Nations Unies, qui accompagnent le processus de paix par le biais de l'Opération des Nations Unies en Côte d'Ivoire (onuci), agissent de concert avec les autorités ivoiriennes pour rattraper le retard et permettre la tenue des élections présidentielles le 30 novembre prochain. En octobre 2007, le Secrétaire général de l'onu a nommé un nouveau chef de mission en la personne du diplomate sud-coréen, Choi Young-Jin. Les relations souvent tendues par le passé entre l'onu et les parties en conflit semblent s'améliorer.

En second lieu, en dépit de la volonté affichée de l'Exécutif quant à la mise en œuvre effective de l'Accord de Ouagadougou, le processus de cantonnement, de désarmement et de démantèlement des milices est toujours inachevé. Les milices favorables au pouvoir du président

Gbagbo restent actives et en raison d'un manque de fonds, il n'a toujours pas été possible de procéder au cantonnement et à la démobilisation des anciens combattants de la Rébellion. Pour compliquer la situation, des vives tensions (qui ont conduit en juin 2007 à un attentat contre l'avion du premier ministre Soro) persistent toujours aussi bien au sein des ex-rebelles (nord et centre-ouest), que parmi les groupes d'autodéfense du sud et de l'ouest. Par exemple, à la fin du mois de juin 2008 des soldats des Forces nouvelles (rébellion) se sont soulevés à Vavoua et Séguéla, au nord-ouest de la Côte d'Ivoire. Ils protestaient contre le renvoi en mai 2008 par le premier ministre, Guillaume Soro, pour indiscipline, du chef de guerre rebelle, Zacharia Koné (entre autres), commandant de la zone 5 des Forces nouvelles et son remplacement par le commandant, Issiaka Ouattara. Dans la zone de Seguéla, les mutins ont pris des otages, exigeant la réhabilitation des chefs militaires remplacés ainsi que le versement des primes de démobilisation. Cette mutinerie traduit toute la complexité liée à la transition postconflit et au processus de désarmement, démobilisation et réinsertion (DDR) dans ce pays[4]. Selon Hervé Gouaméné, le président de l'organisation non gouvernementale de défense des droits humains, Action pour la protection des droits de l'homme (APDH), ces troubles expliquent les difficultés de la mise en application du processus de sortie de la crise[5].

Des initiatives se multiplient toutefois pour éviter un déraillement du processus. Ainsi, le secrétaire général de l'ONU, Ban Ki-moon, a demandé la prolongation du mandat de l'ONUCI jusqu'au 31 janvier 2009[6]. De son côté, le président Laurent Gbagbo et son Premier ministre multiplient les visites et les gestes pour rassurer. Le Président s'est rendu dans les régions qui lui étaient hostiles et, en compagnie du Premier ministre à Séguéla et Vavoua à la mi-juillet 2008 pour apaiser la situation créée à la suite des mutineries décrites ci-dessus. Il y fallait surtout rassurer quant à la poursuite du processus de paix et à la tenue de l'élection présidentielle en novembre 2008[7].

Aujourd'hui, la situation semble redevenue calme sur l'ensemble du territoire ivoirien. Un an après la réunification de la Côte d'Ivoire, il n'y a plus de « zone tampon » de l'ONU entre les ex-belligérants. Depuis le 30 juillet 2008, la « zone verte » qui avait remplacé l'ancienne « zone de confiance[8] » n'existe plus. Tel que prévu par l'Accord politique de Ouagadougou[9], l'ONUCI a progressivement supprimé ses postes d'observation. L'ancien ennemi, le Burkina Faso, joue un rôle majeur dans ce processus et le président Gbagbo vient y effectuer de nouveau des visites officielles. La marche vers une paix durable semble à portée de main bien que les défis soient encore très importants, les plus cruciaux restant le démantèlement effectif des groupes armés, la tenue d'une élection présidentielle transparente en novembre (dont on évoque déjà le report) et l'acceptation des résultats par les candidats.

B. Niger-Mali : vers la fin des irrédentismes touaregs ?

Bien que le Nord du Mali et du Niger soit encore en proie à l'instabilité à la suite du déclenchement de rébellions armées touarègues, l'intensité du conflit semble avoir baissé dans les deux pays depuis quelques mois. Ceci est vrai notamment au Niger où la rébellion est bien mieux organisée à l'inverse du Mali où la situation ressemble plus à l'aventure solitaire d'un groupuscule formé par des membres de l'ancienne rébellion des années 1990. Au Niger, le Mouvement des Nigériens pour la justice (MNJ) est apparu selon ses fondateurs en réaction contre l'injustice que l'État ferait subir aux populations touaregs du Nord ; à la sous représentation des Touaregs dans les institutions ; et au partage inéquitable des recettes tirées de l'exploitation de l'uranium dont le pays est en passe d'être le premier producteur mondial.

Dans les faits, la résurgence de la rébellion par le biais du MNJ est liée à des causes plus complexes. Il y a d'abord, et ce point est commun au Niger et au Mali, des raisons historiques liées au projet de la France à la fin de l'époque coloniale, de créer un État touareg dans la zone saharienne, qui a forgé l'imaginaire des dissidents touaregs. Il y a ensuite les défaillances des autorités à appliquer dans leur intégralité les différents accords de paix signés entre 1994 et 1998, ce qui a suscité de la frustration chez de nombreux ex-combattants. Enfin, la rébellion apparaît aussi comme le produit de clivages entre élites touaregs pour la représentation de leur communauté et la légitimité génératrice de bénéfices politico-administratifs qui en découle. Ce dernier point est particulièrement évident au Niger où le MNJ apparaît comme un mouvement créé par des individus tels Aghali Alambo et Achrif Mohamed qui occupaient un rôle secondaire dans la rébellion des années 1990. De ce fait, ils n'ont pas bénéficié des privilèges accordés à leurs aînés comme Rhissa Ag Boula, qui fut ministre pendant huit ans avant de tomber en disgrâce après son implication dans une affaire de meurtre d'un rival politique. Les rivalités se voient aussi à travers la tentative avortée de Rhissa Boula, en fuite en France et condamné à mort par contumace depuis plusieurs mois, de prendre la direction du MNJ. Devant cet échec, il a créé un nouveau groupe, pour l'instant non actif militairement, appelé le Front des forces du redressement (FFR).

La situation est similaire au Mali, où, sous la direction d'Ibrahim Ag Bahanga, un groupe d'anciens combattants touaregs subalternes des années 1990 a mené une série d'attaques et d'enlèvements contre l'armée nationale[10]. Une des différences importantes entre les deux pays réside cependant dans l'implication apparemment plus évidente (ou du moins supposée) d'acteurs externes au Niger. Ceci s'explique par les rivalités pour le contrôle de l'exploitation des mines d'uranium et l'acquisition de permis d'exploration pétrolière à la suite de la décision du gouvernement de briser le monopole de la France et d'ouvrir la porte à des pays comme la Chine ou le Canada. Comme on a pu le relever, « le conflit nigérien s'inscrit en effet dans un contexte international dont les acteurs [la France à travers le groupe nucléaire Areva et la Libye notamment] sont tour à tour sollicités et montrés du doigt par le gouvernement nigérien comme par le MNJ[11] ».

Après avoir démarré en trombe, ces révoltes semblent de plus en plus contenues par les autorités qui ont adopté une ligne dure, notamment au Niger où le gouvernement ne reconnaît pas l'existence d'une rébellion, préférant évoquer des « bandits armés ». La stratégie de la ligne dure s'explique par le fait que le pouvoir se retrouve coincé. L'armée, qui a perdu une soixantaine d'hommes depuis le début du conflit, ne veut pas entendre parler d'insertion des rebelles dans ses rangs. Les jeunes activistes réunis dans un « mouvement citoyen », confrontés au chômage, refusent toute idée d'intégration de ces rebelles dans l'administration comme ce fut le cas dans les années 1990. Cette stratégie fonctionne-t-elle ? C'est ce que pensent les autorités de Niamey qui, à la faveur des importantes rentrées de ressources générées par l'ouverture du secteur minier à de nouveaux acteurs comme la Chine, dote l'armée d'équipements et lui demande d'en finir avec l'insécurité. Le démantèlement de la principale base rebelle et la mort à cette occasion du numéro 2 de la rébellion en juillet 2008 ont affaibli un mouvement qui enregistre de nombreuses défections depuis lors. Néanmoins, une solution militaire définitive paraît improbable en raison de la configuration de cette zone montagneuse où il est toujours possible d'entretenir une insécurité persistante ; ainsi que de la transnationalisation du conflit avec des collusions avérées entre rebelles des deux pays. C'est peut-être ce qui explique qu'au Mali voisin, où le problème a pris une envergure moindre il est vrai, les autorités mènent la bataille militaire tout en ouvrant plus qu'au Niger la voie du dialogue. En août 2008, le gouvernement nigérien a même annoncé la reddition imminente des rebelles touaregs du Mouvement des Nigériens pour la justice qui avaient lancé leurs premières attaques contre les forces gouvernementales au début de l'année 2007. Cette information a vite été démentie par le chef du mouvement[12], mais il est clair ces derniers mois que le MNJ a été affaibli.

Dans ce conflit, les gouvernements semblent cependant avoir à terme une longueur d'avance pour des raisons internes et externes : au plan interne, ces rébellions sont extrêmement impopulaires dans une opinion publique excédée par ces sempiternelles révoltes. Au plan externe, elles ont peu de chances d'être légitimées en raison de la lutte globale contre le terrorisme menée par les États-Unis qui voient dans ces zones d'instabilité, des nids potentiels de refuge pour les terroristes d'Al Qaïda et des mouvement salafistes actifs dans l'Algérie voisine. Dans une zone de plus en plus quadrillée par les États-Unis à travers la Trans-Sahara Counterterrorism Initiative à laquelle le Niger et le Mali participent, en plus des pays du Maghreb et de pays plus éloignés du théâtre des opérations comme le Sénégal ou le Nigeria, il est difficile de laisser de tels mouvements rebelles prospérer.

2. La paix au forceps en Afrique centrale

Ce qui distingue l'Afrique centrale de l'Afrique de l'Ouest, ce n'est pas simplement la plus grande intensité des conflits qui ont ravagé la République démocratique du Congo, le Burundi et le Rwanda par le passé, mais aussi la plus grande complexité et la régionalisation plus extrême de ses conflits. Ici aussi, à l'instar de l'Afrique de l'Ouest, l'année écoulée, pour mouvementée qu'elle ait été, semble dessiner un certain apaisement de la situation. Il y a eu au Burundi, en Ouganda, et en République démocratique du Congo notamment, de nombreux combats. Mais on n'est plus dans les affrontements à très grande échelle des années précédentes. Néanmoins, la complexité de l'environnement de cette région y rend les chemins de la paix plus tortueux, plus incertains et plus réversibles.

A. Burundi : Une paix fragile malgré le retour historique des FNL

Le Burundi tente toujours difficilement de se remettre de la guerre civile déclenchée en 1993 et qui a causé la mort de plus de 300 000 personnes[13]. Depuis l'élection de l'ancien chef rebelle Pierre Nkurunziza à la présidence à la suite des accords de paix, le pays navigue entre des périodes d'accalmie et des troubles dont l'ampleur a parfois fait craindre la remise en cause des institutions et le retour à la guerre civile.

Au cœur des derniers évènements, il y a la crise politique déclenchée en février 2007, marquée entre autres par l'éviction et l'arrestation d'Hussein Radjabu, l'ancien président du parti au pouvoir, le Conseil national pour la défense de la démocratie (CNDD-FDD). Cette crise s'est propagée à l'ensemble du paysage politique. Elle a d'abord provoqué la dissidence d'une vingtaine de députés et la perte de la majorité que le président détenait à l'Assemblée nationale. Ensuite, emboîtant le pas aux dissidents du CNDD-FDD, les députés du Front pour la démocratie au Burundi (Frodebu) désertent aussi l'Assemblée nationale qui, faute de quorum, va rester paralysée jusqu'à la fin de juin 2007.

Pour tenter de trouver une issue à la crise, les chefs de ces partis politiques ainsi que de l'Union pour le progrès national (Uprona) tentent de s'accorder sur un remaniement ministériel[14]. Profitant de cette situation, le Frodebu, exige six postes ministériels, des éclaircissements sur la gestion économique du CNDD-FDD et sur les violations des droits humains[15]. Un nouveau gouvernement incluant l'opposition est formé finalement le 13 juillet 2007, mais des scissions internes persistent et, en addition aux actions armées sporadiques, retardent la stabilisation politique.

L'année a été marquée aussi par d'intenses initiatives diplomatiques internationales pour aider à la stabilisation du pays. En effet, sous la pression de la communauté internationale, Agathon Rwasa, le chef du Parti pour la libération du peuple hutu-Forces nationales de libération (Palipehutu-FNL), est rentré au Burundi le 30 mai 2008, après vingt années passées dans le maquis. Ce retour fait suite à l'ultimatum de dix jours lancé par l'Initiative régionale pour la paix au Burundi[16] et l'obligeant à rentrer au Burundi après des mois passés en Tanzanie. Une délégation des FNL a précédé l'arrivée de son chef à Bujumbura pour prendre part au Mécanisme conjoint de vérification et de suivi (MCVS) de l'accord de cessez-le-feu signé en 2006 ainsi qu'au Directoire politique. Ce dernier est composé des représentants du gouvernement du Burundi, du FNL, de la Tanzanie, de l'Ouganda, de la Facilitation sud-africaine, de l'Union africaine, de l'Union européenne et des Nations Unies. Le Directoire politique est présidé par l'ambassadeur, Kingsley Mamabolo, pour le compte du Facilitateur (gouvernement sud-africain) du processus de paix au Burundi[17].

L'arrivée d'Agathon Rwasa à Bujumbura constitue une étape significative dans l'évolution du processus de paix au Burundi même si certaines questions de fond restent encore en suspens[18]. En effet, les négociations sur la question de l'immunité sur un accord politique et un accord technique des forces militaires se poursuivront à Bujumbura. Le pouvoir du CNDD-FDD avait accordé une immunité aux membres Palipehutu-FNL en 2006, mais ses représentants exigent qu'une loi appropriée soit votée par les deux chambres du parlement.

Ce « retour historique[19] », n'est pas un fait isolé puisque, depuis quelques jours, les événements se sont accélérés au Burundi. En effet, après l'offensive du 17 avril 2008 menée par les FNL sur Bujumbura et quatre provinces de l'ouest du pays, qui ont causé la mort de 65 personnes[20] selon des sources officielles, les craintes de voir des affrontements sanglants à grande échelle dans le pays, amènent le pouvoir dirigé par le président, Pierre Nkurunziza, et la dernière rébellion active à signer un accord de cessation des hostilités le 26 mai 2008.

Toutefois, si l'arrivée d'Agathon Rwasa est un signe positif de plus vers une paix durable, force est de reconnaître que la consolidation de la paix au Burundi est encore parsemée d'obstacles. La situation s'est détériorée sur les plans politiques, sécuritaire et humanitaire. Des combats violents opposent régulièrement les Forces de sécurité nationale au Palipehutu-Forces nationales de libération (le Parti de libération du peuple hutu-Palipehutu est la branche politique des FNL) et la criminalité augmente. Ainsi, dans son rapport annuel publié le 21 juillet 2008, la ligue burundaise des droits de l'homme, Iteka, souligne qu'en 2007, il y a eu plus de 640 cas d'assassinats contre 567 répertoriés en 2006[21]. Des actes de barbarie qui s'expliquent par des règlements de compte, des assassinats ciblés[22], le banditisme à main armée et des conflits fonciers.

Pour le président de l'Iteka, la politique de désarmement au Burundi est un échec puisque « seulement 5 000 armes ont été remises dans un pays où les armes aux mains des civils de tous les calibres sont estimées à plus de 100 000[23] ». Une situation qui compromet les espoirs suscités par l'avènement du pouvoir démocratiquement élu, d'autant plus que les défections au sein du CNDD-FDD, le parti au pouvoir, se sont multipliées.

Enfin, deux mois après le retour des FNL au pays, malgré la décrispation politique et l'accalmie, la question du nouveau statut des FNL oppose toujours le gouvernement aux rebelles burundais. L'appellation du parti politique « Palipehutu-FNL » constitue encore une pierre d'achoppement. En effet, selon la Constitution burundaise, aucun parti à connotation ethnique, religieuse ou régionale, ne peut être reconnu. Or, les dirigeants du Palipehutu refusent de changer ce nom arguant que le CNDD-FDD a maintenu son appellation. Pour Agathon Rwasa, chef du Palipehutu-FNL, « le Conseil pour la défense de la démocratie/Forces de défense de la démocratie [CNDD-FDD, ancienne rébellion principale et actuellement au pouvoir] n'a pas eu besoin de changer son nom de guerre pour mériter l'agrément en tant que parti politique et la même faveur devrait s'appliquer au Palipehutu-FNL[24] ». Cet argument est rejeté bien entendu par le gouvernement. À la question identitaire s'ajoute aussi celle de savoir la place qui sera réservée au Palipehutu-FNL dans les différentes institutions étatiques et sa capacité d'adaptation au nouvel environnement politique du Burundi. Des progrès ont été accomplis au Burundi, mais le chemin de la paix sera encore long.

B. La République démocratique du Congo : accalmie relative malgré les tensions à l'Est

En dépit de la persistance de l'insécurité dans l'Est de son immense territoire, la République démocratique du Congo a connu une certaine accalmie au cours de l'année écoulée, fruit d'un mélange de stratégies de la carotte et du bâton. D'une part, l'exil du sénateur Jean-Pierre Bemba après de sanglants affrontements entre ses partisans et les forces gouvernementales à Kinshasa et sa récente inculpation par la Cour pénale internationale (CPI) ont affaibli le potentiel déstabilisateur de l'ex principal mouvement armé et renforcé le pouvoir du président, Joseph Kabila. Arrêté en mai 2008 à la demande de la Cour, Jean-Pierre Bemba est accusé notamment des crimes commis par ses hommes lorsqu'à la demande du président de la Centrafrique, Ange Patassé, ils sont intervenus à Bangui, commettant des meurtres et des viols à grande échelle d'octobre 2002 à mars 2003[25]. Considéré comme une des principales menaces pesant sur les accords de paix, son éloignement de la scène congolaise semble avoir refroidi ses partisans et verrouillé leurs velléités de reprise des armes.

Cette situation ne signifie pas pour autant un contrôle effectif des autorités sur le territoire, ni une pacification totale du pays et ce, en dépit de la présence de la Mission des Nations Unies au Congo (MONUC), forte de plus de 20 000 soldats intervenant parfois aux côtés des forces gouvernementales contre les rebelles. Les défis sécuritaires auxquels le pays continue de faire face sont nombreux.

En premier lieu, au plan humanitaire, l'insécurité dans l'est ainsi que les vagues d'expulsions des réfugiés congolais en provenance de l'Angola, sont souvent accompagnés de violations des droits humains. Ainsi, au Kasaï occidental, on compte aujourd'hui de nombreuses femmes expulsées de l'Angola, qui ont subi des violences sexuelles. L'organisation Médecins sans frontières (MSF) a même dénoncé l'usage systématique « du viol et des violences par l'armée angolaise contre les migrants congolais qui travaillent dans les mines de diamants de la province angolaise de Lunda Norte au cours de leur expulsion[26] .».

En second lieu, la circulation des armes légères entraîne une recrudescence de l'insécurité, à l'origine des crimes à caractère politique mais aussi liés au grand banditisme. Ainsi, le 06 juillet 2008, le vice-président de l'Assemblée provinciale de Kinshasa, Daniel Botethi, a été assassiné par des inconnus dans une zone résidentielle de la capitale. En réaction, le Mouvement de libération du Congo (MLC), le principal parti d'opposition dont il était membre, a suspendu sa participation aux travaux de l'Assemblée nationale, du Sénat et de l'Assemblée provinciale de la ville de Kinshasa, exigeant un procès équitable dans cette affaire.

En troisième lieu, il faut noter la recrudescence des conflits dans l'Est. Après un moment de répit, la MONUC note une reprise des hostilités en Ituri. Au début du mois d'août 2008, des éléments du Front de résistance patriotique (FRPI) ont attaqué les positions des Forces armées de la RDC (FARDC) tuant un sergent de l'armée régulière. Ils s'en sont pris ensuite à la localité de Poto-Poto et pillé le village de Mambesu[27]. Ces évènements, sèment la panique parmi les populations qui avaient regagné leurs villages d'origine au lendemain de l'intégration des anciens combattants dans l'armée régulière (FARDC). Il est donc à craindre que cette reprise de poches d'insécurité en Ituri, n'entraîne de nouveaux cas des déplacés à l'intérieur de la RDC. De ce point de vue, la conférence sur la paix, la sécurité et le développement du Kivu, organisée à Goma en janvier 2008 n'a pas eu l'effet escompté. Bien que le forum de Goma visait avant tout le rétablissement de l'autorité de l'État dans les deux Kivu, sept mois après la signature de l'Acte d'engagement de Goma, la situation sécuritaire est loin de s'améliorer dans les deux entités politico administratives de l'Est. Les viols, les exactions sur les populations civiles, la violation du cessez-le-feu par les groupes armés, la présence d'une administration parallèle dans le territoire de Rutshuru et le recrutement d'enfants soldats, sont autant de maux sévissant dans les zones occupées par des groupes armés pourtant signataires de l'Acte d'engagement de Goma. La présence de ces groupes armés comme le Congrès national pour la défense du peuple (CNDP) du général dissident Laurent Nkunda compromet les efforts de paix. Les actions du CNDP en particulier – qui prétend défendre les Tutsis congolais – constituent un des défis majeurs au Congo, aussi bien pour le gouvernement que pour la MONUC. Le mouvement de Nkunda a ainsi installé deux administrateurs dans le territoire de Rutshuru ; un dans la localité de Tshengerero et son adjoint à Karambi au Nord-Est de Rutshuru. Le CNDP paralyse de ce fait le Comité de sécurité de la région avec cette administration parallèle en violation de son engagement pris à Goma[28].

Pour permettre l'application des recommandations et résolutions de la conférence de Goma[29] et œuvrer pour la sécurisation, la pacification, la stabilisation et la reconstruction du Nord et Sud Kivu, les autorités congolaises ont initié le « Programme Amani », présidé par le chef de l'État, Joseph Kabila. Ce programme a enregistré quelques succès, dont le désarmement volontaire d'une faction dissidente des FDLR[30] et une relative accalmie dans le reste des provinces. Mais les attaques des mouvements incontrôlés qui sévissant dans les deux Kivu minent les chances d'une véritable consolidation de la paix en RDC. Ainsi, au mois de juillet 2008, des accrochages ont opposé le CNDP de Laurent Nkunda et les Maï Maï dans le territoire de Masisi. D'autres affrontements ont opposé les mêmes combattants du CNDP aux forces gouvernementales à la fin du mois d'août 2008. Depuis la fin de l'année 2006, ces combats récurrents ont provoqué le déplacement de 857 000 personnes selon l'ONU[31].

Ces problèmes persistants ne doivent pas faire oublier pourtant que la RDC revient de loin. Signe que des progrès sensibles ont été effectués, le pays se prépare pour les élections locales prévues au premier trimestre de 2009. Malgré les problèmes d'infrastructure et d'insécurité, la classe politique semble déterminée à organiser les élections locales dans les meilleurs délais. Cette volonté politique traduit le caractère central des élections locales dans un pays où « il existe un consensus général selon lequel les élections locales sont très importantes, non seulement pour compléter le processus électoral, mais aussi pour faire des avancées, légitimer l'autorité locale et le processus de décentralisation », souligne Carlos Valenzuela, le directeur à la division électorale de la Mission des Nations Unies en RDC[32]. Déjà, selon Alain Ayadoloun, coordonnateur de la section électorale à la MONUC, 200 000 candidats seront en lice pour 6 037 circonscriptions contre 385 pour les législatives nationales et provinciales de 2009[33].

3. Guerres civiles et guerres par procuration en Afrique de l'Est et au Tchad

À l'inverse des processus de paix plutôt positifs observables en Afrique de l'Ouest et dans les zones les plus sensibles de l'Afrique centrale, l'Afrique de l'Est – à laquelle il faut adjoindre ici le Tchad en raison du caractère inextricable de sa crise avec le conflit du Darfour au Soudan voisin – incite moins à l'optimisme. Au Tchad et au Soudan, le conflit n'est plus cantonné respectivement dans l'Est et l'Ouest, mais transporté au cœur même des deux capitales par des mouvements rebelles bénéficiant de l'appui des deux pays ennemis. En Somalie, les islamistes que l'on croyait neutralisés après l'intervention éthiopienne et aux frappes aériennes américaines reprennent de la vigueur et tendent à développer des actions d'envergure qui déstabilisent le gouvernement intérimaire porté à bout de bras par la communauté internationale.

A. Guerre par rebelles interposés au Soudan et au Tchad

Si on s'interrogeait encore l'année dernière sur la régionalisation possible du conflit sévissant au Darfour et dans l'Est du Tchad, l'escalade au cours de cette année en ce qui a trait à la situation politique, sécuritaire et humanitaire, a fini par lever tout doute sur les risques d'un embrasement régional. Avant le début de la crise au Darfour en 2003, les présidents

Omar El-Bechir et Idriss Déby Itno ont eu de bonnes relations personnelles. Mais au fil des années les relations entre les deux présidents se compliquent à mesure qu'ils s'accusent mutuellement d'entretenir leurs rébellions respectives. En 2005, la confiance est rompue entre les deux dirigeants et les attaques rebelles de part et d'autres deviennent de plus en plus violentes.

Pour comprendre cette évolution, rappelons que le Darfour est habité par les mêmes populations que celles de l'Est du Tchad, en particulier les Zaghawas, l'ethnie du président tchadien, Idriss Déby, qui s'est d'ailleurs largement appuyé sur ces Soudanais pour renverser Hissène Habré et prendre le pouvoir en 1990. En particulier, il faut comprendre ses liens avec le Mouvement pour la justice et l'égalité (MJE), la principale force rebelle Khalil Ibrahim, Zaghawa lui aussi et allié solide de N'Djaména. La répression des autorités soudanaises vise donc en particulier les Zaghawa, soupçonnés d'être de mèche avec une rébellion elle-même vue de Khartoum comme une excroissance de l'armée tchadienne. En réaction, le Soudan soutient, alimente de son côté l'instabilité au Tchad, appuyant les mouvements rebelles qui ont attaqué N'Djamena au début de l'année 2008 et failli renverser le régime d'Idriss Déby Itno. On rentre dans un cercle vicieux puisque pour sa défense et son maintien au pouvoir, le président Déby s'appuie en retour plus que jamais sur les rebelles du Darfour. Des combats à répétition surgissent de part et d'autre de la frontière des deux pays, mettant à jour l'imbrication des conflits tchadien et soudanais qui, depuis plus de deux ans, se joue par groupes rebelles interposés[34].

À la fin de l'année 2007, à la suite d'une menace des rebelles tchadiens déjà déployés dans la ville d'El-Geneina et ses environs, les autorités tchadiennes renforcent leur appui aux rebelles soudanais du MJE tout en décidant de porter le conflit dans l'Ouest du Darfour afin de mieux contenir les rebelles tchadiens à El-Geneina[35]. En réaction, dès janvier 2008, l'armée soudanaise déclenche une série de bombardements sur les positions du MJE et desserre cet étau autour d'El-Geneina tout en permettant à la rébellion tchadienne de passer à l'offensive vers la fin janvier 2008. Contre toute attente, leur progression se fait rapidement vers la capitale. Trois mouvements rebelles différents, l'Union des forces pour la démocratie et le développement (UFDD), le Rassemblement des forces pour le changement (RFC) et l'UFDD-Fondamentale joignent leurs forces pour renverser le président Déby. Trois mille à quatre mille cinq cents rebelles[36] affrontent violemment les forces gouvernementales à Massaguet, à 80 kilomètres de N'Djamena. Signe de la violence des affrontements, le général Daoud Soumaïn, chef d'état-major tchadien, fut tué. Les rebelles parviennent à enfoncer les lignes gouvernementales et à se frayer un passage jusque dans la capitale le 2 février 2008. Des combats violents éclatent à N'Djamena pendant plusieurs jours et poussent à l'exil vers le Cameroun, quelques 30 000 Tchadiens.

Face à cette puissante offensive soutenue manifestement par le Soudan, certaines factions des rebelles du Darfour font mouvement, comme en 2006, vers N'Djaména pour aider le régime tchadien qui était si proche de l'effondrement, que les autorités françaises ont proposé au président, Idriss Déby, de l'exfiltrer hors du pays. Selon Abakar Tollimi, secrétaire général de l'UFDD, la rébellion tchadienne se heurte à des combattants du MJE en territoire tchadien : « Nous étions en direction d'Oum-Hadjer, explique-t-il, nous avons été interceptés par une colonne du MJE qui avait tendu une embuscade. C'est une réalité : nous avons fait des prisonniers qui ont témoigné. Ils ont dit que le gouvernement du Tchad les a appelés. Il y en a qui sont à N'Djamena, il y en a qui sont à Mongo en ce moment, il y en a qui sont à Abéché[37] ». Cet appui extérieur combiné à la décision française d'apporter un appui aérien et en renseignements ont finalement permis au président Déby de repousser les rebelles au Soudan.

Parallèlement, profitant de l'attaque rebelle sur N'Djamena, l'armée soudanaise appuyée par les miliciens *janjawid,* attaque les positions du MJE dans le Darfour. Malgré les démentis de Khartoum sur son implication dans cette nouvelle crise tchadienne, il est évident que le régime soudanais tire avantage de la présence du MJE en territoire tchadien pour lancer une campagne punitive. À ce propos, Khalil Ibrahim, le président du MJE, tout en niant combattre aux côtés de l'armée tchadienne reconnaît que « l'armée du MJE n'était pas là, ils ont profité de l'occasion[38] ».

Au cours des événements de N'Djamena, des dirigeants de l'opposition non armée, à savoir Lol Mahamat Choua (président du Parti pour le rassemblement pour la démocratie et le progrès), Ibn Oumar Mahamat Saleh (président du Parti pour les libertés et le développement) et Ngarledji Yorongar (président du Front d'action pour le renouveau) sont arrêtés le 3 février 2008 et détenus au secret. À la suite des pressions de la communauté internationale et nationale Lol Mahamat Choua et Ngarledji Yorongar seront relâchés. Quant à Ibn Oumar Mahamat Saleh, d'abord porté disparu[39], il a été déclaré décédé début septembre par la commission d'enquête mise sur pied à la demande du président français, Nicolas Sarkozy, et comprenant des représentants de l'Union européenne et de l'Organisation internationale de la francophonie[40].

L'imbrication des deux conflits ainsi que le climat de suspicion entre Khartoum et N'Djamena ont été accentués par l'offensive du MJE, le plus puissant des groupes rebelles du Darfour, contre Omdourman, dans les faubourgs nord de la capitale soudanaise Khartoum en mai 2008, dans une odyssée sans précédent que l'on peut interpréter comme une réponse du berger à la bergère. Après cette attaque, Khalil Ibrahim, président du MJE, déclare que ses forces lanceront d'autres attaques à Khartoum jusqu'à la chute du régime du président Oumar El Béchir[41]. Surprises, les autorités soudanaises décrètent un couvre-feu, lancent une chasse à l'homme et mettent la tête de Khalil Ibrahim à prix. En effet, c'est la première fois que le MJE s'approche aussi près de la capitale. Accusé de complicité avec MJE, le Tchad dément, arguant selon son ministre des Affaires étrangères que « le Tchad peine déjà à assurer la sécurité de ses frontières et a subi plusieurs attaques en provenance du Soudan, il ne va pas s'aventurer à plus de 3 000 kilomètres pour aller attaquer Omdurman »[42]. En dépit de ce démenti, Khartoum décide de rompre ses relations diplomatiques avec N'Djamena le 11 mai 2008[43].

Après l'épisode d'Omdourman, la contagion mutuelle Tchad/Soudan continue avec la récente attaque des rebelles tchadiens dans l'Est en juin 2008. En effet, conscients qu'en février 2008, la victoire leur a échappé de peu par manque de cohésion et d'un projet commun pour l'après Idriss Déby Itno, les rebelles tchadiens se réorganisent pour mener une action synergique au sein de l'Alliance nationale, dirigée par le général Mahamat Nouri. Après avoir pris Goz Beida et attaqué Am Djérema dans l'Est, les rebelles encerclent Abéché où la tension ne cesse d'augmenter. Dans l'extrême Est du pays, des combats violents opposent l'armée aux groupes rebelles, obligeant les organismes humanitaires à envisager la réduction de leur dispositif[44]. Au lendemain de ce rebondissement dans la crise Tchad/Soudan, le pouvoir tchadien accuse le Soudan d'avoir envoyé des troupes et hélicoptères bombarder la garnison d'Adé, dans l'extrême Est du Tchad. Cette nouvelle percée rebelle dans l'Est tchadien semble être une réponse à l'attaque menée par le MJE en mai dernier sur la capitale soudanaise. Une attaque qui, nous l'avons dit, est considérée comme une réplique au raid de la coalition rebelle sur N'Djamena en début février 2008[45].

La situation humanitaire dans cette région en proie à des conflits à répétition laisse à désirer. En effet, dans un rapport récent[46], le secrétaire général de l'ONU, Ban Ki-moon, tire la sonnette d'alarme en soulignant la difficulté à mettre un terme aux graves violations des droits des enfants au Tchad. Ce rapport couvre la période allant de juillet 2007 à juin 2008 et déplore essentiellement six violations graves dont des enfants ont été victimes ; le recrutement et l'utilisation d'enfants soldats, le meurtre et la mutilation d'enfants, le viol d'enfants et les autres violences sexuelles à l'égard des enfants, le refus d'autoriser les organisations humanitaires à accéder aux enfants, les attaques contre des écoles et hôpitaux et l'enlèvement d'enfants[47]. De plus, le personnel et les biens des organisations humanitaires œuvrant notamment dans ce domaine sont souvent pris pour cible. La tâche de ces organisations est devenue compliquée et davantage périlleuse à l'Est du pays[48].

Le deuxième rapport du Secrétaire général de L'ONU sur les enfants et le conflit armé au Tchad, établi en application de la résolution 1612 (2005) du Conseil de sécurité décrit la situation sécuritaire et politique du Tchad dans ces termes :

> La nature et les causes du conflit ont évolué au fil du temps et trouvent aujourd'hui leur expression dans trois éléments distincts mais interdépendants, à savoir : l'affrontement, dans l'Est du pays, entre les forces gouvernementales et les groupes d'opposition armés tchadiens ; des violences intercommunautaires et interethniques dans l'Est également ; et des tensions entre le Tchad et le Soudan le long de leur frontière commune. Le conflit a des incidences régionales significatives le long de l'axe Tchad-Soudan, mais aussi de plus en plus en République centrafricaine, qui est elle aussi en proie à une instabilité militaire prolongée [...]. La situation politique, militaire et en matière de sécurité au Tchad demeure extrêmement explosive en raison de la poursuite du conflit armé entre les forces armées tchadiennes et les groupes rebelles armés, de la présence, à l'Est du pays, de groupes rebelles étrangers, des raids transfrontières des milices janjaouid et de la poursuite des tensions interethniques entre, principalement, les populations arabes et les populations non arabes[49].

Pour tenter de résoudre ces conflits et éviter que la guerre par procuration à laquelle se livrent les deux régimes ne devienne un conflit ouvert entre les deux pays, de nombreuses initiatives ont été prises. Au plan diplomatique, plusieurs accords de paix ont été paraphés par les deux parties en conflit – le dernier ayant été signé en mars 2008 à Dakar – mais sont restés sans suite. Au plan du maintien de la paix, l'Union européenne a déployé un contingent militaire (l'EUROFOR) entre le Tchad et la Centrafrique. Mais cette force n'a pas le mandat d'intervenir contre un des belligérants à moins d'être attaquée et ne peut empêcher les affrontements. La mission des Nations Unies et de l'Union africaine au Darfour (la MINUAD, qui remplace la mission africaine au Darfour ou AMIS) a été finalement acceptée par le Soudan après moult résistances et après avoir obtenu qu'elle soit entièrement africaine. Mais elle n'est toujours pas totalement opérationnelle car au 31 juillet 2008, sur 19 555 soldats et 6 432 policiers qu'elle est supposée comprendre, la MINUAD ne compte qu'un total de 9 995 soldats, toutes catégories confondues. Au plan judiciaire enfin, le procureur de la Cour pénale internationale, Luis Moreno-Ocampo, a demandé, le 14 juillet 2008, l'inculpation du président soudanais, Omar El Béchir, pour des crimes contre l'humanité commis au Darfour. Plutôt que de résoudre le conflit, cette condamnation fait peser de lourds risques que l'on voit déjà à travers les représailles mortelles dirigées contre la MINUAD et les menaces de son expulsion.

B. Somalie : les islamistes n'ont pas dit leur dernier mot

La Somalie a sombré dans le chaos et l'effondrement total de ses structures étatiques avec le renversement du dictateur Siad Barré en 1991. Pendant plus de quinze ans, toutes les tentatives de restauration de la paix et de reconstruction de l'État ont échoué. Il y a eu notamment l'opération américaine *Restaure hope* et les missions des Nations Unies en Somalie (ONUSOM 1 et ONUSOM 2) entre 1992 et 1995. Il y a eu ensuite les efforts régionaux dans le cadre de l'Inter-Governmental Authority for Development (IGAD) qui ont permis de mettre en place un gouvernement intérimaire basé d'abord au Kenya, puis installé à Baidoa, à 250 km de Mogadiscio sous protection éthiopienne. Ce gouvernement n'a jamais réussi ni à asseoir son contrôle sur le pays, ni à vaincre les chefs de guerre tribaux qui en contrôlent chacun une portion. Sa situation avait même empiré dans la seconde moitié de l'année 2006 lorsque des groupuscules islamistes se sont réunis au sein de l'Union des tribunaux islamiques et ont entrepris la conquête non seulement de la capitale, mais de presque tout le pays. Bien qu'hétéroclite, cette organisation a rapidement pris le dessus sur les chefs de guerre, contrôlant la capitale et imposant la paix par le biais de l'application de la loi islamique, la Charia.

Face à la montée en puissance des islamistes qui menacent de prendre la capitale intérimaire, Baidoa et qui étaient soupçonnés par les Américains de collusion avec Al Qaïda, l'armée éthiopienne lance une offensive éclair en décembre 2006 contre les tribunaux islamiques qui sont rapidement mis en déroute. Cette défaite des islamistes a alors ouvert la voie à l'installation du gouvernement intérimaire dans la capitale Mogadiscio (le parlement restant à Baidoa à 250 km de la capitale) et laissait à penser qu'on s'acheminait peut-être enfin vers la réunification du pays, le retour à la paix et à la sécurité. Cependant, comme notait un rapport d'International Crisis Group dès janvier 2007 :

> La victoire militaire de l'Éthiopie a seulement permis de démanteler la partie la plus visible des tribunaux islamiques, à savoir l'autorité administrative régionale dans le sud de la Somalie (qui englobe Mogadiscio), qui servait essentiellement de plateforme politique pour les intérêts du clan Hawiye. D'autres éléments de cette formation, par exemple les dirigeants des militants Shabaab, demeurent (en grande partie) intacts et se sont dispersés à travers le pays, menaçant de mener une longue guerre[50].

Depuis le retrait du gros des troupes éthiopiennes et le déploiement d'environ 3 300 soldats burundais et ougandais sur les 8000 prévus initialement dans le cadre de la mission de paix de l'Union africaine (AMISOM), l'insécurité gagne de nouveau du terrain. Les combats, les enlèvements, les actes de piraterie se multiplient, tout cela sur fond de crise des institutions intérimaires manifeste avec la démission du Premier ministre et surtout, en août 2008, d'une dizaine des ministres du gouvernement[51].

C'est d'abord la multiplication des attentats visant surtout le restant des troupes somaliennes et les soldats loyalistes à Mogadiscio et dans le reste du pays qui indique la montée de l'instabilité. Le dernier attentat, intervenu dans les quartiers Sud de la ville début août, a causé la mort d'une vingtaine de civils, essentiellement des femmes, portant à environ 2000, le nombre de civils tués depuis le début de l'année[52]. Avant cela, un correspondant local de la radio britannique BBC était abattu à Kismayo en juin 2008, et en avril, trois employés de Médecins sans frontières étaient assassinés. Même les Nations Unies ne sont pas épargnées puisqu'en juillet, c'est le chef de la mission du Programme des Nations Unies pour le développement (PNUD) qui était abattu à Mogadiscio. En plus des attentats, il faut noter aussi la multiplication des actes de piraterie le long des côtes somaliennes, notamment le golfe d'Aden entre la Somalie et le Yémen, qui est devenu l'un des endroits les plus dangereux au monde pour les navires commerciaux ou de plaisance. Mais c'est la réorganisation des islamistes et la volonté des plus durs d'entre eux de reprendre le pouvoir qui inquiète vraiment.

Des initiatives visant à sortir de la crise existent pourtant. Le Secrétaire général des Nations Unies a nommé un représentant spécial pour la Somalie en la personne du diplomate mauritanien Ahmedou Ould Abdallah, un habitué des zones de crise. Avec l'appui de l'ONU, une conférence de paix a été organisée à Djibouti en juin 2008. Elle a abouti à la signature d'un accord entre le gouvernement intérimaire et plusieurs chefs islamistes réunis au sein de l'Alliance pour une nouvelle libération de la Somalie (ARS). Cet accord prévoyait l'entrée en vigueur d'un cessez-le-feu un mois après sa signature pour une durée de trois mois renouvelables. Avec l'appui de la communauté internationale, il s'agissait aussi d'une part, d'envoyer une force de stabilisation acceptable pour toutes les parties en contrepartie du retrait des troupes éthiopiennes; et de l'autre, l'organisation d'une conférence de reconstruction s'inspirant de ce qui se fait en Afghanistan[53].

Ces tentatives ont vite buté contre les réalités du terrain somalien. Avant même la fin des pourparlers, de violents combats éclataient à Mogadiscio, faisant une centaine de morts et contraignant des milliers de civils à fuir la capitale. Peu après, l'un des principaux chefs islamistes, le radical Cheikh Hassan Dahir Aweys, pourtant membre de l'ARS, brisait les espoirs naissants par une déclaration sans appel : « Nous continuerons à combattre jusqu'à la libération de notre pays des ennemis d'Allah[54] ». L'accord n'a donc en rien permis de faire baisser la tension dans le pays. On assiste même ces dernières semaines à une recrudescence des attaques et à un changement de stratégie qui témoigne de la réorganisation des islamistes. Ainsi, alors qu'ils adoptaient jusque-là des stratégies insurrectionnelles semblables à celle des insurgés irakiens, c'est-à-dire surtout des attentats en zone urbaine et en particulier dans la capitale, les islamistes semblent maintenant prêts à passer à une stratégie de reconquête territoriale. Dernier épisode de cette nouvelle stratégie qui semble avoir été préparée tout au long de ces derniers mois, les troupes islamistes ont réussi à prendre Kismayo, la troisième ville du pays située à 500 kilomètres au sud de la capitale et qui dispose aussi d'un important port et d'un aéroport. L'intensité des combats contre la milice locale, qui ont fait 70 morts et 150 blessés, démontre que les islamistes sont désormais en ordre de bataille. Ils ont même tenté de prendre le contrôle du palais présidentiel à Mogadiscio et bien qu'ils aient été repoussés par les troupes éthiopiennes, ils auraient pris le contrôle de plusieurs quartiers de la capitale[55]. Si l'on considère qu'ils contrôlent déjà de nombreuses régions de l'arrière-pays et que la population, lasse de l'insécurité et de l'inefficacité du gouvernement intérimaire, ne leur est pas forcément hostile, la question est loin d'être réglée. Cette hypothèse pose plusieurs problèmes compte tenu des implications internationales d'une nouvelle prise de pouvoir des islamistes, qui ne manquera pas de provoquer une réaction de l'Éthiopie et des États-Unis. La première veut éviter une éventuelle guerre territoriale autour de sa région de l'Ogaden que les islamistes disent vouloir libérer et les seconds veulent à tout prix empêcher que la Somalie devienne le nouveau bastion du réseau terroriste Al Qaïda qu'ils soupçonnent déjà d'avoir infiltré les islamistes.

L'Afrique subsaharienne offre encore cette année des images contrastées car les dynamiques de paix coexistent toujours avec des tensions persistantes. À y regarder de près cependant, il semble bien que pour une fois, ce sont les dynamiques de paix qui l'emportent. Il y a certes une recrudescence des attaques islamistes en Somalie qui pourraient prendre une tournure plus dramatique au cours des prochains mois. Il y a aussi cette guerre d'usure à laquelle se livrent les dirigeants du Tchad et du Soudan par groupes rebelles interposés sur fond d'une continuation du drame au Darfour. Cependant, d'importantes avancées ont été accomplies ailleurs ces dernières années. On entend peu parler du Liberia, de la Sierra Leone, du Togo et de la République centrafricaine qui ont longtemps fait l'actualité. En Côte d'Ivoire, en République démocratique du Congo et au Burundi, des avancées notables sont réalisées. Des dynamiques positives incontestables sont donc en œuvre. Il faut se garder cependant de toute euphorie hâtive tant le contexte africain reste fragile, instable et imprévisible. Les violences électorales au Kenya et au

Zimbabwe ; ou encore la chasse à l'homme contre les étrangers en Afrique du Sud sont là pour nous rappeler à quel point la ligne de démarcation entre la paix et la guerre reste mince même dans des pays en apparence sans problème.

1. Le Mali et le Sénégal se sont rangés derrière la médiation du Burkina Faso et favorisent le dialogue direct.
2. *Jeune Afrique*, n° 2455, 27 janvier-2 février 2008, p. 36
3. *Jeune Afrique*, n°ˢ 2431-2432, 12-25 août 2007, pp. 48-49.
4. www.operationspaix.net/spip.php?page=chronologie&id_mot=87&date=2008-06, consulté le 28 juillet 2008.
5. fr.allafrica.com/stories/printable/200807250946.html, consulté le 27 juillet 2008.
6. www.operationspaix.net/spip.php?page=chronologie&id_rubrique=37, consulté le 15 juillet 2008.
7. fr.allafrica.com/stories/printable/200807250946.html, consulté le 28 juillet 2008.
8. Étendue d'est en ouest sur une longueur de 600 kilomètres et une largeur de 20 kilomètres, cette zone de confiance séparait depuis 2002 la zone rebelle au nord de celle des forces gouvernementales ; fr.allafrica.com/stories/200807311256.html, consulté le 31 juillet 2008.
9. Cet accord exigeait une réduction de moitié des postes d'observation tous les deux mois et ce, jusqu'à leur disparition complète au 30 juillet 2008.
10. Confusion chez les anciens rebelles touaregs, www.rfi.fr/actufr/articles/093/article_55930.asp, consulté le 28 août 2008.
11. Frédéric Deycard, « Le Niger entre deux feux. La nouvelle rébellion touarègue face à Niamey », *Politique africaine*, n° 108, 2007, p. 130.
12. Démenti suite à la mauvaise foi du pouvoir de Niamey, m-n-j.blogspot.com/2008/08/la-mauvaise-foi-du-pouvoir-de-niamey.html, consulté le 28 août 2008.
13. www.jeuneafrique.com/pays/burundi/article_jeune_afrique.asp?art_cle=LIN29077ruptuxiaped0, consulté le 25 juillet 2008.
14. *Jeune Afrique*, n° 2425, 1-7 juillet 2007, pp. 74-75.
15. Le Frodebu réclame une enquête indépendante sur le dossier de la vente de l'avion présidentiel et sur des exécutions extrajudiciaires qui auraient été commises à Muyinga dans le nord du pays en 2006.
16. L'initiative régionale pour la paix au Burundi pilote le processus de paix. Elle a été mise à mal par la reprise des hostilités à la mi-avril 2008 entre les FNL et l'armée burundaise, d'où l'ultimatum adressé à Agathon Rwasa.
17. wwww.reliefweb.int/rw/rwb.nsf/db900sid/RMOI-7EV35Q?OpenDocument, consulté le 3 août 2008.
18. www.rfi.fr/actufr/articles/101/article_66892.asp, consulté le 1ᵉʳ août 2008.

19. Pour reprendre le mot du pasteur Habimana, porte parole des FNL.
20. www.romandie.com/infos/news2/080501/165147.i6w208kw.asp, consulté le 3 août 2008.
21. www.jeuneafrique.com/pays/burundi/article_depeche.asp?art_cle=AFP70948plus dnoitat0, consulté le 3 août 2008.
22. C'est le cas de l'assassinat du chef de la zone Buringa à Gihanga le 23 janvier 2008 en province de Bubanza et des personnes régulièrement tuées à Kinama et Kamengue, banlieues au nord de Bujumbura, fr.allafrica.com/stories/printable/200801250857.html, consulté le 22 juillet 2008.
23. www.jeuneafrique.com/pays/burundi/article_depeche.asp?art_cle=AFP70948plus dnoitat0, consulté le 22 juillet 2008.
24. fr.allafrica.com/stories/printable/200807101012.html, consulté le 3 août 2008.
25. www.rfi.fr/actufr/articles/103/article_68245.asp, consulté le 1er septembre 2008.
26. www.irinnews.org/fr/pays.aspx?Country=CDF&Region=GL, consulté le 9 août 2008.
27. fr.allafrica.com/stories/200808150471.html, consulté le 10 août 2008.
28. fr.allafrica.com/stories/printable/200808150561.html, consulté le 16 août 2008.
29. Cette conférence internationale de Goma (chef lieu du Nord Kivu) a eu lieu du 6 au 23 janvier 2008, fr.allafrica.com/stories/200802051212.html, consulté le 21 juillet 2008.
30. Il s'agit de 67 combattants d'une faction des FDLR, le Rassemblement pour l'unité et la démocratie (RUD), qui ont déposé leurs armes à Kasiki, au Nord Kivu à la fin de juillet 2008, www.operationspaix.net/spip.php?page=chronologie&id_mot=12&date=2008/08, consulté le 8 août 2008.
31. www.rfi.fr/actufr/articles/104/article_71717.asp, consulté le 29 août 2008.
32. www.monuc.org/news.aspx?newsID=17894, consulté le 15 août 2008.
33. www.jeuneafrique.com/pays/congo_rdc/article_depeche.asp?art_cle=APA00028 lardcedsela0, consulté le 4 août 2008.
34. www.rfi.fr/actufr/articles/098/article_62666.asp, consulté le 15 août 2008.
35. La petite ville d'El-Geneina se trouve à 35 km de la frontière tchadienne dans le Darfour ouest, darfour.uniterre.com/21770/Carte+Soudan++DARFOUR++El+Geneina.html, consulté le 5 août 2008.
36. www.toumai-tchad.com/article-21931421.html, consulté le 14 août 2008.
37. www.rfi.fr/actufr/articles/098/article_62666.asp, consulté le 14 août 2008.
38. *Loc. cit.*
39. www.toumai-tchad.com/article-21931421.html, consulté le 16 août 2008.
40. www.rfi.fr/actufr/articles/105/article_71919.asp, consulté le 3 septembre 2008.
41. www.dabio.net/Soudan-Les-rebelles-du-MJE-promettent-de-revenir-a-Khartoum_ a666.html, consulté le 11/08/2008.
42. www.rfi.fr/actufr/articles/101/article_66237.asp, consulté le 1er septembre 2008.
43. www.rfi.fr/actufr/articles/101/article_66237.asp, consulté le 12 août 2008.
44. Regroupés au sein de l'UFCD, l'Union des forces pour le changement et la démocratie créée en mars 2008, les groupes rebelles sont résolument engagés à accentuer la pression sur le pouvoir jusqu'au départ du président Idris Deby, www.rfi.fr/actufr/articles/102/article_67560.asp, consulté le 4 août 2008.
45. www.rfi.fr/actufr/articles/102/article_67660.asp, consulté le 7 août 2008.
46. Ce rapport a été rendu public le mardi 12 août 2008, www.un.org/apps/newsFr/storyF.asp?NewsID=17055&Cr=tchad&Cr1=enfants, consulté le 16 août 2008.

47. fr.allafrica.com/stories/printable/200808121134.html, consulté le 31 juillet 2008.

48. Avec la mort en mai 2008, de Pascal Marlinge, un humanitaire français de l'ONG britannique de défense des enfants Save the Children, les organisations humanitaires ont dénoncé la détérioration de la situation dans l'est du Tchad, http://www.afrik.com/article14214.html, page consulté le 26 juillet 2008.

49. www.toumai-tchad.com/article-21931421.html, consulté le 17 août 2008.

50. Somalie : le plus difficile reste à venir, www.crisisgroup.org/home/index.cfm?id=4630&l=2, consulté le 3 septembre 2008.

51. www.rfi.fr/actufr/articles/104/article_69302.asp, consulté le 3 septembre 2008.

52. www.rfi.fr/actufr/articles/103/article_68319.asp, consulté le 3 septembre 2008.

53. Interview d'Ahmedou Ould Abdallah, swww.rfi.fr/actufr/articles/102/article_67300.asp, consulté le 2 septembre 2008.

54. www.rfi.fr/actufr/articles/102/article_67300.asp, consulté le 2 septembre 2008.

55. www.rfi.fr/actufr/articles/104/article_71362.asp, consulté le 3 septembre 2008.

Les Amériques sous la menace du narcoterrorisme et des clivages sociaux

Chantal Lacasse et Gordon Mace★

Il est bien possible que l'année 2008 soit une année charnière du point de vue de la menace à la stabilité dans les Amériques. Les déboires des Fuerzas Armadas Revolucionarias de Colombia (FARC) au cours des derniers mois pourraient bien annoncer leur dispararition à moyen terme ou alors un affaiblissement tel qu'elles ne pourraient plus constituer une véritable menace à la sécurité en Colombie. Au plan hémisphérique, l'élimination des FARC représenterait la disparition du dernier grand mouvement de guérilla dans la région. Cette fin éventuelle de la guérilla combinée à la mise en place d'institutions régionales de coopération militaire, comme le Conseil sud-américain de défense, pourraient atténuer grandement la menace militaire dans l'ensemble des Amériques au cours des années à venir.

★ *Chantal Lacasse est auxilliaire de recherche au Centre d'études interaméricaines de l'Institut québécois des hautes études internationales (HEI) et candidate au doctorat en histoire à l'Université Laval. Gordon Mace est professeur au Département de science politique de l'Université Laval et directeur du Centre d'études interaméricaines des HEI.*

Si la menace militaire et les conflits interétatiques sont moins présents dans la région depuis quelques années, cela ne signifie pas pour autant que les populations sont maintenant en sécurité et que les États n'ont plus à se préoccuper des menaces à la stabilité. Les cas étudiés plus loin montrent en effet que la violence dans les Amériques a pris un nouveau visage de plus en plus identifié à la criminalité.

L'incapacité à enrayer le trafic de la drogue et le crime organisé mine la sécurité et la stabilité dans les Amériques et constitue l'un des principaux problèmes auxquels doivent dorénavant faire face plusieurs pays latino-américains. Les organisations criminelles opèrent au sein de réseaux internationaux sans considération pour les dommages collatéraux à la société et aux institutions. Ils nuisent ainsi aux systèmes politiques et aux sociétés latino-américaines. Malgré une part importante des budgets étatiques alloués à la lutte contre la drogue, les autorités demeurent impuissantes face à l'infiltration, à la corruption et à l'intimidation. Les profits de la drogue alimentent notamment le conflit armé en Colombie[1] de même que plusieurs protestations sociales en Bolivie[2]. Les États démocratiques au Mexique et en Amérique centrale sont également menacés par des organisations du crime organisé ainsi que par des trafiquants de drogue et d'armes. La crise politique entre la Colombie, le Venezuela et l'Équateur après le raid colombien sur un camp de guérilléros en sol équatorien (dans le cadre de la lutte au narcotrafic), bien que diplomatiquement résolue, rend plus difficile la coopération transfrontalière[3]. Outre les problèmes de drogues, la refonte de la Constitution bolivienne sur fond d'autonomie suscite des tensions grandissantes dans la région. Dans les pages qui suivent, nous examinons plus en détails trois illustrations des principales menaces à la sécurité dans les Amériques au cours de l'année 2008 : la lutte du gouvernement mexicain contre le narcotrafic, la crise diplomatique andine à la suite du raid colombien en Équateur, et la polarisation grandissante de la société bolivienne autour de la question constitutionnelle.

1. La guerre aux cartels mexicains

Une très forte proportion (90 %) de la cocaïne qui entre sur le marché américain passe par le Mexique où sévissent de puissants réseaux criminels organisés[4]. La récente vague de violence qui a balayé le pays est d'ailleurs liée à la lutte au trafic de la drogue et aux règlements de comptes entre narcotrafiquants[5]. Le président mexicain, Felipe Calderón, a déployé 36 000 soldats et policiers dans les régions contrôlées par les trafiquants depuis 2006[6] alors que l'année 2007 a été une année record pour la saisie des drogues. Or, les cartels ont depuis multiplié les attentats, les mutilations et les exécutions. Les forces de sécurité paient ainsi un prix très élevé que ce soit parce qu'elles coopèrent avec un groupe criminel ou parce qu'elles entravent les activités de ces derniers. Dans les 18 derniers mois seulement, plus de 450 militaires et policiers ont été victimes du narcotrafic[7].

Cette flambée de violence n'épargne personne. Le chef de la police de Mexico, Edgar Millan Gomez, a été tué de neuf balles à son arrivée à son domicile (8 mai 2008) ; il travaillait étroitement avec les États-Unis, à la tête des opérations de la Policia Federal Preventiva (PFP), force spéciale de la police fédérale en charge de coordonner les opérations de grande ampleur contre le crime organisé. L'assassin aurait été envoyé par Jose Antonio Montes Garfias, un autre officier de la police fédérale. Les organisateurs de ce meurtre seraient aussi derrière l'assassinat de Roberto Velasco Bravo, à la tête de la division du crime organisé de la police fédérale. Le fait de cibler les hauts dirigeants des forces de sécurité est sans précédent dans l'histoire mexicaine[8].

A. Les autorités mexicaines et les cartels

Les organisations criminelles préféraient en effet corrompre les policiers et les politiciens[9] alors qu'aujourd'hui, le crime organisé n'hésite plus à frapper au sommet de la hiérarchie policière dont Edgar Eusebio Millan, coordonateur de la police fédérale et bras droit du secrétaire (ministre) de la sécurité publique, Genaro Garcia Luna. Près de 250 000 soldats auraient par ailleurs déserté l'armée mexicaine depuis 1995. Aliénés par les bas salaires et attirés par l'argent proposé par les barons de la drogue, ces désertions ont un effet pervers : la transformation de soldats en assassins bien entraînés, armés de connaissances sur le fonctionnement interne des opérations de sécurité du gouvernement ainsi que sur l'approche stratégique des forces de sécurité[10].

Alors que sous le Partido de la Revolución Institucionalizada (PRI) (1929-2000), les gouvernements locaux et régionaux préféraient fermer les yeux sur le trafic de la drogue pour maintenir la tranquillité, l'arrivée de

Vicente Fox (Partido Acción Social – PAN, 2000-2006) à la présidence du Mexique signe un tournant dans la lutte au trafic de la drogue. Jusqu'aux années 1990, les organisations criminelles mexicaines fournissaient un « support » aux cartels colombiens de Medellin et de Cali sans pour autant recevoir une part des profits associés à la cocaïne. Or, les groupes Tijuana, Juárez, Golfe et Sinaloa ont gagné en puissance générant un plus grand contrôle des marchés extérieurs et intérieurs, de leur puissance de feu ainsi que de leurs bénéfices et de leur capacité à corrompre les institutions[11]. Les organisations criminelles mexicaines se multiplient générant une réorganisation du trafic de la drogue. L'apparition de nombreux criminels en compétition entre eux fait ainsi augmenter considérablement la violence.

La guerre aux trafiquants menée par le président Fox connaît d'abord un certain succès en mettant, entre autres, la main sur plusieurs chefs[12]. Or, ces derniers sont rapidement remplacés. Des guerres de territoires éclatent entre les cartels engendrant une escalade de la violence que le gouvernement n'arrive pas à contrôler parallèlement à l'incapacité des autorités mexicaines à mettre fin à la corruption dans les forces de sécurité[13].

La population mexicaine assiste aussi à la multiplication des actes de violence depuis l'élection du président Felipe Caldéron (décembre 2006). Augmentant le budget fédéral de la lutte au crime de 24 % (2,5 milliards de dollars en 2007)[14], il se montre très actif dans le combat au narcotrafic en déployant des unités militaires dans les états fortement touchés. Les autorités mexicaines procèdent également à de nombreuses opérations policières infligeant de lourdes pertes aux narcotrafiquants. À la fin novembre 2007, elles affirmaient avoir saisi plus de 40 tonnes de cocaïne pour l'année 2007 comparativement à 21 tonnes en 2006, 30, 27 et 21 tonnes en 2005, 2004 et 2003 respectivement, alors que 5 480 Mexicains et 121 étrangers liés au trafic de la drogue étaient arrêtés dans les premiers mois de 2008[15]. L'Administration de Caldéron extrade également plusieurs barons de la drogue dont Osiel Cárdenas (cartel du Golfe) ainsi que Gilberto et Ismael Higuera Guerrero (cartel de Tijuana).[16]

Parmi les arrestations les plus médiatisées, la « reine du Pacifique », Sandra Avila Beltran est interceptée le 28 septembre 2007. Elle serait le principal opérateur financier d'une fédération alliant les narcotrafiquants des cartels de Juarez et de Sinaloa (nord-ouest du Mexique) au cartel colombien de la vallée du Nord. Elle organiserait ainsi le transport de la cocaïne colombienne vers le marché nord-américain par la route du Pacifique. Tout comme son conjoint capturé le 10 septembre 2007, le colombien Juan Diego Espinoza, Sandra Avila Beltran figurait sur la liste des criminels les plus recherchés par l'Agence de lutte contre le trafic de drogue américaine, la Drug Enforcement Administration (DEA)[17].

Or, la stratégie du président mexicain, d'abord applaudi par la population, les organisations d'affaires, les partis politiques, les médias et le gouvernement américain, n'a pas permis de diminuer la violence. Certains avancent même que la présence militaire accrue aurait plutôt eu pour effet de propager la violence aux états traditionnellement épargnés[18]. Ainsi, de nouvelles guerres de territoires et des actes de vengeance conduiraient à une augmentation de la violence[19].

B. Les cartels mexicains en 2007

Bien que la présence de cartels de drogues au Mexique ne soit pas nouvelle, ces derniers ont gagné en puissance depuis la chute des cartels colombiens de Cali et Medellin. Parmi les 7 cartels sévissant en territoire mexicain, les autorités locales ont relevé trois principaux groupes de trafiquants se faisant compétition entre eux: l'organisation de la famille Arellanó Felix (Cartel de Tijuana), le groupe d'Osiel Cárdenas (Cartel du Golfe) et une alliance (Fédération) entre le groupe de Carrillo Fuentes (Cartel de Juárez) et l'organisation de Palma Guzmán (Cartel de Sinaloa). Cette fédération de cartels serait dirigée par des représentants des cartels de Sinaloa, Juárez et Valencia (tab. 1).

Gravitant autour de ces groupes de trafiquants, des organisations de tueurs à gages offriraient leurs services tels que Los Zetas pour le cartel du Golfe et Los Negros, Los Pelones et La Genta Nueva pour le cartel Sinaloa. Enfin, de plus petits groupes tels que Los Tres de la Sierra et les cartels de Colima et Valencia formeraient des alliances temporaires avec les plus grandes organisations. Les cartels opéreraient dorénavant dans 21 des 32 états mexicains et impliqueraient plusieurs milliers d'individus[21]. Le cartel le plus influent serait celui de Sinaloa avec à sa tête Joaquín *Chapo* Guzmán suivi par les cartels du Golfe et de Tijuana. La force du cartel de Sinaloa résiderait dans sa capacité à former des alliances (Fédération de cartels) et à étendre son réseau à l'international. Bien qu'il opère dans 17 états mexicains, son alliance avec le groupe de Juárez étend davantage son rayon d'activités avec des opérations dans 21 des 32 états mexicains[22].

Tableau 1

Cartels mexicains[20]

Nom	Chef (s)	Régions d'influence	Notes supplémentaires
Cartel de Sinaloa	• Joaquin Guzmán (El Chapo) • Candido Palma • Valerio Palma • Humberto Loya • Jesus Loya	Actif dans 17 des 32 états mexicains, son centre d'opération émane du nord-ouest de l'état de Sinaloa	• Joaquin Guzmán s'est évadé de prison caché dans un chariot de linges souillés en janvier 2001 • Cartel qui a subi les plus importantes saisies de cocaïne • Engagé dans une guerre de territoire avec le cartel du Golfe • En réponse aux Zetas du cartel du Golfe a créé les Negros et les Pelones
Cartel de Juárez	• Vicente Carrillo Fuentes • Mario Isamel Zambada • Hector Beltran • Arturo Beltran	Actif dans 21 des 32 états mexicains, il est basé à Ciudad Juárez dans l'état de Chihuahua (près d'El Paso au Texas, États-Unis)	• Le plus puissant du pays et le plus étendu, il s'est néanmoins affaibli depuis le décès d'Amado Carillo-Fuentes (1997)
Cartel de Tijuana	• Eduardo Arellanó Felix • Enedina Arellanó Felix	Actif dans 15 des 32 états mexicains, son centre d'opération émane de Tijuana dans l'état de Baja California (près de San Diego en Californie, États-Unis)	• Enedina Arellano, ancienne responsable d'une chaîne de pharmacies, serait le cerveau financier du cartel • A essuyé plusieurs arrestations et extraditions de *capos* importants
Cartel du Golfe	• Osiel Cardenas • Eduardo Costilla • Hector Sauceda • Heriberto Lazcano	Actif dans 15 des 32 états mexicains, son centre d'opération émane du nord de l'état de Tamaulipas	• Cartel le plus violent avec les Zetas, organisation paramilitaire agissant comme tueur à gages pour le cartel • Recrute beaucoup parmi les déserteurs de l'armée • Osiel Cardenas a été extradé aux États-Unis en janvier 2007 • Heriberto Lazcano est le chef des Zetas
Cartel Valencia	• Luis Valencia • Armando Valencia	Actif dans 10 des 32 états mexicains (surtout dans le Michoacan, centre du Mexique)	• Sa force réside dans son alliance avec les cartels de Sinaloa et de Juárez (Fédération de cartels)

Nom	Chef (s)	Régions d'influence	Notes supplémentaires
Cartel de Colima	• Adan Amezcua Contreras	Actif dans 7 des 32 états mexicains basé dans l'état de Colima (centre et nord du Mexique)	• Adan Amezcua Contreras est aussi surnommé le « roi de la métham-phétamine » • Malgré l'emprisonnement des frères Amezcua Contreras, le cartel est toujours opérationnel
Cartel d'Oaxaca	• Pedro Diaz Parada	Actif dans 7 des 32 états mexicains, son centre d'opération émane du Chiapas et d'Oaxaca	• Pedro Diaz Parada s'est évadé de prison à deux reprises (et court toujours !)

Figure 1

Zone d'influence des cartels mexicains

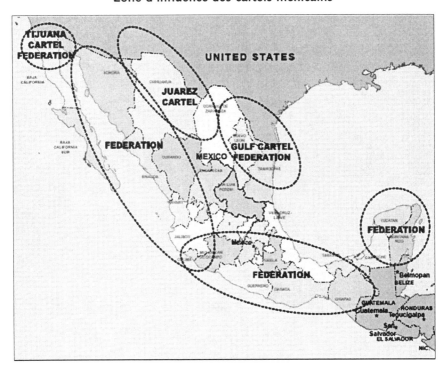

Source : Colleen W. Cook, « Mexico's Drug Cartels », *Congressional Research Service Report for Congress*, n° RL34215, 25 février 2008, p. 3.

C. L'initiative Merida

Dans sa lutte contre le trafic de la drogue, le président Caldéron souhaite compter sur le soutien des États-Unis. La frontière mexico-américaine est d'ailleurs l'objet d'une augmentation constante des actes de violence lié au narcotrafic : l'année 2007 a vu une augmentation de 31 % des incidents violents alors que les premiers mois de 2008 ont fait place à une augmentation de 22 %[23].

Le procureur général de Mexico, Eduardo Medina Mora, a d'ailleurs relevé en avril 2007 que la lutte aux cartels s'étendra bien au-delà des opérations militaires et policières pour inclure des réformes institutionnelles et opérationnelles d'où l'importance du soutien et de la coopération des États-Unis[24]. Le président américain, Georges W. Bush, a demandé au Congrès américain d'approuver un programme de lutte au narcotrafic pour le Mexique et l'Amérique centrale à la hauteur de 1,5 milliards de dollars.[25] Ces fonds serviraient à financer l'achat d'hélicoptères et de bateaux ultrarapides, à faciliter le transfert d'une technologie de pointe pour la surveillance du territoire et le traitement de l'information, ainsi que pour l'entraînement des corps de sécurité[26]. Recevant au moins 950 millions de dollars[27] dans le cadre de cette coopération, le Mexique investira pour sa part 7 milliards de dollars.[28]

Intitulé l'« Initiative Merida », ce programme de coopération économique et militaire d'une durée de 3 ans s'inspire du Plan Colombie (aide financière et militaire américaine accordée à la Colombie de plus de 4,2 milliards de dollars de 1999 à 2007[29]). Elle est critiquée par l'opposition et certains secteurs de l'opinion publique mexicaine qui y voient un empiétement sur la souveraineté mexicaine et craignent une plus grande présence américaine sur le territoire[30]. Ses protagonistes avancent pour leur part que contrairement au Plan Colombie, cette initiative ne prévoit pas de présence militaire américaine sur le territoire mexicain.

D. Une menace pour la stabilité

L'Initiative Merida prend toute son importance lorsque l'on constate la menace qu'incarne le narcotrafic au Mexique. En effet, les trafiquants de drogues minent les institutions et la démocratie en infiltrant les tribunaux et les corps policiers parallèlement à la corruption des dirigeants à tous les niveaux. Ayant même la capacité d'influencer les élections, ces organisations moulent à leur avantage le système et les institutions politiques. Le président Caldéron a par ailleurs purgé la police fédérale de ses 284 commandants en juin 2007. Ces derniers ont été remplacés par des candidats triés au compte-gouttes à l'aide de tests voués à écarter les candidats potentiellement corrompus (vérification financière, test de dopage, examens psychologique et médical[31].)

Les autorités mexicaines doivent effectivement combattre une longue histoire de corruption et d'infiltration criminelle. Les policiers aux niveaux fédéral, étatique et municipal demeurent particulièrement vulnérables ainsi que les militaires, les gouverneurs d'état et le gouvernement fédéral. Les cartels ont notamment imposé leurs candidats à la tête de plusieurs municipalités dont celles du Michoacan (Centre) et du Tamaulipas (Nord-Est). Le politicien de gauche, Juan Antonio Guajardo et 5 autres personnes auraient en effet payé de leur vie la dénonciation de la manipulation du scrutin et la complicité du gouverneur de Tamaulipas, Eugenio Hernandez (PRI) avec les narcotrafiquants.[32]

Depuis la consolidation des cartels dans les années 90, ils se sont engagés dans le trafic de cocaïne vers les États-Unis en s'appropriant les routes de transit à la frontière nord et les points de transbordement dans les villes de Nuevo Laredo, Ciudad Juarez et Tijuana. Pour ce faire, les policiers sont systématiquement corrompus. Ils intimident ou tuent ceux qui résistent[33]. Les cartels influencent ainsi la vie politique de plusieurs régions tel que relève Ricardo Ravelo :

> le gouvernement mexicain campe sur sa politique d'endiguement par la force militaire alors que les narcos poursuivent leur expansion en finançant les campagnes de maires, de députés régionaux, de législateurs de l'État fédéral, de gouverneurs[34].

L'Administration mexicaine devra non seulement réformer les forces de sécurité du pays, mais aussi protéger le processus démocratique[35]. Des préoccupations de non-respect des droits humains par les forces de sécurité ont notamment été soulevées[36]. Amnistie Internationale relève la multiplication des violations des droits humains et critique l'impunité dont jouissent les policiers mexicains[37]. Caldéron perçoit la lutte contre la drogue comme un combat de longue haleine impliquant plus que de simples opérations conjointes mais aussi des réformes institutionnelles pour professionnaliser les forces de la sécurité ainsi que des mesures décisives contre la corruption et l'impunité au sein de ses forces. Il veut notamment restructurer le ministère de la Sécurité publique, réformer la police fédérale et implanter la *Stratégie intégrée pour la prévention et la lutte contre le crime* visant à augmenter les capacités de la police fédérale dans la prévention et la lutte au crime tout en réduisant la corruption dans ses rangs. La restructuration du ministère de la Sécurité publique a débuté en mars 2007[38].

E. Conclusion

Le narcoterrorisme représente dorénavant l'un des principaux défis que le Mexique, avec sa démocratie toujours fragile, doit affronter.[39] La distinction entre le crime organisé et les forces policières demeure floue. Il serait presqu'impossible de déterminer quel agent a payé de sa vie sa coopération avec les cartels et lequel est décédé dans le cadre de ses fonctions. D'ailleurs, le peu de confiance que possède la population mexicaine n'aide en rien les corps policiers. En effet, ce manque de légitimité nuit à leur efficacité et les rend plus vulnérables à la corruption[40].

Le président a répondu à la violence en envoyant l'armée aux endroits plus explosifs ; remplacer la police par l'armée ne peut pas être une mesure à long terme : elle n'est pas entraînée pour ce travail et est fortement critiquée pour des manquements aux droits humains[41]. La guerre aux narcotrafiquants du président Calderón est toutefois critiquée par certains analystes qui doutent du succès à long terme de cette stratégie. Certains vont même jusqu'à affirmer que l'Administration mexicaine aurait perdu le contrôle de la violence sur leur territoire. Le président Calderón ferait donc face à un dilemme : la perturbation des cartels de la drogue ne fait qu'augmenter la violence (les membres des différents groupes luttant pour le contrôle des routes lucratives de plus en plus limitées) sans pour autant nuire considérablement à l'offre de drogue sur les marchés[42].

La lutte au narcoterrorisme au Mexique et dans les Amériques est par ailleurs à l'origine du conflit diplomatique le plus sérieux en Amérique du Sud depuis plus d'une décennie. En effet, la présence des Fuerzas armadas revolucionarias de Colombia – Ejército del Pueblo (FARC)[43] le long de la frontière colombienne et équatorienne a généré une crise diplomatique entre la Colombie et deux de ses voisins, l'Équateur et le Venezuela.

2. Guérilla et bon voisinage entre les pays andins ?

Vers minuit le 1er mars 2008, après avoir reçu une information selon laquelle le numéro 2 des FARC, Raul Reyes (Luis Edgar Devia), se trouvait à moins de 1 800 mètres de la frontière colombienne, le président colombien, Alvaro Uribe autorise une opération militaire pour bombarder le camp en question (en territoire équatorien). Après avoir effectué des tirs à partir de la Colombie, les troupes colombiennes franchissent la frontière (entre l'Équateur et la Colombie) pour récupérer le corps de Reyes ainsi que ses ordinateurs portables[44].

Figure 2

Le Venezuela a envoyé à sa frontière avec la Colombie 6 000 soldats[45] et des tanks alors que l'Équateur a mobilisé 3 200 militaires[46]

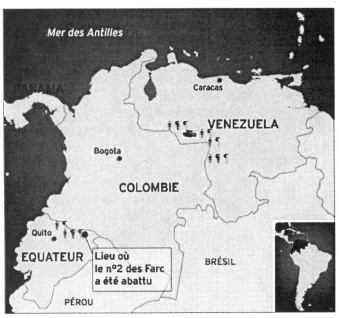

Source : « Vives tensions entre la Colombie et ses voisins », *Le Figaro*, 3 mars 2008, www.lefirgaro.fr, consulté le 22 juillet 2008.

Les présidents équatorien et vénézuélien répliquent en déployant des troupes à leurs frontières avec la Colombie (voir fig. 2). Ils rompent également leurs relations diplomatiques (joint ultérieurement par le Nicaragua) avec cette dernière tout en demandant la condamnation internationale de l'attaque colombienne à l'Organisation des États américains (OEA) et au Sommet du Groupe de Rio (Santo Domingo, 7 mars).

A. La régionalisation du conflit

L'Équateur accuse Bogota de violation planifiée et préméditée de sa souveraineté et exige que soit condamnée cette violation du territoire et de la souveraineté d'un État perpétrée par un autre État. Appuyée par les États-Unis, la Colombie qualifie plutôt l'opération d'acte d'autodéfense contre un groupe terroriste attaquant d'un pays voisin. Or, Bogota et Washington sont isolés. Une résolution est adoptée à l'Organisation des États américains (OEA) et au sommet du Groupe de Rio. On y critique l'incursion des forces de sécurité colombiennes, qualifiée de violation des articles 19 et 21 de la Charte de l'OEA, et on y exige des excuses ainsi qu'un engagement de la part de Bogota qu'une opération similaire ne sera pas répétée[47]. L'Équateur, qui critique l'opération colombienne sans pour autant condamner formellement la Colombie, se dit satisfait de cette résolution[48]. Bogota obtempère et présente ses excuses publiques au gouvernement et au peuple équatorien[49].

Or, du même souffle, la Colombie accuse le Venezuela et l'Équateur de complicité avec les narcoterroristes FARC. Les fichiers des ordinateurs de Reyes fourniraient non seulement des informations d'une valeur capitale sur la structure et le mode de financement par l'argent de la drogue des FARC mais aussi sur les relations de l'organisation avec Hugo Chavez et l'Équateur.[50]

B. Des relations andines tendues

Outre l'identification d'un ressortissant équatorien tué pendant le bombardement colombien[51], la proximité et la coopération de la Colombie avec les États-Unis nuisent aux relations avec ses voisins. Le président colombien est perçu comme le protégé des États-Unis (avec des points de vue similaires[52]), un « pion de l'empire[53] ». Bogota a d'ailleurs reconnu avoir bénéficié d'informations des services de renseignement américains pour mener l'attaque. Loin de résoudre le conflit, cette collaboration nourrit les tensions de la Colombie avec l'Équateur et le Venezuela. Les relations entre ces pays andins demeurent des plus tendues.

Le Venezuela a pour sa part annoncé la révision de ses relations diplomatiques et commerciales avec la Colombie après qu'un rapport d'Interpol[54] eut renforcé les allégations de complicité de la guérilla avec Caracas et Quito. Le Venezuela voit dans ces accusations une tentative de déstabilisation de la région de la part de Bogota. À la suite du rapport d'Interpol, le président équatorien, Rafael Correa, a déclaré qu'il quitterait ses fonctions si la preuve de liens entre lui et la guérilla FARC était faite. Il a aussi dit avoir transmis des preuves de son innocence à l'OEA à la suite des accusations selon lesquelles il aurait reçu des fonds des rebelles lors de sa campagne présidentielle en 2006[55].

Bien qu'il arrive que des militaires et des guérilleros des deux camps traversent la frontière, Hugo Chavez proteste par la suite contre une « incursion illégale de troupes de l'armée colombienne sur le territoire vénézuélien » : une unité de l'armée colombienne a été interceptée à environ 800 mètres de la frontière en territoire vénézuélien[56]. La crise diplomatique andine trouve ainsi ses racines dans le débordement du conflit armé colombien à l'extérieur des frontières colombiennes. Qu'en est-il de la lutte à la guérilla et au narcotrafic en Colombie ?

C. La lutte à la guérilla et au narcotrafic en Colombie

Après avoir été échaudés par un long et stérile processus de paix, les Colombiens font appel en 2002 à un président musclé (Alvaro Uribe) pour mettre fin à la guérilla. Réélu triomphalement en 2006, la politique de la « sécurité démocratique » du nouveau président colombien semble porter fruits : une paix précaire est revenue dans les campagnes, les axes routiers ont été sécurisés et le nombre d'homicides et d'enlèvements a diminué[57]. Ces progrès s'inscrivent dans le cadre du plan Colombie[58], une stratégie commune avec les États-Unis pour renforcer la loi et la sécurité dans la lutte contre les drogues. Selon l'International Crisis Group (ICG), son rôle dans la lutte contre l'insurrection des FARC et de l'Ejército de Liberación Nacional (ELN)[59] a permis de renforcer les forces de sécurité du gouvernement leur permettant dès 2002 d'obtenir plusieurs succès militaires et la démobilisation du principal groupe paramilitaire, les Autodefensas Unidas de Colombia (AUC)[60]. Ainsi, depuis dix ans de conflit opposant le gouvernement colombien aux FARC, à l'ELN et à l'AUC, le vent semble enfin tourner en faveur des autorités colombiennes.

Parallèlement à la démobilisation des AUC, les FARC essuient effectivement plusieurs revers au cours de la dernière année. En 1998, les FARC comptaient 18 000 hommes et infligeaient d'humiliantes défaites militaires aux autorités. Or, selon l'armée, l'organisation compte aujourd'hui moins de 9 000 guérilléros alors que les 3 années de pourparlers de paix stériles (1998-2001) les ont discrédités sur le plan politique[61]. Leur direction a été décimée avec la capture ou la mort de plusieurs commandants (Simon Trinidad et « Sonia » en prison aux États-Unis, « Negro Acacio » et Martin Caballero décédés). La guérilla qui, en 43 ans, n'avait jamais perdu de dirigeant, a dû essuyer, en mars 2008, la perte de deux « intouchables » de la direction des FARC (Raul Reyes et un autre général, Ivan Rios, assassiné par son propre garde du corps, Pablo Montoya, alias « Rojas »[62]) Une semaine plus tard, c'est Manuel Marulanda, chef historique des FARC, qui meurt à 78 ans. Par sa désertion et son appel à en finir avec cette « guerre sale », Karina (Nelly Avila Moreno, « La Negra »), figure historique très connue de la lutte armée, vient ébranler encore davantage l'organisation.

Enfin, la libération d'Ingrid Betancourt[63] et de 14 autres otages (3 Américains et 11 soldats colombiens) donne le coup de grâce aux FARC. L'armée colombienne a infiltré l'organisation, jusque-là impénétrable et monolithique[64], réussissant à gagner du terrain à l'aide de frappes systématiques[65]. Qui plus est, sous la pression de l'armée et attirés par les bénéfices offerts aux repentis, plus de 9 000 combattants auraient déserté depuis 6 ans[66] dont certains étaient dans les rangs depuis plusieurs années (15-20 ans). Ces désertions illustreraient les problèmes d'approvisionnement, de mobilité, de communication, de commande-ment et de contrôle, de découragement face à l'avenir de leur lutte[67].

D. Parapolitique et paramilitaires

Alors que dans les Amériques (outre les États-Unis), la Colombie est critiquée et isolée, il n'est pas surprenant qu'avec la chute du nombre d'enlèvements et des attaques[68] parallèlement aux succès militaires (dont la libération très médiatisée de 15 otages des FARC par l'armée colombienne), que le Président Uribe obtienne un taux record d'approbation de plus de 90% de ses pairs[69]. Les succès militaires de l'Administration d'Uribe sont néanmoins entachés par la criminalisation des anciens paramilitaires et par le scandale de la parapolitique. En effet, donnant la priorité à la protection des investissements privés et au budget militaire, la politique sociale est néanmoins reléguée au second plan. Bien que la violence ait diminué depuis 2002, les insurgés continuent à perpétrer des attaques contre les civils et de larges parties des campagnes sont toujours sous l'influence des guérillas. Plus de 32 000 anciens paramilitaires s'étaient démobilisés à la fin de 2006 et l'AUC a cessé d'exister en tant qu'organisation formelle : milices armées au service des narcotrafiquants[70]. Le processus de démobilisation a été fortement critiqué, les forces armées sont accusées de brimer les droits humains alors que les FARC et l'ELN sont toujours actifs[71]. Les pays voisins s'inquiètent enfin du débordement de la violence à leurs frontières.

Quant au scandale de la parapolitique, plus de 60 parlementaires (surtout des alliés de la majorité d'Uribe dont son cousin, Mario Uribe[72]) sont soit en prison ou mis en examen pour avoir frayé avec les paramilitaires. Or, l'extradition expéditive vers les États-Unis des chefs de groupes paramiliatires a suscité un scandale. Responsables de massacres et d'assassinats par leurs milices de droite, ils seront jugés aux États-Unis pour trafic de drogue, blanchiment d'argent et collaboration avec des organisations terroristes[73]. L'extradition de ces derniers vient non seulement voler les victimes des compensations auxquelles elles ont droit, mais vient également enlever les preuves nécessaires à la réussite de l'enquête sur les liens entre les paramilitaires et les politiciens. N'étant plus en mesure de révéler leurs liens douteux avec la classe politique, les parlementaires ayant frayé avec les paramilitaires l'auront fait en toute impunité[74]. Ce scandale de la parapolitique a remis en question la légitimité du Congrès[75].

E. Conclusion

Les espoirs de paix en Colombie après la libération d'Ingrid Betancourt ne signifient pas que la partie soit gagnée. Les progrès en termes de sécurité ont été obtenus au détriment des relations du pays avec l'Équateur et le

Vénézuéla, sans compter l'isolement politique du pays à la suite du bombardement[76]. Bien que la menace d'un conflit militaire soit dissipée, les tensions entre la Colombie, l'Équateur et le Venezuela persistent. Privés de leurs chefs historiques, affaiblis par les désertions et traqués par l'armée, les FARC se replient aux frontières de l'Équateur et du Venezuela[77]. La Colombie n'a d'ailleurs pas renoncé à répéter un exercice trans-frontalier similaire dans sa lutte au narcoterrorisme alors que l'Équateur et le Venezuela ne se sont pas engagés à expulser les guérilleros qui se réfugient à leurs frontières avec la Colombie[78].

Enfin, les organisations des droits humains et de la société civile préviennent la communauté internationale du réarmement des unités de paramilitaires démobilisés, de l'existence toujours présente de groupes qui ne se sont pas démobilisés mais plutôt fusionnés avec des organisations criminelles souvent impliquées dans le trafic de drogue. Au même moment, la réintégration des paramilitaires démobilisés présente plusieurs lacunes[79].

Toujours dans la région andine, le président bolivien, Evo Morales s'appuie sur les mouvements sociaux et les syndicats œuvrant dans la culture traditionnelle de coca pour consolider la refonte de la Constitution. Il risque fort de mener la Bolivie dans une impasse.

3. La Bolivie déchirée

La Bolivie semble effectivement sur le point de se fracturer. Responsables pour la majorité du PIB du pays, les régions riches en ressources naturelles aspirent à une plus grande autonomie alors que le gouvernement central aimerait récupérer une part grandissante des revenus générés par ces ressources. L'opposition[80] a d'ailleurs remporté une série de référen-dums[81] locaux en faveur de l'indépendance du gouvernement central.

Ces revendications sous-tendent en fait un clivage plus profond. Élu grâce à une campagne électorale axée sur une réforme constitutionnelle[82], Evo Morales a mandaté l'Assemblée constituante pour produire un système d'autonomie qui répondait à la fois à son agenda politique et aux exigences des départements de l'est. Le parti présidentiel, Movimiento al Socialismo (MAS), proposa un système complexe d'autonomies octroyées non seulement aux départements mais aussi aux régions, aux muni-cipalités et aux communautés ethniques (indigènes) à l'intérieur de celles-ci pour contrebalancer le pouvoir accordé aux capitales départementales et à leurs élites[83]. Ces travaux ont toutefois été entravés par les manœuvres des anciennes oligarchies (l'opposition), craignant de perdre leurs privilèges économiques et politiques[84]. Les sessions finales de l'Assemblée constituante ont ultimement été boycottées par le principal groupe d'opposition, Poder Democrático y Social (PODEMOS) alors que les députés du MAS et leurs alliés ont approuvé la nouvelle constitution (qualifiée d'illégale par l'opposition[85]).

A. Deux Bolivies

Ce différend constitutionnel illustre les inégalités sociales et les disparités régionales en Bolivie.[86] Les relations entre Santa Cruz, possédant une grande communauté d'immigrants blancs d'origine européenne, et La Paz, avec une majorité d'indigènes, sont effectivement attisées par les tensions ethniques. L'élection d'Evo Morales (2005), premier autochtone à remporter la présidence du pays et au surplus, avec un agenda visant à redresser la balance ethnique et mettre fin à la marginalisation des populations indigènes du pays, n'était pas un bon présage pour les élites prospères de l'est. L'élection d'une Assemblée constituante dotée d'une large proportion de délégués d'origine indigène et l'orientation pro-indigène du gouvernement ont confirmé leurs craintes.[87]

En effet, l'importance de l'Assemblée constituante pour Evo Morales et son parti réside dans le besoin de « refonder » la république notamment avec l'octroi de mécanismes de participation politique à la majorité indigène du pays, longtemps exclue des sphères de décisions, l'élargissement de leurs droits (tels qu'une redistribution plus équitable des propriétés terriennes, le contrôle sur l'exploitation des ressources naturelles et le respect de leurs traditions culturelles et légales[88]).

L'opposition émane pour sa part des départements de l'est dont Santa Cruz, poumon économique du pays. Alors que l'*Altiplano* (ouest) dépend de la production de coca et de l'industrie minière, les lucratifs dépôts d'hydrocarbures, l'agro-industrie et les vastes propriétés foncières[89] se concentrent dans les départements du *media luna* (est). Il y a ainsi les riches plaines européanisées de l'est et les hauts plateaux andins de l'ouest où vit la majorité indigène du pays (64 %)[90].

Figure 3

Bolivie

Source : Jack Wheeler, « Bye-Bye Bolivia ? », 26 mai 2005, www.windsofchange.net/archives/006897.php, consulté le 22 juillet 2008.

Figure 4

Départements du *media luna*

Source : Stratfor, « Bolivia. Assessing the Rift », 23 mai 2008, www.stratfor.com, consulté le 22 juillet 2008.

L'Administration bolivienne cherche à mettre fin au système inéquitable de répartition des terres et à assurer le retour du pouvoir économique à l'État central. Or, les élites traditionnelles perçoivent l'adoption de ce nouveau modèle comme une menace. Les revenus des exportations agricoles et énergétiques rapportent 47 % aux coffres du gouvernement central. Il n'est alors pas surprenant que les départements de l'est comptent pour plus de 65 % du PIB de la Bolivie[91]. En plus de posséder de riches terres agricoles, le département de Santa Cruz compte 10 % des réserves en hydrocarbures alors que le département du Tarija détient à lui seul 85 % des réserves de gaz du pays[92].

Figure 5

Réserves de gaz naturel et oléoducs

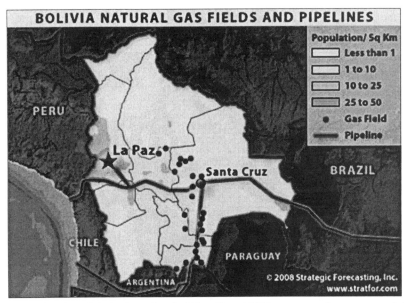

Source : *Stratfor*, « Bolivia. Assessing the Rift », 23 mai 2008, www.stratfor.com, consulté le 22 juillet 2008.

La riche élite *cruceño* et les groupes d'intérêts économiques font campagne pour une plus grande autonomie de La Paz (retenir une proportion plus grande de la richesse dérivée de la production d'hydrocarbures[93]) parallèlement aux indigènes qui aspirent à une plus grande autonomie dans la gouvernance de leurs affaires[94]. La nouvelle constitution proposée par le MAS introduit deux nouvelles autonomies : l'autonomie régionale (définie comme étant entre les niveaux départemental et municipal) et l'autonomie indigène, qui s'ajoutent au détriment des pouvoirs des départements. D'ailleurs, l'autonomie indigène implique le pouvoir de gérer et administrer les ressources naturelles renouvelables. Il n'est alors pas surprenant que les départements de l'est s'opposent à la nouvelle constitution[95].

B. La question de l'autonomie

Bien que les revendications autonomistes ne soient pas nouvelles en Bolivie, l'arrivée au pouvoir d'un président socialiste et indigène parallèlement à l'augmentation de la richesse liée aux hydrocarbures, ravivent les tensions. La base politique du président Morales (*Altiplano*) s'oppose à la base économique des départements du *media luna*. Le gouvernement a tenté d'augmenter le contrôle de La Paz sur les ressources naturelles avec une série de nationalisations et la refonte de la constitution.[96] Défiant l'Administration bolivienne, les préfets autonomistes, qui invoquent l'illégalité et l'illégitimité de la nouvelle constitution approuvée en leur absence, ont demandé à leurs populations respectives d'approuver le statut d'autonomie (variant dans les détails pour chaque département) proclamant l'indépendance *de facto* de La Paz par référendum. Les Boliviens vivant dans le département de Tarija ont approuvé à 80 % l'autonomie régionale alors qu'à Santa Cruz, c'est 85,6 % de la population qui s'est prononcée en faveur de l'autonomie[97]. Les statuts d'autonomie représentant une violation de la constitution, La Paz a pour sa part qualifié ces référendums d'illégaux[98].

L'hostilité de l'opposition à la réforme agraire imposant des limites aux droits de propriétés, de même que la redistribution des revenus des hydrocarbures entre les départements ne sont pas étrangères aux revendications autonomistes[99]. Le secteur des hydrocarbures occupe une place essentielle dans l'économie du pays comptant pour 6,5 % du PIB, 49,4 % du total des exportations et plus du tiers des recettes fiscales courantes. Après le Venezuela, la Bolivie abrite les deuxièmes plus importantes réserves de gaz naturel d'Amérique du Sud[100].

Les rentes dérivées du pétrole et du gaz sont d'ailleurs un point de tensions de plus en plus criant depuis la nationalisation de l'industrie des hydrocarbures en 2006. Cette mesure avait obligé les compagnies étrangères à renégocier les contrats d'exploitation. Les départements du *media luna* estiment qu'ils devraient recevoir la majeure partie de ces revenus. À l'inverse, le gouvernement central pense plutôt que les taxes sur la production et l'exportation des hydrocarbures sont des revenus qui appartiennent de droit à toute la nation. L'Administration de Morales veut d'ailleurs récupérer ces fonds (réduisant ainsi les budgets des préfets des départements de l'est) pour financer les programmes sociaux dont l'expansion du régime universel des pensions de vieillesse, la *Renta Dignidad*[101].

Quant à la réforme agraire, plus du tiers de la population bolivienne vit encore en milieu rural alors que plus de 80 % des terres cultivables appartiennent à seulement 7 % des propriétaires terriens[102]. Le MAS s'est aussi engagé à redistribuer un cinquième des terres aux fermiers paysans dans le cadre de la réforme agraire qui définit les modalités d'élimination des *latifundios* dans l'est du pays en précisant les conditions d'appropriation par l'État des terres sous-exploitées ou illégalement acquises, ainsi que celles de leur réaffectation en priorité à des communautés indigènes et à des groupements de paysans[103]. Le projet de constitution limite les *latifundia* à 5 000 ou 10 000 hectares (tranché par un référendum) ; le statut d'autonomie condamne le latifundium comme une grande extension de terres improductives[104]. Les revendications autonomistes prennent ainsi racine non seulement dans la question ethnique mais aussi dans la redistribution des revenus des hydrocarbures et des terres.

C. Le référendum révocatoire

En réponse aux référendums autonomistes, le président bolivien a demandé au Sénat de voter un projet de loi (décembre 2007) convoquant un référendum révocatoire (10 août 2008) des mandats du président et du vice-président de la République de même que les mandats des neuf préfets de département. Le nombre de voix nécessaires à la révocation devait dépasser le nombre de voix obtenues lors des élections de 2005[105]. Ainsi, pour révoquer le mandat du président, l'opposition devait obtenir au moins 53,74 % en faveur de sa révocation. Or, plusieurs analystes voyaient dans ce référendum révocatoire une opportunité pour Evo Morales d'augmenter sa propre légitimité lui permettant de consolider son contrôle sur le pays et les richesses des basses terres. En effet, les préfets ont été élus avec des pourcentages moindres rendant leurs mandats plus faciles à révoquer.

Le référendum révocatoire a confirmé la polarisation bolivienne. Les électeurs ont reconduit M. Morales et son vice-président, Alvaro Garcia Linera, à leurs postes respectifs avec plus de 60 % des voix[106]. Or, le principal opposant au président, le gouverneur de Santa Cruz, Ruben Costa, de même que trois autres gouverneurs libéraux (Beni, Tarija et Pando) ont également été largement confirmés dans leurs fonctions. Les préfets des départements de La Paz et de Cochabamba (alignés avec l'opposition) n'ont pas été reconduits[107].

L'impasse entre l'administration de Morales et l'opposition sur les autonomies départementales, régionales et indigènes encastrées dans la révision de la Constitution menace toujours de déstabiliser le pays[108]. Avec la confirmation des mandats du président et de son vice-président ainsi que ceux de l'opposition, le clivage qui mine la politique bolivienne devrait persister, ce qui affaiblit les institutions démocratiques. Les victoires respectives du 10 août 2008 ont réaffirmé la volonté du gouvernement de poursuivre son agenda constitutionnel, augmentant par le fait même le mécontentement dans les départements de l'est qui pour leur part, interprètent la reconduction de leur mandat comme un endossement des référendums autonomistes régionaux[109].

Le référendum n'ayant pas changé le rapport de force, le gouvernement et l'opposition devront négocier pour concilier l'inclusion sociale et une autonomie régionale plus large pour éviter une explosion sociale. Certains évoquent l'OEA et même l'Église catholique comme intermédiaire dans les négociations[110].

Ainsi, les répercussions à long terme de ce processus d'autonomie seront de changer la façon dont la Bolivie est gouvernée, créant des tensions entre le gouvernement central et les départements. Un consensus compatible entre l'autonomie départementale et les nouvelles couches d'autonomies régionales et indigènes doit émerger. Le gouvernement d'Evo Morales doit également trouver une solution à la distribution et l'utilisation des terres et des revenus de l'impôt direct sur l'hydrocarbure[111].

Sur le plan international, la communauté internationale dont l'OEA[112] a jusqu'à présent échoué dans ses tentatives de médiation (dont l'Argentine, le Brésil et la Colombie[113]). Le Brésil et l'Argentine sont plus particulièrement préoccupés par ce différend et l'instabilité qu'il engendre en

Bolivie. Ils sont en effet dépendants de la continuité des exportations du gaz bolivien pour rencontrer leur pénurie d'énergie. Le département de Tarija, bordant le Paraguay et l'Argentine, possède des oléoducs de gaz naturel axés vers ces pays alors que Santa Cruz a développé un pipeline liant la Bolivie au Brésil.

4. Conclusion

Il semble bien que l'ère de la menace militaire et des conflits interétatiques soit bientôt terminée dans la grande région des Amériques. Les divergences idéologiques les plus virulentes, comme celle qui oppose le Venezuela à la Colombie, ne donneront sans doute pas lieu à des affrontements armés de quelque nature que ce soit. D'autant plus que les gouvernements de la région se sont donnés, depuis quelques années, des institutions afin d'accroître les mesures de confiance et de favoriser la collaboration. Cela est vrai tout autant au niveau hémisphérique, avec des instruments comme la réunion des ministres de la défense, qu'au niveau sous-régional avec le projet de Conseil sud-américain de la défense.

Cela ne signifie pas pour autant que la menace à la stabilité soit complètement disparue. Elle prend seulement d'autres formes. L'une d'elles est la violence associée à la production et au trafic de la drogue dont nous avons fait état précédemment. Une autre, parfois liée au trafic de la drogue mais pas toujours, est la violence produite par la criminalité. Elle se manifeste de différentes façons allant des gangs de rue en Amérique centrale jusqu'aux vols et séquestrations dans les grandes villes d'Amérique du sud comme Rio de Janeiro. Et puis il y a la violence qu'entraîneront de plus en plus les inévitables changements climatiques. L'assèchement de certains cours d'eau a déjà donné lieu à des conflits locaux en Bolivie et au Pérou. Nul doute que les ravages occasionnés par des changements climatiques hors de contrôle et les inévitables mouvements de population qui s'en suivront, produiront d'autres manifestations de violence.

Les conséquences appréhendées de désastres naturels récurrents liés aux changements climatiques préoccupent déjà suffisamment les gouvernements de la région pour que ceux-ci en fassent un thème de discussion des rencontres des ministres de la défense. Certains gouvernements, en Amérique centrale et dans les Caraïbes en particulier, ont même établi des instruments de concertation régionale pour limiter les effets des crises environnementales.

Ce sont ces différentes formes de violence qui constituent maintenant les nouvelles menaces à la stabilité dans la grande région des Amériques. Des formes de violence face auxquelles les appareils policiers ne sont pas toujours bien préparés à réagir pour différentes raisons dont le manque de moyens. Celles qui ont les moyens et la cohésion nécessaires, les forces armées, sont souvent réticentes à intervenir dans un domaine d'action qu'elles connaissent mal et où quelques bavures pourraient facilement ternir leur image auprès des populations locales. C'est sans doute un des grands défis des gouvernements de la région que de réaménager la mission des forces armées afin de pouvoir faire face efficacement aux nouvelles menaces à la stabilité.

1. Le conflit armé en Colombie oppose les FARC et l'ELN aux autorités colombiennes depuis les années 1960. En réaction aux attaques des guérillas, de riches propriétaires terriens ont créé des groupes paramilitaires pour se défendre.
2. INTERNATIONAL CRISIS GROUP, « Latin American Drugs II.Improving Policy and Reducing Harm », *Latin America Report*, n° 26, 14 mars 2008, p. 35.
3. INTERNATIONAL CRISIS GROUP, « Latin American Drugs I. Losing the Fight », *Latin America Report*, n° 25, 14 mars 2008, p. 31.
4. Colleen W. COOK, « Mexico's Drug Cartels », *Congressional Research Service Report for Congress*, n° RL34215, 25 février 2008, p. 4.
5. La recrudescence de la violence associée au narcotrafic a fait plus de 1 400 morts dans les premiers mois de 2008, une augmentation de 47 % par rapport à 2007 ; dans « Les narcotrafiquants mexicains exécutent les policiers de leur liste noire », *24 heures*, 21 mai 2008, p. 9.
6. « Assassinat du chef de la police des mœurs de Ciudad Juarez », *Agence France Presse*, 6 mai 2008.
7. Ray WALSER, « Mexico, Drug Cartels, and the Merida Initiative. A Fight We Cannot Afford to Lose », *Backgrounder Executive Summary*, The Heritage Foundation, n° 2163, 23 juillet 2008, p. 5.
8. « The Americas. Can the Army out-Gun the Drug Lords ? Drug Violence in Mexico », *The Economist*, 17 mai 2008, p. 64.
9. *Loc. cit.*
10. Sergio Aguayo QUEZEDA, « Mexico. A War Dispatch », 25 juin 2008, publié sur *open Democracy*, www.opendemocracy.net, consulté le 15 juillet 2008.

11. « Montée en puissance des cartels mexicains », *Le Monde*, 22 janvier 2008, p. 22.

12. Parmi les chefs des organisations criminelles capturés ou tués : Osiel Cárdenas (*Matamigos*) du cartel du golfe, Benjamín (*El Tigrillo*), Francisco Javier Arellano Félix et Gilberto Higuera (*El Gilillo*) du cartel de Tijuana de même que Miguel Ángel Guzmán du cartel de Sinaloa et Adán Amezcua ; INTERNATIONAL CRISIS GROUP, « Latin American Drugs I. Losing the Fight », *op. cit.*, p. 24.

13. *Loc. cit.*

14. INTERNATIONAL CRISIS GROUP, « Latin American Drugs II. Improving Policy and Reducing Harm », *op. cit.*, p. 28

15. « L'attentat manqué de Mexico visait un chef de police », *Le Monde*, 20 février 2008, p. 4.

16. INTERNATIONAL CRISIS GROUP, « Latin American Drugs II. Improving Policy and Reducing Harm », *op. cit.*, p. 29.

17. « La chute de la « reine du Pacifique » qui régnait sur les narcos au Mexique », *Le Monde*, 3 octobre 2007, p. 5.

18. Colleen W. COOK, « Mexico's Drug Cartels », *Congressional Research Service Report for Congress*, n° RL34215 – 25 février 2008, p. 15.

19. « Losing the Anti-Drug Fight ? », *The Economist*, 9 juin 2008.

20. « Les principales organisations criminelles et leurs chefs », *Le Monde*, 22 janvier 2008, p. 22 ; Ray WALSER, « Mexico, Drug Cartels, and the Merida Initiative. A Fight We Cannot Afford to Lose », *op. cit.*, p. 7 ; Colleen W. COOK, « Mexico's Drug Cartels », *op. cit.*, pp. 2, 7-9.

21. INTERNATIONAL CRISIS GROUP, « Latin American Drugs I. Losing the Fight », *op. cit.*

22. *Ibid.*, p. 25.

23. STRATFOR, « US, Mexico. Violence Along the Border », 15 juillet 2008, www.stratfor.com, consulté le 22 juillet 2008.

24. Colleen W. COOK, « Mexico's Drug Cartels », *op. cit.*, p. 15.

25. Ray WALSER, « Mexico, Drug Cartels, and the Merida Initiative. A Fight We Cannot Afford to Lose », *op. cit.*, p. 1.

26. INTERNATIONAL CRISIS GROUP, « Latin American Drugs II. Improving Policy and Reducing Harm », *op. cit.*, p. 30.

27. Colleen W. COOK, « Mexico's Drug Cartels », *op. cit.*, p. 1.

28. « Washington et Mexico lancent une initiative antidrogue », *Le Monde*, 24 octobre 2007, p. 6.

29. INTERNATIONAL CRISIS GROUP, « Latin American Drugs II. Improving Policy and Reducing Harm », *op. cit.*

30. *Loc. cit.*

31. Colleen W. COOK, « Mexico's Drug Cartels », *op. cit.*, p. 13.

32. « Montée en puissance des cartels mexicains », *op. cit.*

33. INTERNATIONAL CRISIS GROUP, « Latin American Drugs II... », *op. cit.*, p. 36.

34. Ricardo RAVELO, « Les nouveaux seigneurs de la guerre », *Courrier international*, 3 juillet 2008, p. 34.

35. INTERNATIONAL CRISIS GROUP, « Latin American Drugs II... » *op. cit.*

36. « Les Mexicains ulcérés par les brutalités de leur police », *Le Monde*, 13 juillet 2008, p. 6.

37. Ricardo RAVELO « Les nouveaux seigneurs de la guerre », *op. cit.*

38. INTERNATIONAL CRISIS GROUP, « Latin American Drugs II… », *op. cit.*, p. 29.

39. « Montée en puissance des cartels mexicains », *op. cit.*

40. « The Americas. Can the Army Out-Gun the Drug Lords ? Drug Violence in Mexico », *The Economist*, 17 mai 2008, p. 64.

41. « The Americas. Can the Army Out-Gun the Drug Lords ?, *op. cit.*

42. *Loc. cit.*

43. Créée en 1964, les FARC sont la plus importante guérilla communiste colombienne.

44. « The Americas. On the Warparth. Colombia and its Neighbours », *The Economist,* 8 mars 2008, p. 65.

45. « MM. Correa et Chavez exigent une 'condamnation claire' de la Colombie », *Le Monde*, 6 mars 2008.

46. « The Americas. On the Warparth… », *op. cit.*

47. INTERNATIONAL CRISIS GROUP, « Colombia. Making Military Progress Pay Off », *Latin America Briefing*, n° 17, 29 avril 2008, p. 9.

48. « The Americas. On the Warparth… », *op. cit.*

49. « L'Équateur prêt à aller jusqu'aux ultimes 'conséquences' après l'opération colombienne contre les FARC », *Le Monde*, 5 mars 2008.

50. « Le guérillero colombien qui a tué son chef réclame aux autorités sa récompense », *Le Monde*, 12 mars 2008, p. 7.

51. La Colombie soutient que le bombardement d'un camp de terroristes est une action de guerre légitime sous-tendant de très grands risques pour toute personne qui y vit (cible militaire) ; dans « La Colombie admet avoir tué un ressortissant équatorien lors d'un raid contre les FARC », *Le Monde*, 24 mars 2008.

52. INTERNATIONAL CRISIS GROUP, « Latin American Drugs II… », *op. cit.*, p. 24.

53. « Le triomphe d'Alvaro Uribe », *Le Monde*, 6 juillet 2008, p. 17.

54. L'organisation internationale de police criminelle (Interpol) a étudié les fichiers électroniques de Reyes après qu'Hugo Chavez ait avancé que Bogota les avait modifiées pour créer l'illusion de liens entre les FARC et le président vénézuélien. Le président Chavez affirme avoir eu des contacts avec les guérilléros dans le cadre des négociations, autorisées par Bogota, pour la libération d'otages (dont Ingrid Betancourt). Bien qu'il faille user de prudence pour interpréter ces fichiers codés et utilisant des noms d'emprunt, Bogota avance pour sa part qu'il y aurait eu une entente ou Hugo Chavez donnerait 300 millions de dollars et des fusils usagés ; « The Americas. Peace in our Time, on the Box. Colombia and its Neighbours », *The Economist,* 15 mars 2008, p. 69.

55. « Nouveau regain de tension entre le Venezuela et la Colombie », *Le Monde,* 18 mai 2008.

56. *Ibid.*

57. « Colombie. Tous derrière Alvaro Uribe », *Le Monde*, 16 mars 2008, p. 16.

58. Depuis la mise en place du plan Colombie (2000), Bogota a reçu plus de 5 milliards de dollars d'aide militaire des États-Unis.

59. L'ELN est une guérilla marxiste de moindre ampleur que les FARC qui opère en Colombie depuis 1964.

60. Les AUC sont un groupe paramilitaire d'extrême-droite fondé en 1997 à partir de l'unification des organisations paramilitaires préexistantes.

61. « Une guérilla réduite, selon l'armée, à moins de 9 000 hommes », *Le Monde*, 11 mai 2008, p. 3.

62. « Le guérillero colombien qui a tué son chef réclame aux autorités sa récompense », *op. cit.*

63. Ingrid Betancourt, enlevée pendant la campagne présidentielle de 2002, a été l'otage la plus en vue de l'organisation.

64. « Les FARC, une force armée exsangue mais encore vivante », *Le Monde*, 4 juillet 2008, p. 5.

65. « The Americas. On the Warparth... », *op. cit.*

66. « Commandante des FARC, Karina déserte la guérilla », *Le Monde*, 20 mai 2008, p. 5.

67. « Le ministre colombien de la défense évoque une décomposition' de la guérilla des FARC », *Le Monde*, 30 janvier 2008, p. 6.

68. « Affaiblie, la guérilla utilise les otages pour se relancer », *Le Monde*, 2 janvier 2008, p. 5.

69. « La cote de popularité du président Alvaro Uribe atteint des sommets », *Le Monde*, 8 juillet 2008, p. 6.

70. « Colombie. Tous derrière Alvaro Uribe », *op. cit.*

71. INTERNATIONAL CRISIS GROUP, « Latin American Drugs II... », *op. cit.*, p. 16.

72. « Profil Alvaro Uribe. Un président à poigne », *Le Monde*, 4 juillet 2008, p. 5.

73. « Bogota a extradé vers les États-Unis quatorze anciens chefs paramilitaires », *Le Monde*, 15 mai 2008, p. 5.

74. « The Americas. Free Trade in Thugs. Colombia's Paramilitaries », *The Economist*, 17 mai 2008, p. 64.

75. « The Americas. Cousin Mario. Colombia », *The Economist*, 26 avril 2008, p. 65.

76. INTERNATIONAL CRISIS GROUP, « Colombia. Making Military Progress Pay Off », *op. cit.*

77. « The Americas. On the Warparth... », *op. cit.*

78. INTERNATIONAL CRISIS GROUP, « Colombia. Making Military Progress Pay Off », *op. cit.*, p. 11.

79. *Idem*, « Colombia's New Armed Group », *Latin America Report*, n° 20, 10 mai 2007.

80. L'opposition émane des départements du *media luna* (Santa Cruz, Beni, Pando et Tarija) à l'est de la Bolivie.

81. Les référendums ont été tenus le 4 mai (Santa Cruz), 2 juin (Beni et Pando) et 22 juin 2008 (Tarija).

82. Cette réforme constitutionnelle viserait notamment à rendre le système politique plus représentatif de la population indigène.

83. John CRABTREE, « Santa Cruz's Referendum, Bolivia's Choice », 30 avril 2008, www.opendemocracy.net, consulté le 15 juin 2008.

84. « En Bolivie, la démocratie en péril », *Le Monde*, 22 décembre 2007, p. 24.

85. INTERNATIONAL CRISIS GROUP, « Bolivia. Rescuing the New Constitution and Democratic Stability Overview », *Latin America Briefing*, n° 18, 19 juin 2008, p. 2.

86. *Idem*, « Bolivia's New Constitution. Avoiding Violent Confrontation », *Latin America Report*, n° 23, 31 août 2007.

87. John CRABTREE, « Santa Cruz's Referendum, Bolivia's Choice », *op. cit.*

88. *Idem*, « Bolivia. A Tale of Two (or rather three) Cities », 18 septembre 2007, www.opendemocracy.net, consulté le 15 juin 2008.

89. INTERNATIONAL CRISIS GROUP, « Bolivia's Reforms. The Danger of New Conflicts », *Latin America Briefing*, n° 13, 8 janvier 2007.

90. STARTFOR, « Bolivia. Assessing the Rift », 23 mai 2008, www.stratfor.com, consulté le 22 juillet 2008.

91. « La Bolivie nationalise quatre entreprises pétrolières », *Le Monde*, 1ᵉʳ mai 2008.

92. « Deux nouvelles régions de la Bolivie votent pour l'autonomie », *Le Monde*, 3 juin 2008.

93. John CRABTREE, « Bolivia. A Tale of Two (or rather three) Cities », *op. cit.*

94. *Idem*, « Santa Cruz's Referendum, Bolivia's Choice », *op. cit.*

95. INTERNATIONAL CRISIS GROUP, « Bolivia. Rescuing the New Constitution and Democratic Stability Overview », *op. cit.*

96. STARTFOR, « Bolivia. Assessing the Rift », *op. cit.*

97. « Les autonomistes infligent une nouvelle défaite à Evo Morales », *Le Monde*, 24 juin 2008.

98. INTERNATIONAL CRISIS GROUP, « Bolivia. Rescuing the New Constitution and Democratic Stability Overview », *op. cit.*, p. 1.

99. John CRABTREE, « Bolivia's Democratic Tides », 2 juillet 2008, www.opendemocracy.net, consulté le 10 juillet 2008.

100. MISSION ÉCONOMIQUE POUR LA BOLIVIE, « Bolivie. Situation économique au début de 2008 », février 2008, www.dree.org, consulté le 10 juillet 2008.

101. John CRABTREE, « Santa Cruz's Referendum, Bolivia's Choice », *op. cit.*

102. MISSION ÉCONOMIQUE POUR LA BOLIVIE, « Bolivie. Situation économique au début de 2008 », *op. cit.*

103. *Ibid.*

104. « La Bolivie dans tous ses éclats », *Le Monde*, 2 janvier 2008, p. 3.

105. « En Bolivie, Evo Morales prêt à remettre son mandat en jeu », *Le Monde*, 9 mai 2008.

106. « Après le référendum en Bolivie, les deux camps vont devoir négocier' », *Le Monde*, 11 août 2008.

107. « Les Boliviens confirment à la fois le président Morales et les autonomistes », *Le Monde*, 11 août 2008.

108. INTERNATIONAL CRISIS GROUP, « Bolivia. Rescuing the New Constitution and Democratic Stability Overview », *op. cit.*, p. 13.

109. « Les Boliviens confirment à la fois le président Morales et les autonomistes », *op. cit.*

110. « Après le référendum en Bolivie, 'les deux camps vont devoir négocier' », *op. cit.*

111. INTERNATIONAL CRISIS GROUP, « Bolivia. Rescuing the New Constitution and Democratic Stability Overview », *op. cit.*

112. « Un référendum sur l'autonomie à Santa Cruz divise les Boliviens », *Le Monde*, 4 mai 2008, p. 5.

113. John CRABTREE, « Santa Cruz's Referendum, Bolivia's Choice », *op. cit.*

Contrôle des armements et non-prolifération en 2007-2008

Michel Fortmann, Audrey Reeves *

À bien des égards, 2007-2008 peut encore être considéré comme une année difficile pour le contrôle des armements. L'entrée en fonction d'une nouvelle administration américaine, en janvier 2009, laisse cependant entrevoir la possibilité d'une phase plus dynamique lors des quatre prochaines années.

De façon globale, les dépenses militaires mondiales sont estimées à 1 339 milliards de dollars en 2007 – une augmentation de 6 % depuis 2006 et de 45 % depuis 1998[1]. Ceci représente 2,5 % du PIB mondial. Plus de pays ont augmenté leurs dépenses militaires en 2007 que durant les années précédentes. C'est en Europe de l'Est qu'on a vu croître le plus nettement les dépenses militaires entre 1998 et 2007, l'augmentation atteignant 162 %. L'effort militaire russe compte évidemment pour beaucoup dans cette croissance.

---
* Michel Fortmann est professeur au Département de science politique de l'Université de Montréal. Audrey Reeves est étudiante de maîtrise à l'Institut des hautes études internationales de Genève.

Le budget de la défense américain, qui représente 45 % des dépenses militaires mondiales, mérite bien aux États-Unis leur titre d'hyperpuissance. En fait, en dollars constants, le gouvernement américain a davantage dépensé pour son armement en 2007 qu'à n'importe quel moment depuis la fin de la Seconde Guerre mondiale. Les États-Unis ont donc un rôle unique pour tout ce qui touche à la maîtrise des armements.

Or, comme nous l'avons souligné à plusieurs reprises dans *Les Conflits dans le monde*, la politique des Républicains a été marquée, depuis 8 ans, par une attitude très négative à l'égard des institutions et des pratiques multilatérales du désarmement[2]. Pour faire face à la menace que représente la prolifération des armes de destruction massive (ADM), l'Administration Bush a accordé la préférence à d'autres approches, notamment les initiatives unilatérales et le « multilatéralisme hiérarchique », dans le cadre de coalitions dirigées par Washington[3]. En ce qui a trait au régime de non-prolifération régi par le TNP, les États-Unis ont, par contre, adopté une politique intransigeante qui a bloqué tout consensus. En 2007-2008, ces tendances sont encore présentes, bien que des progrès notables aient été faits par ailleurs.

La première section de ce chapitre sera consacrée aux efforts de désarmement et de non-prolifération en ce qui a trait aux armes nucléaires. La seconde portera sur les armes chimiques et bactériologiques. La dernière traitera du contrôle des armes conventionnelles, marqué en 2007 par la suspension, par la Russie, de sa participation au Traité sur les forces armées conventionnelles en Europe, la naissance de la Convention sur les armes à sous-munitions et la poursuite des progrès vers un traité réglementant le commerce des armes.

1. Prolifération nucléaire et désarmement : le TNP quarante ans plus tard

En 2005, l'échec de la septième Conférence d'examen quinquennal du Traité de non-prolifération (TNP) a sérieusement remis en question la survie du régime de non-prolifération nucléaire[4]. En 2008, alors que le traité célèbre son quarantième anniversaire, l'avenir demeure incertain, et les quelques progrès accomplis semblent toujours bien hésitants.

Après l'échec de la Conférence d'examen du TNP de 2005, la huitième réunion quinquennale des signataires du Traité, prévue en 2010, est perçue comme un moment charnière[5]. Les observateurs estiment en effet que le traité ne pourra demeurer encore longtemps dans l'impasse actuelle, sans dommage. C'est donc avec soulagement qu'on peut noter plusieurs points de convergence parmi les États-membres lors du deuxième Comité préparatoire à la conférence de 2010, qui a eu lieu au printemps de cette année. Il reste à espérer que cette atmosphère constructive pourra favoriser la relance des efforts en matière de désarmement nucléaire et faire progresser les dossiers iranien et nord-coréen.

A. Un impératif négligé du TNP : le désarmement

En 2008, huit puissances nucléaires détenaient, en tout, près de 25 000 ogives nucléaires, dont 10 200 armes nucléaires opérationnelles[6]. À ce jour, on ne relève toujours aucun effort véritable en vue d'un désarmement complet de la part des cinq puissances nucléaires reconnues par le TNP[7]. Au contraire, toutes ont modernisé leur arsenal tout en le réduisant, il faut le dire, de façon significative[8].

Lors de la première rencontre du Comité préparatoire à la Conférence d'examen du TNP, en 2007, les États-Unis ont avancé que le TNP ne requérait pas explicitement un désarmement complet de la part de ses adhérents. Cette déclaration avait suscité une levée de boucliers dans les autres délégations, qui étaient persuadées que les États nucléaires sont tenus, par l'article VI, de négocier en vue de parvenir à un désarmement « général et complet »[9]. La position du délégué américain est cependant demeurée intransigeante, soulignant les réductions déjà effectuées depuis 1991 dans l'arsenal stratégique américain[10].

Au cours de ses deux mandats, le président George W. Bush a toutefois négligé de poursuivre sérieusement avec la Russie les efforts entrepris par ses prédécesseurs dans le domaine des armes stratégiques. L'une des pierres angulaires de la politique de désarmement des États-Unis, par exemple, le traité START, n'a pas été renouvelé. Signé en 1991, cet accord a pourtant permis de réduire les arsenaux nucléaires des deux pays de 30 à 40 %[11]. Or, il expire à la fin de 2009, sans qu'aucun effort n'ait été fait pour lui trouver de successeur. Le Traité SORT qui limite, quant à lui, les arsenaux américain et russe à environ 1700-2200 armes stratégiques va prendre fin en 2012, sans qu'on ait prévu de remplaçant non plus.

Certains ont souligné qu'il s'agissait peut-être là d'un mal pour un bien. En effet, il y a de fortes chances que la prochaine administration américaine soit plus encline à discuter d'un mécanisme de vérification efficace et légalement contraignant que ne l'a été l'Administration Bush[12]. Le candidat démocrate, Barack Obama, ainsi que son rival républicain, John McCain, ont fait part de leur intention de relancer les efforts de désarmement nucléaire[13]. C'était toutefois sans compter sur l'escalade des tensions diplomatiques entre la Russie et l'Occident, à la suite de l'intervention russe en Géorgie au cours de l'été 2008. Un refroidissement des relations entre la Russie et les États-Unis pourrait remettre définitivement en question toute forme d'accord stratégique.

Selon les résultats d'un sondage réalisé en 2007, l'opinion publique en Russie et aux États-Unis serait largement favorable à la mise en place de mesures graduelles de contrôle des armements afin d'atteindre éventuellement l'objectif d'une élimination complète des arsenaux nucléaires[14]. Ce mouvement en faveur d'un désarmement complet a trouvé un écho favorable auprès de plusieurs personnages de renom, tels que l'ancien secrétaire à la Défense William J. Perry, l'ancien sénateur Sam Nunn et les anciens secrétaires d'État George P. Shultz et Henry A. Kissinger. Ces derniers ont été à l'origine d'une initiative qui a réuni, en octobre 2007, d'anciens représentants des six dernières administrations américaines lors d'une conférence à l'Université Stanford[15]. La vision d'un monde sans armes nucléaires, qui a émergé lors de cette conférence, a été reprise dans un éditorial publié dans le *Wall Street Journal* en janvier 2008, suscitant de nombreuses réactions. Le mouvement en faveur de l'élimination des armes nucléaires semble avoir pris un nouvel essor; il reste à voir s'il pourra inspirer des politiques concrètes au cours des prochaines années.

B. La marche vers l'universalité

Quarante ans après son adoption, le Traité de non-prolifération frôle l'universalité, car il a été signé par 189 États. Bien que la Corée du Nord ait été retenue de justesse dans le régime de non-prolifération, trois États en sont toujours exclus[16]. L'Inde, le Pakistan et Israël n'ont jamais ratifié le traité, mais ont développé des arsenaux nucléaires après que le traité soit entré en vigueur en 1970. Ces trois États ne peuvent être inclus dans le traité à titre d'« États nucléaires » sans un amendement du traité, ce qui serait politiquement très délicat. Il est également très improbable que ces trois États nucléaires *de facto* abandonnent leur capacité nucléaire, si ce n'est dans le contexte d'un désarmement régional ou mondial. Leur statut ambigu symbolise donc une faiblesse importante du régime de non-prolifération.

Selon les spécialistes, l'arsenal nucléaire d'Israël se composerait d'environ 200 têtes nucléaires[17]. L'Inde en détiendrait une centaine[18], le Pakistan soixante[19]. Au cours de la dernière année, l'Inde et le Pakistan ont aussi continué à mettre au point de nouveaux missiles capables de transporter des armes nucléaires[20]. Ce ne sont cependant pas ces développements techniques qui ont attiré l'attention en 2007-2008.

C. L'accord de coopération nucléaire entre l'Inde et les États-Unis : une entorse grave au régime de non-prolifération

Le 18 juillet 2005, le président Bush et le premier ministre indien Manmohan Singh ont conclu une entente de coopération, prévoyant l'exportation de technologies nucléaires des États-Unis vers l'Inde. Cette entente, qui garantirait à l'Inde un accès au marché mondial de l'énergie nucléaire civile et permettrait aux États-Unis de conclure une alliance stratégique avec une des grandes puissances régionales de l'Asie méridionale, viole un principe fondamental du régime de non-prolifération. Selon le TNP, en effet, seuls les États qui obéissent aux normes du traité et adhèrent aux garanties de sécurité de l'Agence internationale de l'énergie atomique (AIEA) – ce qui n'est pas le cas de l'Inde – peuvent bénéficier de l'aide internationale en matière d'énergie nucléaire[21].

Dans l'édition de 2006 des *Conflits dans le monde*, nous avions fait part des inquiétudes que cet accord avait suscitées dans la communauté internationale. En effet, en plus d'accroître les capacités nucléaires de l'Inde, l'entente contredirait implicitement certaines disposition du TNP notamment l'article 1, qui interdit à tout État nucléaire de transférer à des États non nucléaires, des technologies qui pourraient les aider à acquérir ou perfectionner leur potentiel nucléaire militaire[22].

Certains ont pu espérer que l'entente indo-américaine n'entre jamais en vigueur, compte tenu de la forte opposition qu'elle a suscitée parmi les élites indiennes, inquiètes de voir le gouvernement de New Dehli s'aligner sur les États-Unis[23]. Le 22 juillet dernier, l'accord a cependant fait l'objet d'un vote favorable au Parlement indien. Les 4 et 5 septembre 2008, le Groupe des fournisseurs nucléaires (GFN) a par ailleurs accédé à la demande des États-Unis d'autoriser exceptionnellement la coopération avec l'Inde dans le domaine de l'utilisation pacifique de l'énergie nucléaire[24]. Plusieurs pays, dont la France, se félicitent de cette décision et soulignent que l'Inde, le 5 septembre 2008, a renouvelé ses engagements de respecter les normes du régime de non-prolifération. Pour que l'accord soit mis en œuvre, il reste une dernière étape : il faut qu'il soit approuvé par le Congrès américain avant l'arrivée de la nouvelle administration. Est-ce encore possible ? Beaucoup d'observateurs, qui perçoivent l'accord comme une entorse flagrante au régime de non-prolifération, souhaitent que ce ne le soit pas.

D. L'absence de réaction face aux frappes israéliennes en Syrie : conséquences pour le régime de non-prolifération

Le 6 septembre 2007, des avions de l'armée israélienne ont effectué une attaque surprise sur des installations industrielles en Syrie[25]. La cible a plus tard été identifiée comme un réacteur nucléaire qui aurait été construit en collaboration avec la Corée du Nord. La Syrie, en tant qu'État non nucléaire, n'a évidemment pas le droit de construire un tel réacteur, s'il n'est pas soumis aux inspections de l'AIEA. Ce type d'attaque n'est toutefois pas sans précédent. En 1981, Israël avait détruit, de la même façon, un réacteur nucléaire en Irak. La communauté internationale avait alors réagi en condamnant vivement le geste de Tel-Aviv, les États-Unis allant même jusqu'à suspendre la livraison d'avions F-16 à Israël. Par contre, en 2007, on se doit de noter l'absence de réaction de la communauté internationale face à l'attaque israélienne contre la Syrie.

Israël aurait pu soumettre la question à l'AIEA et engager les procédures nécessaires à un règlement par voie légale et diplomatique. Cependant, compte tenu des difficultés de la communauté internationale à contraindre l'Iran à renoncer à son programme d'enrichissement d'uranium, cette option pouvait sembler irréaliste. « Qui ne dit mot consent », comme dit le proverbe. Par son mutisme, la communauté international a donc exprimé son approbation tacite de l'initiative israélienne. Cela reflète, de façon évidente, le manque de confiance de nombre d'États envers le régime de non-prolifération et de ses capacités de gérer les problèmes de prolifération nucléaire.

E. Iran : le bras de fer se poursuit

En 2007, le programme nucléaire iranien est demeuré sous les projecteur de la scène internationale[26]. Le bras de fer opposant Téhéran à Washington s'est poursuivi avec peu de progrès, chacun exigeant de l'autre qu'il fasse les premiers pas. L'Iran a poursuivi l'installation des centrifugeuses dans sa centrale d'enrichissement d'uranium à Natanz. L'AIEA estime que, bien que sa capacité d'enrichissement soit toujours limitée, la production d'une bombe nucléaire pourrait être à la portée de Téhéran d'ici trois à huit ans[27].

En décembre, les États-Unis ont publié le résumé d'une nouvelle « évaluation officielle du directeur du renseignement » (National Intelligence Estimate) qui concluait que l'Iran avait mis fin à son programme d'armement nucléaire en 2003 et ne l'avait pas poursuivi[28]. Selon ce document, les activités d'enrichissement en cours à Natanz se distinguent par leur caractère « civil ». Les estimations du temps qu'il faudrait à l'Iran pour être « techniquement capable » de produire une arme nucléaire demeurent toutefois inchangées. Malgré ces conclusions, les rumeurs selon lesquelles l'Iran aurait mené des études secrètes sur les armes nucléaires ont continué à circuler. Face à ces incertitudes, le Conseil de sécurité des Nations Unies a adopté, en mars 2008, la résolution 1803 qui impose de nouvelles sanctions à l'Iran et exige à nouveau de Téhéran que toute activité d'enrichissement et de retraitement de matières nucléaires soit suspendue[29].

En juillet 2008, des négociations ont eu lieu à Genève, entre l'Iran, l'Union européenne et, pour la première fois, les États-Unis. Au cours de ces négociations, les cinq membres permanents du Conseil de sécurité et l'Allemagne offraient à Téhéran un ensemble d'avantages économiques à deux conditions : l'arrêt des activités liées à l'enrichissement de l'uranium et le respect des normes de transparence de l'AIEA[30]. Toutefois, en l'absence de réponse claire à leur proposition, les États-Unis, le Royaume-Uni, la France et l'Allemagne envisageaient, au début du mois d'août, la possibilité d'imposer de nouvelles sanctions.

F. Corée du Nord : des progrès significatifs, mais fragiles

Comme on le sait, en septembre 2005, les pourparlers à six, réunissant la Chine, le Japon, la Corée du Nord, la Corée du Sud, la Russie et les États-Unis, avaient mené à l'adoption d'une déclaration conjointe[31]. Cette déclaration engageait la Corée du Nord à démanteler son arsenal nucléaire et à réintégrer le TNP. Les négociations avaient toutefois été interrompues peu de temps après, alors que la Corée du Nord réalisait son premier essai nucléaire.

La reprise des négociations, en février 2007, a permis aux participants de s'entendre sur un plan d'action visant à mettre en œuvre la déclaration conjointe de septembre 2005. En vertu de ce plan, la Corée du Nord acceptait de désactiver le réacteur nucléaire de Yongbyon et de fermer les installations de retraitement, avant de les démanteler. En contrepartie, elle bénéficierait d'une assistance énergétique et d'autres avantages économiques[32].

Malgré des délais imprévus, Pyongyang a bel et bien remis, en juin 2008, les documents détaillant l'utilisation des installations nucléaires de Yongbyon depuis leur construction[33]. Les États-Unis ont alors entamé le processus en vue de lever certaines sanctions, et le président George W. Bush a fait part au Congrès de son intention de retirer la Corée du Nord de la liste des États terroristes. Le processus menant à la désactivation des installations nucléaires est également bien avancé et devrait être achevé en octobre 2008. La Corée du Nord a obtenu, en échange, la garantie, de la part de ses cinq interlocuteurs, qu'elle recevrait les livraisons de carburant promises, à la fin de l'automne.

En dépit de ces progrès remarquables, l'exécution de l'accord peut être affecté par la conjoncture, comme l'ont démontré les événements survenus au mois d'août 2008. Les discussions concernant la vérification du démantèlement des installations de Yongbyon ont été ainsi interrompues du fait de la tenue inopportune de manœuvres militaires conjointes des forces américaines et sud-coréennes.

Les observateurs s'accordent à dire que le TNP repose sur trois piliers fondamentaux : la non-prolifération, le désarmement et l'utilisation pacifique de l'énergie nucléaire. Comme l'ont souligné les États membres de la Commission Canberra pour l'élimination des armes nucléaires : « La possession d'armes nucléaires par un État est une incitation à en acquérir pour les autres États[34] ». Par conséquent, le Traité de non-prolifération ne peut remplir pleinement son rôle que si les efforts effectués dans ces trois domaines le sont en parallèle. Or, depuis les années 2000 et encore en 2007-2008, les grandes puissances ont souvent ignoré l'impératif du désarmement au profit de la non-prolifération. Les progrès réalisés en Corée du Nord représentent, de ce point de vue, un succès important, mais éphémère. Tant que les grandes puissances considéreront que la possession d'importants arsenaux stratégiques est essentielle pour assurer leur sécurité, la tentation pour les autres États d'acquérir ce symbole de puissance demeurera forte.

2. Les régimes d'interdiction des armes chimiques et biologiques

En ce qui a trait au contrôle des armes chimiques et biologiques, la situation est, à certains égards, aussi préoccupante que dans le domaine nucléaire, quoique les problèmes soulevés par les deux régimes soient différents. En effet, l'élimination des armes chimiques semble se poursuivre conformément aux principes énoncés dans la Convention de 1992. Le Traité d'interdiction des armes biologiques, quant à lui, demeure en suspens, car les États intéressés ne se sont toujours pas entendus sur un système de vérification acceptable pour tous.

A. L'émergence progressive d'un régime sur les armes chimiques

Une arme chimique est une arme utilisant un ou plusieurs produits chimiques, toxiques pour l'humain. Son effet peut être létal ou seulement incapacitant, la différence entre les deux est souvent imprécise et dépend de la concentration du produit et des conditions dans lesquelles il est diffusé. Au cours du vingtième siècle, environ soixante-dix agents ont été utilisés ou stockés en tant qu'armes chimiques[35]. Ces dernières existent aussi bien sous forme gazeuse, liquide que solide. Elles agissent principalement sur le système respiratoire (gaz moutarde, ypérite), les yeux (gaz lacrymogène), le système nerveux (vx, Tabun) ou la peau (vésicant, irritant).

L'usage des produits toxiques ne date pas d'hier, mais c'est seulement au cours de la Première Guerre mondiale que les armes chimiques ont été utilisées à grande échelle, faisant plus d'un million de victimes. L'horreur suscitée par les effets des gaz toxiques durant la Grande Guerre a suscité une réprobation générale. Le Protocole de 1925 *concernant la prohibition d'emploi à la guerre de gaz asphyxiants, toxiques ou similaires et de moyens bactériologiques,* connu sous le nom de Protocole de Genève, est le symbole de cette condamnation quasi universelle. Tout en prohibant sans équivoque l'utilisation de ce type d'armes « selon l'opinion générale du monde civilisé », le Protocole n'a qu'une portée limitée car il n'interdit pas la production, l'acquisition ni le stockage d'armes chimiques, pas plus qu'il ne prévoit de système pour vérifier que les principes d'application sont bien respectés.

Au terme de la guerre froide et après une décennie de négociations ardues, le Protocole de 1925 a enfin été renforcé par l'Assemblée générale des Nations Unies. La Convention sur l'interdiction des armes chimiques de 1992 bannit ainsi l'usage d'armes chimiques et requiert leur élimination de façon programmée[36]. Sa mise en œuvre est supervisée par l'Organisation pour l'interdiction des armes chimiques (OIAC), établie à La Haye. L'OIAC reçoit les déclarations des États-membres en ce qui a trait à la possession d'armes et à l'élimination des armes chimiques, et effectue les inspections de suivi nécessaires. Si les actions d'un État ne sont pas conformes à ses engagements en vertu de la Convention, l'OIAC est habilitée à prendre des « mesures punitives » allant jusqu'à soumettre le cas de non-conformité au Conseil de sécurité des Nations Unies.

B. Bilan actuel de la convention sur les armes chimiques

Le bilan que l'on peut dresser de la mise en application de la CIAC, en 2008, est positif aux yeux de la plupart des experts. Il reste cependant du chemin à faire pour s'assurer de l'élimination complète des armes chimiques. Lors de son entrée en vigueur le 29 avril 1997[37], la Convention était signée par 87 États-membres. Ce nombre, aujourd'hui (août 2008), s'élève à 184, ce qui lui donne un statut quasi universel[38]. En soi, il s'agit d'une réussite remarquable. L'interdit sur les armes chimiques est véritablement une norme acceptée par la vaste majorité des États.

Les progrès accomplis en matière d'élimination des armes chimiques sont également significatifs : 25 % des réserves déclarées auraient été détruites de façon vérifiable par l'OIAC. Cependant, il s'agit d'un résultat inférieur à ce que l'on avait espéré au départ. Sur les 181 États-membres de la CIAC, six ont déclaré posséder des armes chimiques et pris l'engagement de les éliminer complètement d'ici dix ans, soit avant le 29 avril 2007. Un seul État, l'Albanie, a cependant respecté cet engagement. Les cinq autres – l'Inde, la Libye, la Corée du Sud, la Russie et les États-Unis – se sont prévalus du droit de demander un délai de 5 ans pour effectuer cette tâche. Dans le cas des trois premiers, les quantités à éliminer sont relativement réduites (entre 23 et 274 tonnes) et on peut espérer que les échéances seront respectées[39]. Dans le cas de la Russie et des États-Unis, cependant, il est pratiquement certain que les délais ne seront pas respectés[40]. Or, ces deux États détiennent ensemble 98 % des réserves d'armes chimiques mondiales. (Les stocks des États qui n'ont pas signé la Convention ne sont évidemment pas inclus dans ce calcul.)

Du 7 au 18 avril 2008, la deuxième conférence quinquennale d'examen de la CIAC s'est tenue à La Haye[41]. Les négociations ont été ardues, et aux yeux de certains observateurs, c'est de justesse que les États participants ont pu s'entendre sur un document final et un cadre d'action pour les cinq années à venir[42]. Toutefois, le consensus n'a pu être obtenu qu'en excluant les dossiers les plus controversés de la discussion. Parmi ceux-ci, figure la question des agents chimiques, tels les gaz lacrymogènes utilisés pour contrôler les émeutes. L'emploi de ces produits est autorisé par la CIAC, car, dans le contexte du maintien de l'ordre, les produits chimiques ne sont pas considérés comme des armes de combat. Cependant, l'utilisation de gaz lacrymogène par l'armée américaine en Irak démontre que, dans un contexte insurrectionnel, la notion « d'arme de combat » devient ambiguë et mériterait un examen plus attentif[43].

Un autre défi auquel devra faire face la CIAC, à court et à long termes, est celui de l'universalité. La ratification de la Guinée-Bissau, le 19 juillet 2008, a marqué un nouveau progrès dans cette direction, isolant encore un peu plus les onze États qui ne font pas partie du régime d'interdiction des armes chimiques. On peut diviser ces États récalcitrants en trois groupes[44]. Le premier est composé de l'Angola, des Bahamas et de la République dominicaine. Si ces États ne sont pas déjà signataires de la Convention, c'est surtout en raison de contraintes au niveau des ressources et de la logistique. Leur adhésion à la Convention est toutefois envisageable dans un avenir proche.

Le deuxième groupe est composé de l'Irak, du Liban, du Myanmar et de la Somalie, quatre États qui ont connu des tensions politiques internes sérieuses au cours des dix dernières années. Leur accession au CIAC dépend de leur capacité de retrouver une certaine stabilité intérieure.

On retrouve, dans le dernier groupe, l'Égypte, Israël, la Syrie et la Corée du Nord. Ces derniers sont les plus sérieux obstacles à l'universalité de la CIAC, d'autant plus qu'ils sont fortement suspectés de posséder des armes chimiques opérationnelles. Le Moyen-Orient soulève une difficulté particulière en matière de désarmement chimique, car ce dossier ne peut être considéré de façon indépendante du désarmement nucléaire. En effet, la possession par l'Égypte et la Syrie d'armes chimiques est considéré comme un contrepoids à l'arsenal nucléaire d'Israël. Pour Israël, les armes chimiques sont considérées comme un outil complémentaire de la dissuasion. Quant à la Corée du Nord, on sait très peu de choses sur son arsenal chimique, mais elle est soupçonnée d'avoir élaboré un programme substantiel. Il reste à espérer qu'avec les progrès réalisés dans le dossier nucléaire, un effort sera entrepris pour aborder la question avec Pyongyang.

C. Le régime d'interdiction des armes biologiques

Une arme biologique est une arme utilisant des germes pathogènes destinés à affaiblir une population cible par la propagation de maladies mortelles ou non[45]. Il existe une grande variété d'agents pouvant être utilisés comme armes biologiques, aussi bien des bactéries, comme l'anthrax, que des virus, comme celui de la fièvre hémorragique Ébola. Des toxines et des champignons peuvent également être considérés comme armes biologiques.

Ce genre d'armes n'est pas non plus nouveau. L'utilisation de cadavres d'animaux pour contaminer les sources d'approvisionnement en eau d'un ennemi est une pratique connue de toutes les armées depuis des millénaires. Aujourd'hui encore, la confection d'une arme biologique ne demande pas beaucoup de ressources – il s'agit en fait d'une arme de destruction massive, facile à produire et potentiellement très létale. On estime qu'avec quelques grammes de certaines toxines, il serait possible de tuer des milliers de personnes. Fort heureusement, si les agents biologiques sont relativement faciles à fabriquer et généralement peu coûteux, leur intégration à des systèmes d'armes et leur dispersion continuent à poser des problèmes techniques délicats qui limitent leur usage.

Tout comme dans le cas des armes chimiques, l'utilisation d'agents biologiques comme armes de combat a été condamnée par plusieurs déclarations et traités, notamment la Convention de La Haye de 1907. Le Protocole de Genève, mentionné plus haut, interdisait aussi l'utilisation d'armes bactériologiques. Complétant ces textes, une Convention sur l'interdiction des armes biologiques (CIAB) a été adoptée dès 1972 par l'Assemblée générale des Nations Unies. Elle est entrée en vigueur trois ans plus tard. La convention interdit non seulement l'utilisation, mais aussi le développement, la production et l'acquisition de ce type d'armes. Les États qui en possèdent ont la responsabilité d'éliminer leurs réserves au plus tard neuf mois après leur adhésion au traité.

D. Forces et faiblesses de la Convention sur l'interdiction des armes biologiques

La CIAB a été le premier traité à bannir une catégorie entière d'armes de destruction massive. Elle comporte toutefois plusieurs lacunes. D'abord, contrairement à la Convention sur l'interdiction des armes chimiques, la CIAB n'a établi aucun système de vérification. Les États-membres ont certes la possibilité de porter plainte contre un autre État soupçonné de contrevenir à ses engagements, ce qui entraînerait une enquête. Toutefois, aucun État n'a utilisé jusqu'à ce jour ce mécanisme[46]. Le texte de la Convention ne donne pas non plus de définition ou de classification précise des agents biologiques dont on entend restreindre l'utilisation et la production[47]. Ceci constitue une lacune importante, car les progrès de la biotechnologie permettent la création de nombreux microorganismes nouveaux qui peuvent avoir un potentiel militaire. La troisième particularité de la CIAB est qu'elle n'interdit pas les recherches sur les agents biologiques, mais seulement leur production à des fins militaires. La Convention présente donc des faiblesses et des ambiguïtés importantes dont il est nécessaire de débattre pour renforcer le régime interdisant la production et l'utilisation des armes biologiques.

À ce jour (août 2008), 162 États ont adhéré à la CIAB[48]. Cependant, certains de ces États, notamment les États-Unis, la Russie, la Chine, l'Iran et la Corée du Nord, sont soupçonnés de posséder des armes biologiques[49]. Afin de mieux appliquer la Convention, les États-membres ont convenu de se réunir tous les cinq ans pour discuter des façons d'améliorer sa mise en œuvre[50]. En 1986 et 1991 une série de mesures de confiance a ainsi été mise de l'avant, qui consistent en un échange multilatéral d'information sur les capacités des différents États à réagir à une attaque biologique et sur la mise en œuvre de la Convention au niveau national. Dans les faits, peu d'États se sont conformés à ces décisions. Des discussions ont eu lieu au cours des années 1990 afin de mettre sur pied un système de vérification semblable à celui de la Convention pour l'interdiction des armes chimiques. Les États-Unis ont toutefois coupé court à ces efforts en 2001. La délégation américaine a rejeté unilatéralement les propositions avancées jusqu'à cette date et refusé de poursuivre les négociations portant sur un système de vérification. Depuis lors, les rencontres des signataires ont lieu annuellement, mais seuls les sujets qui font consensus y sont abordés. Ce statu quo a encore prévalu lors de la dernière conférence quinquennale d'examen de la CIAB, en décembre 2006[51].

Les défis liés à la consolidation des régimes de non-prolifération des armes chimiques et biologiques demeurent donc nombreux. L'application de la Convention sur les armes chimiques, malgré certains problèmes persistants, peut cependant être considérée comme un succès remarquable. Le renforcement de la Convention sur les armes biologiques dépend, quant à elle, de la mise sur pied d'un système de vérification efficace qui est aujourd'hui considéré par la majorité des États comme « un objectif à long terme ».

3. Les efforts de réglementation des armes conventionnelles

Si la prolifération des armes de destruction massive a été très médiatisée durant la dernière décennie, il faut rappeler que ce sont les armes dites conventionnelles qui sont responsables de la majorité des pertes humaines dans le cadre des conflits internationaux et des guerres civiles[52]. Les ventes d'armes de ce type représentent environ le quart des dépenses militaires mondiales, soit 315 milliards de dollars en 2006[53]. Le terme « arme conventionnelle » rassemble, en fait, une diversité considérable de types d'armement, y compris les navires de guerre, les chars et les fusils d'assaut, ainsi que les avions[54]. Seule l'utilisation de certaines d'entre elles (armes incendiaires, mines et pièges, par exemple) est limitée par la *Convention sur certaines armes classiques* (CCAC), qui a pour but de restreindre l'usage de certains types d'armes imposant des souffrances jugées inacceptables aux combattants[55].

A. Armes légères et de petit calibre : une menace méconnue

En 2008, au moins 51 pays produisent des armes légères[56]. De ce nombre, seuls 31 le font sous licence. Une vingtaine d'États produisent donc ce type d'armes sans contrôle. Sur les 200 millions d'armes à feu recensées dans le monde, plus du tiers, soit 76 millions, représente des surplus qui proviennent d'anciens stocks. Bien que plusieurs organisations internationales recommandent la destruction de ces surplus, les États préfèrent souvent les exporter. Les principaux exportateurs d'armes légères sont les États-Unis, l'Italie, l'Allemagne, la Belgique, l'Autriche, le Brésil, la Russie et la Chine. Les premiers importateurs sont les États-Unis, l'Arabie saoudite, le Canada, la France et l'Allemagne.

Chaque année, les armes légères provoquent au moins 300 000 décès à l'échelle mondiale. Elles blessent aussi environ un million de personnes[57]. Particulièrement dans le cadre des guerres civiles, leur diffusion incontrôlée représente un problème important pour l'approvisionnement en aide et en nourriture des populations. Elles augmentent les risques de violation des droits humains, freinent le retour à la paix et entretiennent une culture de la violence[58]. Elles constituent une menace importante pour la sécurité humaine des populations dans les État faibles. Elles sont aussi, finalement, une source d'instabilité pour les États en voie de reconstruction après un conflit[59].

C'est pourquoi, depuis les années 1990, la communauté internationale porte une attention particulière au commerce des armes légères et à sa réglementation. Aucun accord-cadre n'a cependant été conclu à ce sujet. Les événements du 11 septembre ont évidemment suscité des efforts particuliers pour limiter l'accès à certaines technologies. Les États-Unis, par exemple, ont tout mis en œuvre afin d'interdire la vente de missiles antiaériens portatifs (MANPAD) afin d'empêcher certains groupes terroristes d'en acquérir. La liste des armes légères à longue portée (*stand off weapons*) est toutefois longue, et la fabrication d'explosifs puissants est de plus en plus facile. Les armes légères continueront donc de susciter l'inquiétude dans les États qui sont la cible de mouvements radicaux. Il reste à espérer que cette préoccupation se traduise par un effort accru sur le plan de la réglementation internationale.

B. Traités et conventions internationales : un pas en arrière, deux pas en avant

Au niveau du contrôle des armes conventionnelles en général, 2007-2008 a été une année marquée par certains progrès, mais aussi par quelques reculs. Il est important de mentionner, à ce titre, que la Russie a « suspendu sa participation » au Traité sur les forces conventionnelles en Europe (FCE), une des clés de voûte de la sécurité européenne, qui limite les armes pouvant être déployées dans la région (chars, artillerie, véhicules blindés, avions, hélicoptères) depuis 1990[60]. La décision russe semble toutefois être motivée moins par un différend concernant le traité lui-même, que par les tensions militaires et diplomatiques qui opposent Moscou et les pays de l'Alliance atlantique dans une série de dossiers chauds comme le Caucase, l'élargissement de l'OTAN et le déploiement du système antimissile américain en Pologne et en République tchèque.

Si l'avenir du traité FCE peut susciter l'inquiétude, l'ouverture à la signature de la Convention sur les armes à sous-munitions, annoncée pour le 3 décembre 2008, constitue certainement une bonne nouvelle[61]. Les armes à sous-munitions sont des conteneurs conçus pour disperser des centaines de microbombes. Elles peuvent être aussi bien larguées à partir d'un avion que lancées d'un missile. Ces armes présentent un risque important pour les populations civiles, car 5 à 30 % des sous-munitions n'explosent pas lors de l'impact. Elles constituent alors un danger permanent, au même titre que les mines antipersonnel, et ce, longtemps après la fin des combats. La nouvelle Convention bannit ce type d'armes, prévoit leur retrait des arsenaux et leur destruction, ainsi qu'une aide aux victimes. Il s'agit d'un grand pas en avant en matière de désarmement, bien qu'on puisse déplorer que plusieurs États clés, notamment les États-Unis, n'aient pas participé aux négociations.

Les négociations en prévision d'un traité sur le commerce des armes ont également progressé. En 2006, les États-membres de l'Assemblée générale des Nations Unies avaient voté massivement en faveur d'une résolution pavant la voie à un tel traité, les États-Unis étant les seuls à s'y opposer[62]. De nombreux gouvernements se sont exprimés depuis sur le sujet, par le biais de rapports transmis au Secrétaire général. Un Traité sur le commerce des armes serait la première entente, depuis l'accord de Wassenaar de 1995, à établir des principes et des normes clairs en matière d'exportation d'armes conventionnelles.

Conclusion

Dans l'ensemble, l'actualité du contrôle des armements en 2007-2008 ne diffère pas beaucoup des années précédentes. La politique américaine à l'égard des institutions multilatérales et du désarmement demeure, de ce point de vue, le principal obstacle à un progrès réel dans la plupart des dossiers, qu'il s'agisse de non-prolifération nucléaire, des Conventions sur les armes chimiques et bactériologiques ou des efforts de réglementation du commerce des armes conventionnelles. Il n'est donc pas étonnant que les mêmes thèmes continuent à occuper l'actualité cette année, notamment en matière de non-prolifération. Quelques points positifs méritent cependant d'être signalés. Le TNP, dans sa quarantième année, est une norme quasi universelle, et les sondages démontrent que l'idée d'un désarmement nucléaire général et complet a encore beaucoup d'appui, un peu partout dans le monde. Le dialogue avec l'Iran et la Corée du Nord se poursuit de façon constructive et il est extraordinaire de se rendre compte que la Convention sur l'interdiction des armes chimiques a réuni maintenant plus de 180 signatures. Un certain nombre d'indices semblent donc indiquer que le contexte international est plus favorable à une relance des efforts en matière de contrôle des armements, malgré le raidissement récent de la Russie dans le contexte européen. La perspective d'un changement de cap à la Maison-Blanche, en 2009, laisse bien sûr espérer que les États-Unis reprendront le rôle de leader qu'ils ont assumé pendant si longtemps en matière de contrôle des armements. Les défis et les obstacles ne manquent pas évidemment, mais il faut souhaiter que la prochaine génération de responsables politiques, autant aux États-Unis qu'ailleurs dans le monde, n'oubliera pas les fruits de cinquante années d'efforts dans ce domaine crucial.

1. Petter STALENHEIM, Catalina PERDOMO et Elisabeth SKÖNS, « Military Expenditure », SIPRI *Yearbook 2008, Armaments, Disarmament and International Security*, Stockholm, Eldanders, 2008.

2. Joseph JOFI, « The Exercise of National Sovereignty. The Bush Administration's Approach to Combating Weapons of Mass Destruction Proliferation », *The Nonproliferation Review*, n° 12, 2005, pp. 373-390.

3. Amitai ETZIONI, « Controlled Maintenance », *Society*, n° 44, 2007, pp. 7-15.

4. Jayantha DHANAPALA, « Fulfill and Strengthen the Bargain », *Arms Control Association*, juin 2008, www.armscontrol.org/act/2008_06/Dhanapala.

5. Ernie REGEHR, « The Nuclear Non-Proliferation Treaty. Preparations for the 2010 Review Conference », *The Ploughshares Monitor*, vol. 29, n° 2, été 2008, www.ploughshares.ca/libraries/monitor/monj08f.pdf.

6. Shannon N. KILE, « Nuclear Arms Control and Non-Proliferation », SIPRI *Yearbook 2008, Armaments, Disarmament and International Security*, Stockholm, Eldanders, 2008.

7. George BUNN et John B. RHINELANDER, « Looking Back. The Non-Proliferation Treaty Then and Now », *Arms Control Association*, juillet-août 2008, www.armscontrol.org/act/2008_07-08/lookingback.

8. Shannon N. KILE, *op. cit.*

9. Ernie REGEHR, « Nuclear Disarmament Imperatives after the NPT PrepCom », *The Ploughshares Monitor*, vol. 28, n° 2, été 2007, www.ploughshares.ca/libraries/monitor/monj07f.pdf.

10. George BUNN et John B. RHINELANDER, *op. cit.*

11. FRIENDS COMMITTEE ON NATIONAL LEGISLATION, *Washington Newsletter*, no 729, juillet-août 2008, p. 3.

12. Alexei ARBATOV et Rose GOTTEMOELLER, « New Presidents, New Agreements ? Advancing US-Russian Strategic Arms Control », *Arms Control Association*, juillet-août 2008, www.armscontrol.org/act/2008_07-08/CoverStory.

13. Jayantha DHANAPALA, *op. cit.*

14. Bruce BLAIR, « The Future of Nuclear Disarmament. US and Russian Public Opinion Strongly Supports Eliminating Nuclear Weapons », *The Defense Monitor*, n° 37, 2008, pp. 4-5.

15. George P. SHULTZ, William J. PERRY, Henry A. KISSINGER, Sam NUNN *et al.*, « Toward a Nuclear-Free World », *The Wall Street Journal,* 15 janvier 2008.

16. Jenny NIELSEN, « Engaging India, Israel and Pakistan in the Nuclear Non-Proliferation Regime », *Disarmament Diplomacy*, n° 86, 2007, www.acronym.org.uk/dd/dd86/86jn.htm.

17. ARMS CONTROL ASSOCIATION, « Arms Control and Proliferation Profile. Israel », 2008 www.armscontrol.org/factsheets/israelprofile, consulté le 29 août 2008.

18. *Idem*, « Arms Control and Proliferation Profile. India », 2008, www.armscontrol.org/factsheets/indiaprofile, consulté le 29 août 2008.

19. *Idem*, « Arms Control and Proliferation Profile. Pakistan », 2008, www.armscontrol.org/factsheets/pakistanprofile, consulté le 29 août 2008.

20. Shannon N. KILE, *op. cit.*

21. Ernie REGEHR, « Getting a Non-Proliferation Payoff from Indi », *Embassy – Canada's Foreign Policy Newsweekly*, 13 août 2008, www.ploughshares.ca/libraries/Articles/RegehrEmbassyAug08.pdf, consulté le 29 août 2008.

22. REACHING CRITICAL WILL, *US. India Deal*, 2008, www.reachingcriticalwill.org/legal/usindia.html,consulté le 29 août 2008.

23. Ernie REGEHR, « Decision Time for the US-India Nuclear Cooperation Deal », *Project Ploughshares*, 200, www.ploughshares.ca/libraries/Briefings/brf083.pdf, consulté le 29 août 2008.

24. Mark HEINRICH, « Nations Can't Agree India Nuclear Pact, Set Sept Talk », *Reuters Africa*, 2008, africa.reuters.com/wire/news/usnLM19822.html, consulté le 29 août 2008.

25. Leonard S. SPECTOR et Avner COHEN, « Israel's Airstrike on Syria's Reactor. Implications for the Nonproliferation Regime », *Arms Control Association*, juillet-août 2008, www.armscontrol.org/act/2008_07-08/SpectorCohen.

26. Shannon N. KILE, *op. cit.*

27. Daryl G. KIMBALL, « Time to Rethink US Strategy on Iran », *Arms Control Association*, novembre 2007, www.armscontrol.org/act/2007_11/focus.

28. Peter CRAIL, « Intel Report Reshapes Iran Sanctions Debat », *Arms Control Association*, janvier-février 2008, www.armscontrol.org/act/2008_01-02/Intel.

29. *Idem*, « Security Council Adopts More Iran Sanctions », *Arms Control Association*, avril 2008, www.armscontrol.org/act/2008_04/IranSanctions.

30. REACHING CRITICAL WILL, « Nuclear Iran ? Recent Developments », 2008 www.reaching criticalwill.org/legal/iran.html, consulté le 29 août 2008.

31. ARMS CONTROL ASSOCIATION, « Arms Control and Proliferation Profile. North Korea », 2008, www.armscontrol.org/country/9/date, consulté le 29 août 2008.

32. Shannon N. KILE, *op. cit.*

33. Peter CRAIL, « North Korea Delivers Nuclear Declaration », *Arms Control Association*, juillet-août 2008, www.armscontrol.org/act/2008_07-08/NorthKorea.

34. Jayantha DHANAPALA, *op. cit.*

35. REACHING CRITICAL WILL, « Chemical Weapons », 2008, www.reachingcriticalwill.org/legal/cw/cwindex.html, consulté le 29 août 2008.

36. ARMS CONTROL ASSOCIATION, « The Chemical Weapons Convention at a Glance », 2008, www.armscontrol.org/factsheets/cwcglance, consulté le 27 août 2008.

37. Oliver MEIER, « The Chemical Weapons Convention at 10. An Interview with OPCW Director-General Rogelio Pfirter », *Arms Control Association*, 2007, www.armscontrol.org/act/2007_04/Pfirter, consulté le 27 août 2008.

38. ORGANIZATION FOR THE PROHIBITION OF CHEMICAL WEAPONS, « The Chemical Weapons Ban. Facts and Figures », 2008, www.opcw.org/factsandfigures/index.html#participation, consulté le 27 août 2008.

39. ARMS CONTROL ASSOCIATION, « The Chemical Weapons Convention at a Glance », *op. cit.*

40. *Idem*, « Ground for Optimism and Action on Chemical Weapons Convention's 10th Anniversary », 2008, www.armscontrol.org/pressroom/2007/20070504_cwc, consultée le 27 août 2008.

41. France diplomatie, Ministère des Affaires étrangères et européennes, « Deuxième conférence quinquennale d'examen de la Convention pour l'interdiction des armes chimiques, La Haye, 7-8 avril 2008, www.diplomatie.gouv.fr/fr/actions-france_830/desarmement-maitrise-armements-controle-exportations_4852/evenements_5181/2eme-conference-quinquennale-examen-convention-pour-interdiction-armes-chimiques-07-18.04.08_61902.html, consulté le 27 août 2008.

42. Oliver Meier, « cwc Review Conference Avoids Difficult Issues », *Arms Control Association*, 2008, www.armscontrol.org/act/2008_05/cwc, consulté le 27 août 2008.

43. *Idem*, « News Analysis. Chemical Weapons Parlay's Outcome Uncertain », *Arms Control Association*, mars 2008, www.armscontrol.org/act/2008_03/NewsAnalysis.

44. Daniel Feakes, « Getting Down to the Hard Cases. Prospects for cwc Universality », 2008, www.armscontrol.org/act/2008_03/Feakes, consultée le 27 août 2008.

45. Reaching Critical Will, « Biological Weapons », *op. cit.*

46. Arms Control Association, « The Biological Weapons Convention (bwo) At a Glance », 2008, www.armscontrol.org/factsheets/bwcataglance, consulté le 27 août 2008.

47. Reaching Critical Will, « Biological Weapons », *op. cit.*

48. The United Nations Office at Geneva, « Membership of the Biological Weapons Convention », 2008, www.unog.ch/80256EE600585943/(httpPages)/7BE6CBBEA0477B52C12571860035FD5C?OpenDocument, consulté le 27 août 2008.

49. Reaching Critical Will, « Biological Weapons », *op. cit.*

50. Arms Control Association, « The Biological Weapons Convention (bwo) At a Glance », *op. cit.*

51. « Can the Line Against Bio-Terror Hold ? », *The Economist*, 13 décembre 2006 ; Oliver Meier, « News Analysis. States Strengthen Biological Weapons Convention », *Arms Control Association*, 2008), www.armscontrol.org/act/2007_01-02/NewsAnalysisbwc, consulté le 28 août 2008.

52. Center for Defense Information, « Arms Trade », 2008, www.cdi.org/program/index.cfm?programid=73, consulté le 28 août 2008.

53. Sam Perlo-Freeman et Elisabeth Sköns, « Arms Production », *sipri Yearbook 2008, Armaments, Disarmament and International Security*, Stockholm, Eldanders, 2008.

54. un Office of Disarmament Affairs, « Conventional Arms », 2008, disarmament.un.org/cab, consulté le 23 août 2008.

55. Office des Nations Unies à Genève, « Désarmement, Convention sur certaines armes classiques », 2008, www.unog.ch/80256ee600585943/(httppages)/4f0def093b4860b4c1257180004b1b30?opendocument&cntxt=90716&cookielang=fr, consulté le 23 août 2008.

56. Small Arms Survey, « Small Arms Survey 2008. Risque et résilience », hei.unige.ch/sas/files/sas/publications/year_b_pdf/2008/fre/Cover-sheet-fr.pdf, consulté le 29 août 2008.

57. Aurelia Bouchez, « Opening Remarks », 2008, www.nato.int/docu/speech/2008/s080528a.html, consulté le 23 août 2008.

58. SMALL ARMS SURVEY, *Small Arms Survey 2008. Risk and Resilience*, Cambridge, Cambridge University Press, 2008, chap.1.

59. UNITED NATIONS OFFICE FOR DISARMAMENT AFFAIRS, « Small Arms and Light Weapons », 2002, disarmament.un.org/cab/salw.html, consulté le 23 août 2008.

60. Zdzislaw LACHOWSKI, « Conventional Arms Control», *SIPRI Yearbook 2008, Armaments, Disarmament and International Security*, Stockholm, Eldanders, 2008.

61. Cédric POITEVIN, « La Convention sur les armes à sous-munitions est née », 2008.

62. Rachel STOHL, « United Nations Considers Arms Trade Treaty », *The Defense Monitor*, n° 37, 2008, p. 10.

Marquis imprimeur inc.

Québec, Canada
2008